鼎才电商学院

# 亚马逊运营手册

YAMAXUNYUNYINGSHOUCE

—电商学院运营手册系列—

孙正君　袁　野◎编著

中国财富出版社

图书在版编目（CIP）数据

亚马逊运营手册／孙正君，袁野编著．—北京：中国财富出版社，2017.5

（电商学院运营手册系列）

ISBN 978－7－5047－6375－4

Ⅰ.①亚…　Ⅱ.①孙…　②袁…　Ⅲ.①电子商务—商业企业管理—经验—美国
Ⅳ.①F737.124.6

中国版本图书馆 CIP 数据核字（2017）第 009517 号

策划编辑　胡娟利　　责任编辑　杜　鹃
责任印制　方朋远　　责任校对　杨小静　　责任发行　王新业

出版发行　中国财富出版社

社　　址　北京市丰台区南四环西路 188 号 5 区 20 楼　　邮政编码　100070

电　　话　010－52227588 转 2048/2028（发行部）　　010－52227588 转 307（总编室）

010－68589540（读者服务部）　　010－52227588 转 305（质检部）

网　　址　http://www.cfpress.com.cn

经　　销　新华书店

印　　刷　北京京都六环印刷厂

书　　号　ISBN 978－7－5047－6375－4/F·2729

开　　本　787mm×1092mm　1/16　　版　　次　2017 年 6 月第 1 版

印　　张　14　　印　　次　2017 年 6 月第 1 次印刷

字　　数　298 千字　　定　　价　39.80 元

# 前　言

本书分为两部分，共14章。第一篇适用于对亚马逊零基础的卖家，有一定理论基础的卖家可直接阅读第二篇，在第二篇中您将会看到比第一篇更丰富的讲述，因为那是配合着实操经验来讲解的。

如果您对本书感兴趣，还可以通过扫描书本后面的二维码来关注我们的免费课程，您将会看到更多、更新、更及时的关于操作亚马逊运营技巧的视频，如 Listing（商品页面）优化、亚马逊新规解读、SEO（搜索）排名等。

当然，为了更好地帮助卖家，我们建立了微信号和 QQ 群，方便解答卖家在学习本书及实际运营操作过程中遇到的问题，便于卖家与作者之间的交流。

笔者从事跨境电商多年，发现跨境电商类的图书都是多个平台写在一起的，即便专门写速卖通的图书也是凤毛麟角，鉴于此，笔者希望把亚马逊相关运营操作的内容分享给亚马逊的卖家。此书，专为跨境电商平台亚马逊卖家而写。

亚马逊是较早从事电商的平台，亚马逊针对的买家是中高等收入人群，好产品不怕卖高价，这在亚马逊也得以实现。对于没有掌握美工技能的卖家而言，来到亚马逊再也不用为美工和客服而发愁，亚马逊的图片要求是白底，禁止出现文字及其他修饰，商品的详情页对于新卖家而言也更不需要上传任何商品图片，只需文字说明即可，客服也只是通过站内邮件的形式进行沟通。其实这些都不算什么，最合卖家心意的是在亚马逊您即使发布多个类目的商品，也无须多花钱，更不会降权重！

截至2016年10月的数据显示，亚马逊美国站近三个月每天的平均访客是2.1亿人次，亚马逊英国站近三个月每天的平均访客是2300万人次。通过数据我们可以看出亚马逊流量之大，而且国内主要电商平台竞争越激烈，碎片化情况就越严重，所以一些有想法的卖家选择了跨境电商，那么为什么选择亚马逊平台呢？

笔者在早期也是一次偶然的机会从速卖通平台转到这里，发现了这个蓝海平台。现如今的亚马逊正如早期的淘宝网，早进入，早出单，早收益！笔者将自己实操实战出来的经验与广大亚马逊平台卖家分享，共同进步！

通过本书，可以快速学习亚马逊平台的运营知识，并独立完成卖家账号的运营，在保障账号安全的情况下进行出单。笔者讲解的技术不是最顶尖，但竭尽全力使书中内容实用，讲解力求清晰，从而让本书成为广大亚马逊卖家的一本实用之书。

由于电商行业的知识更新迭代，在本书付梓印刷之际个别知识点就有可能会有所调整，但是整体的知识体系还是完整和系统的，希望读者在阅读本书时加以甄别，也欢迎各位读者在阅读中提出宝贵意见。

编　者

2017 年 2 月

# 目　录

## 第一篇　走进亚马逊

## 第二篇　玩转亚马逊

第一篇

# 走进亚马逊

# 1 认识亚马逊与卖家账号的注册

## 1.1 亚马逊卖家分类

亚马逊卖家一共分为5种，级别从高到低分别是VC、VE、全球开店、专业卖家、个人卖家。那么，不同卖家的账号又有什么特点呢?

1. VC（Vendor Central，卖主中心）

被邀请才能入驻的，等于Amazon自营卖家的级别，当然也支持更多的推广方式，如果细心观察就会发现亚马逊上有很多广告，但是却不知道它们是怎么投放上去的，如果被邀请入驻到VC或者VE账号就能知道了，当然这必须得是企业才可以的。最关键的是全面地支持A+页面，也就是说可以在自己的Listing上发布图片和视频。

2. VE（Vendor Express，卖主快速）

申请对象为企业而且还得是美国本土企业，这是前提条件，但申请对象若为美国公司则可以直接申请，不用像被邀请入驻那么困难。其推广方式的种类繁多，最后也会显示为Amazon自营的。当然VE也支持A+页面。

3. 全球开店

全球开店必须是企业才能入驻，功能和专业卖家基本一样，最主要的是你拥有了商务经理的帮助。比如，当你想参加促销活动的时候，你的商务经理会比亚马逊客服更管用。可以开通多国站点，也可以降级账号，还可以轻松拥有黄金购物车。全球开店是针对中国卖家而设立的。全球开店属于第三方卖家级别。

4. 专业卖家

专业卖家必须是企业才可以申请，最大的缺点就是需要自己去申请，而且成功率低，当然推广促销活动都是会有的。可以开通多国站点。专业卖家属于第三方卖家级别。

5. 个人卖家

个人卖家属于最低级别的卖家，每个月没有平台使用费，开通此类账号通常当作练手，若为了节省平台使用费，把上述提到的高级别的账号可以降低成个人卖家，但在这个级别上的账号出单也是很困难的，级别是最低的权重也不可能是高的。个人卖家也属于第三方卖家级别。

## 1.2 账号注册渠道

亚马逊卖家账号注册申请渠道可以分为三种，第一种是自己通过网络进行注册；第二种是联络商务经理进行注册；第三种是找代注册的公司进行注册。读者可根据需要自行选择注册渠道。第二种、第三种渠道可通过 QQ 群搜索联络商务经理级代注册账号的公司（要注意亚马逊每年上半年开通注册入口，下半年关闭注册入口，具体时间以官方安排为准）。

## 1.3 专业卖家注册的准备

由于大多数卖家都为专业卖家且多数以做美国站、英国站为主，所以本书主要以美国站的专业卖家为示例进行讲解。

手机号码和邮箱是注册的必填项，若不能确定手机号码和邮箱是否曾经注册过亚马逊，可以重新购买手机号码或申请一个新邮箱，如果使用曾经注册过亚马逊的资料会导致账号关联问题，在后面的章节中会详细讲到账号关联以及关联相关内容，这里提醒大家，账号关联会导致账号被封。卖家账号销售权限等其他用来注册亚马逊的资料也必须是未注册过亚马逊的。

注册需准备的资料如下：

（1）含有 Visa（维萨信用卡）或者 MasterCard（万事达卡）标志的双币信用卡，国内很多银行都可以办理，如招商银行的 Visa 双币信用卡、华夏银行的 MasterCard 双币信用卡。信用卡主要用来进行账户验证以及支付亚马逊的平台中的各种费用。

（2）一个从来未注册过亚马逊卖家账号的手机号码。

（3）一个从来未注册过亚马逊卖家账号的邮箱。

（4）需要企业的营业执照及组织机构代码证，三证合一的只需提供营业执照。

（5）一张用来收款的银行卡，Payoneer 或者 Worldfirst 卡，建议使用 P 卡即 Payoneer 卡。此卡主要用来收款，卡的申请是免费的。需要注意的是国内的银行卡是不能使用的。但可将 P 卡的资金转到国内银行卡后再提现，这样扣的手续费也更少。

## 1.4 美国站专业卖家注册

由于亚马逊平台每次注册卖家账号的流程略有不同，但原理是相同的，由于 VE 和 VC 账号特殊且用的很少，在此不做演示。即填写邮箱、基本信息、信用卡信息、手机号码的验证、相关信息的核对以及账号注册协议的确认，最后亚马逊将会让您填写一些关于销售的信息，比如预计发布的商品数量，预计的月销售额等，填写完成全部信息之后发布商品（每个类目不同，笔者的类目要求至少发布 100 个 SKU），进行考试，亚马逊通过审核（专业叫法就是打开销售权限），即可正式出售商品。

申请流程如下：

将从商务经理发来的注册链接作为演示，打开链接如图 1－1 所示，自行申请的在亚马逊导航栏找到 Sell 按钮或底部找到 Sell on Amazon 链接，点击链接同样可以进入申请页面。

（1）打开亚马逊平台窗口，如图 1－1 所示。

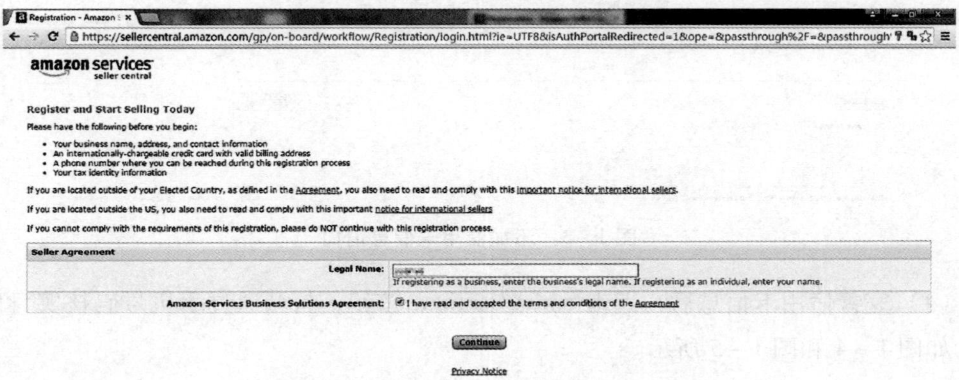


**图 1－1　亚马逊平台窗口**

（2）在窗口中填写 Legal Name，并同意与亚马逊平台协议，点击 Continue 按钮，打开开始注册卖家信息窗口，如图 1－2 所示。

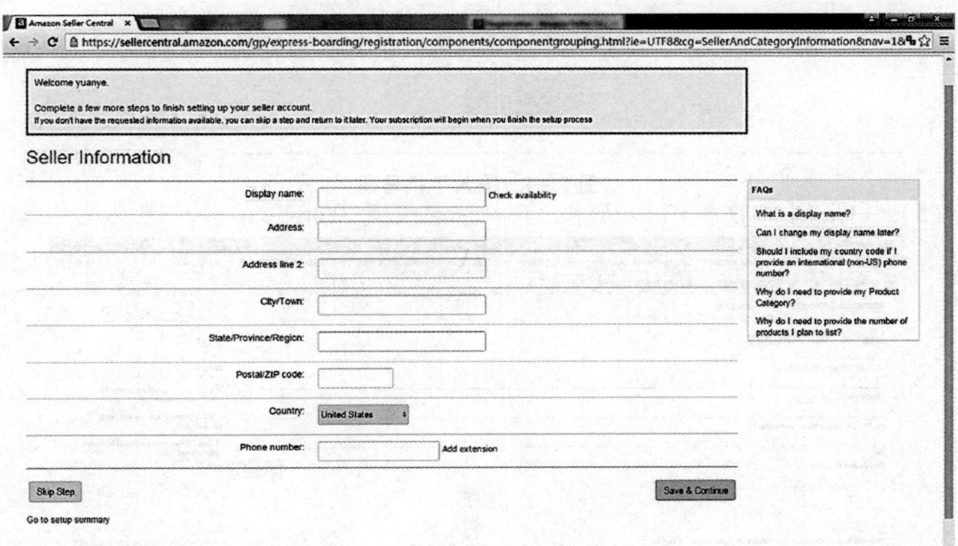


**图 1－2　填写卖家信息窗口**

（3）填写卖家姓名、住址、所属城市与国家等信息后，点击 Save&Continue 按钮，打开如图 1－3 所示的添加信用卡信息窗口。

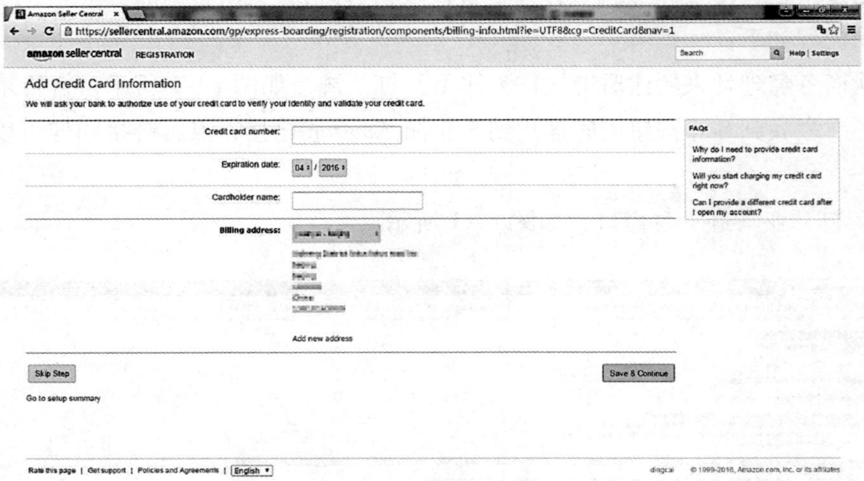


图 1－3　添加信用卡信息窗口

（4）完善信用卡信息后，点击 Save&Continue 按钮，打开通过手机号码核实身份窗口，如图 1－4 和图 1－5 所示。

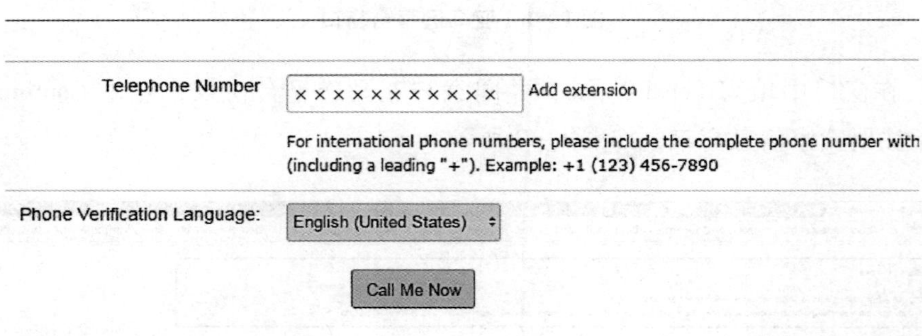


图 1－4　输入手机号码

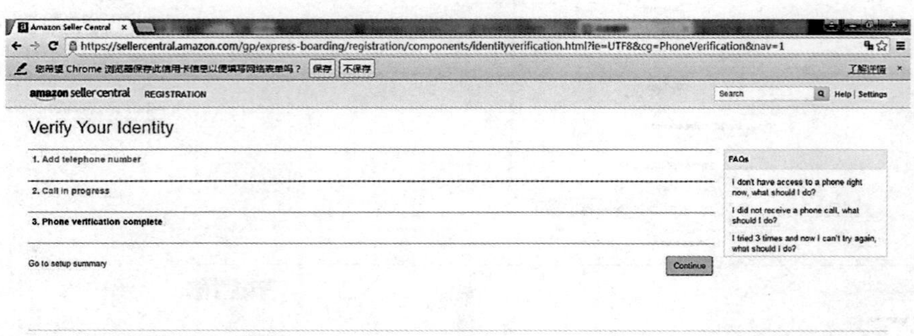


图 1－5　核实卖家的身份

（5）核实身份后，点击 Continue 按钮，打开如图 1－6 所示的设置卖家账户窗口。

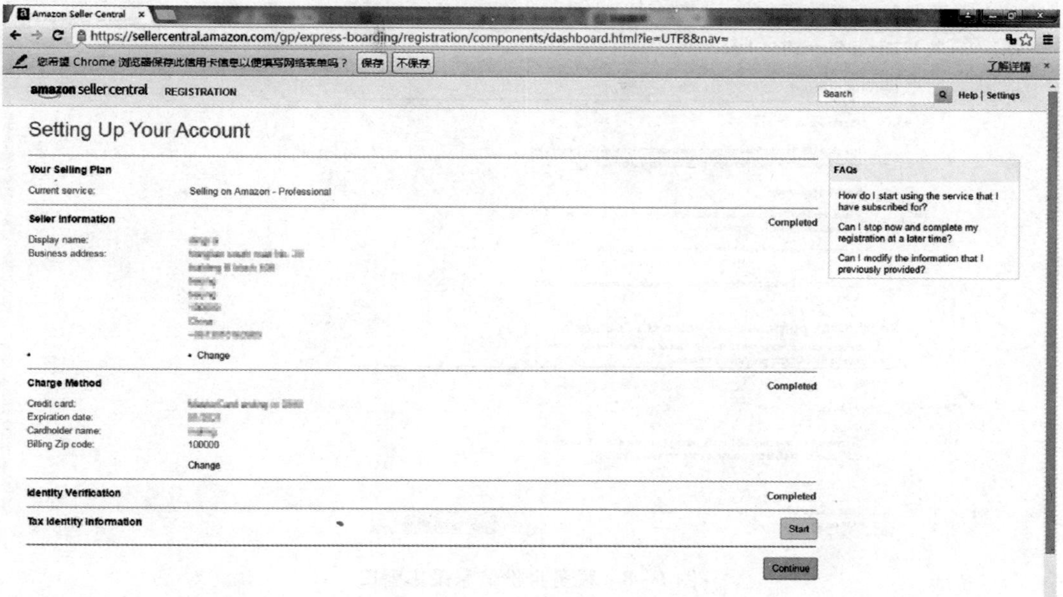


图 1－6　设置卖家账户窗口

（6）根据窗口提示和要求，创建账户，点击 Continue 按钮，打开如图 1－7 所示的税务身份信息窗口。

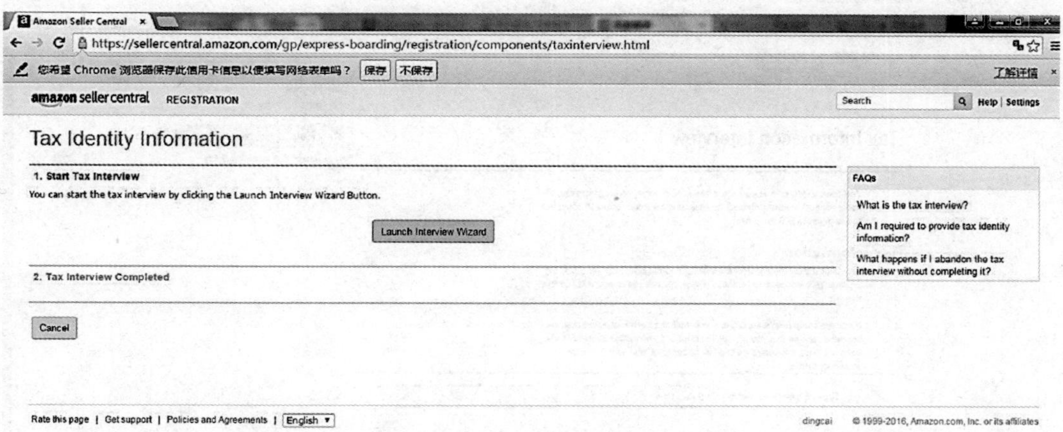


图 1－7　税务身份信息窗口

（7）点击 Launch Interview Wizard 按钮，打开税务身份信息采集窗口，如图 1－8 所示。

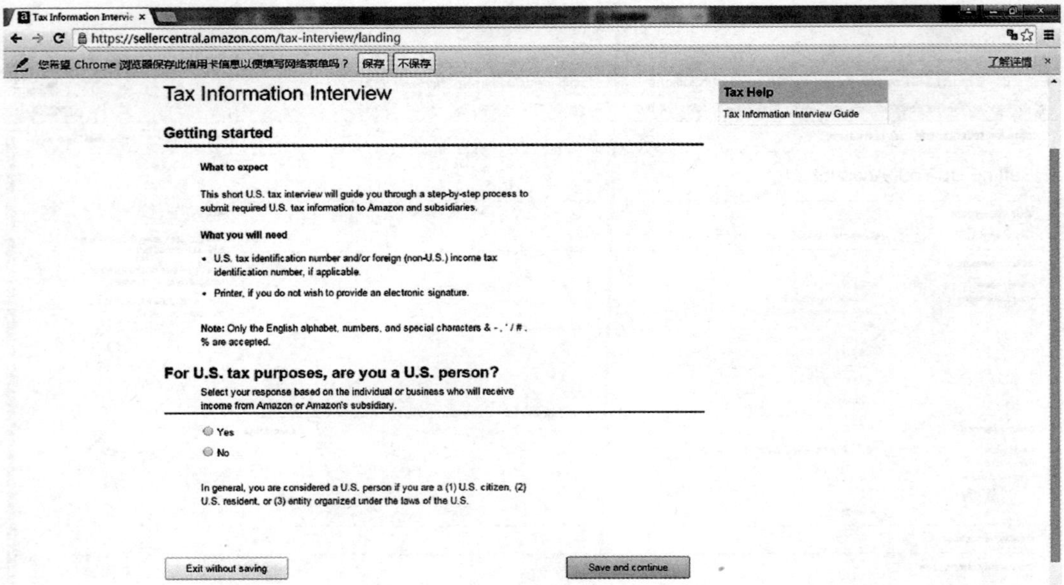


图 1－8　税务身份信息采集窗口

（8）税务信息采集需填写所有者类型，卖家信息、认证信息、电子签名、邮箱，如图 1－9 到图 1－13 所示。

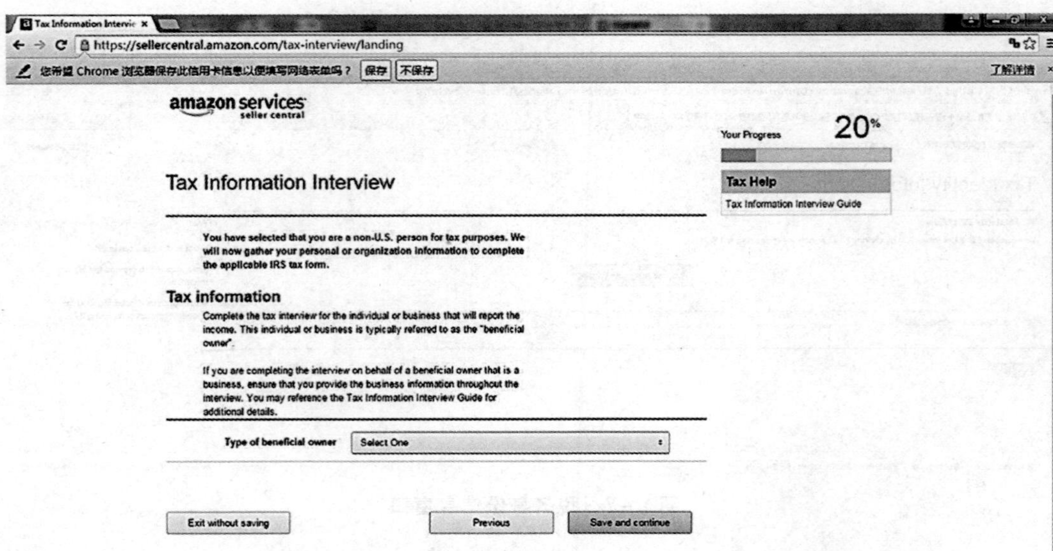


图 1－9　选择所有者类型

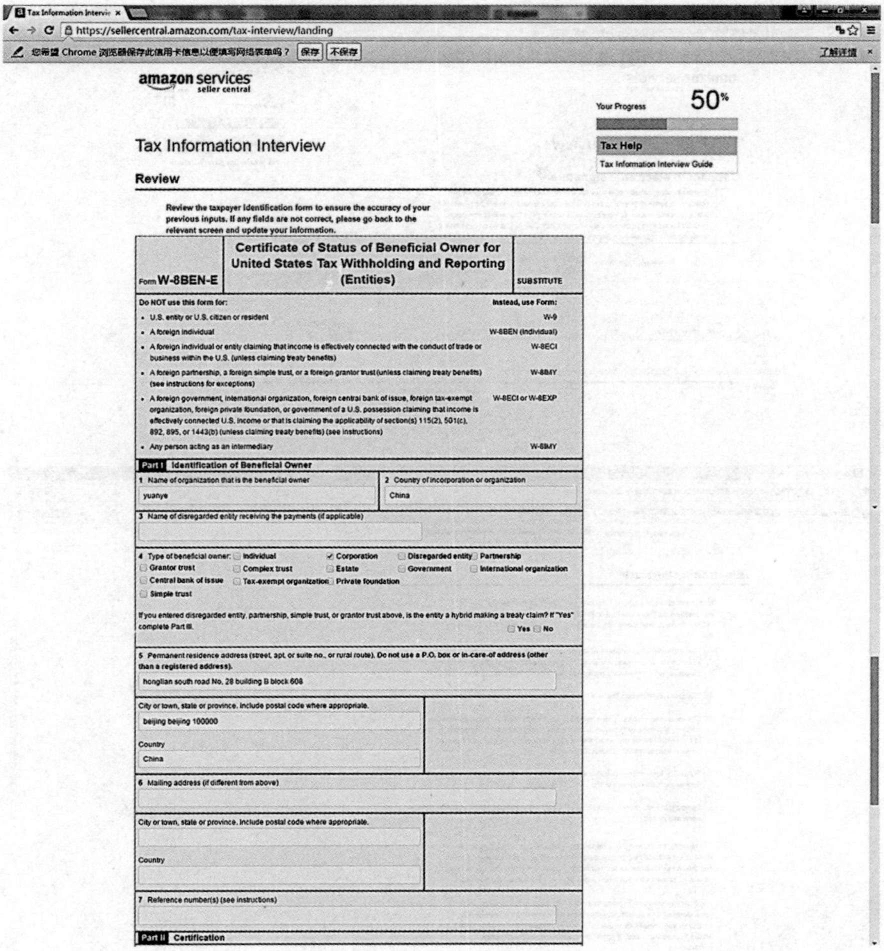


图 1 - 10　填写卖家信息

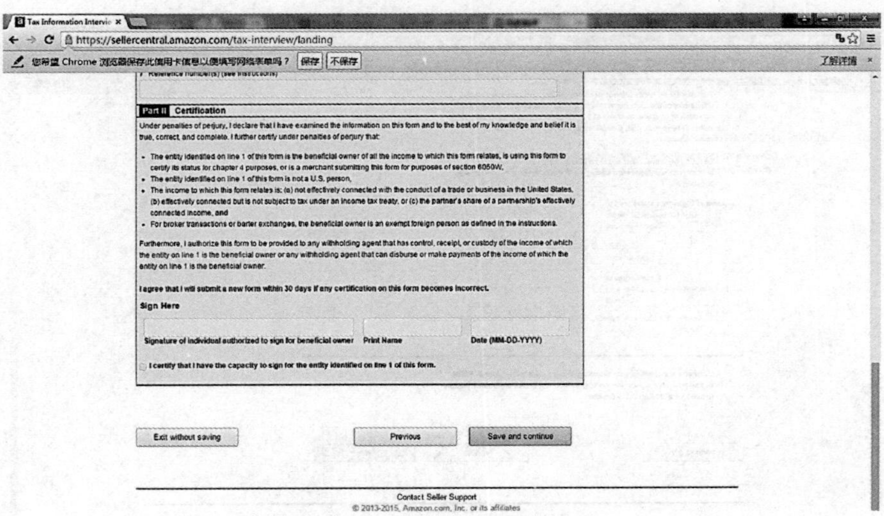


图 1 - 11　认证信息

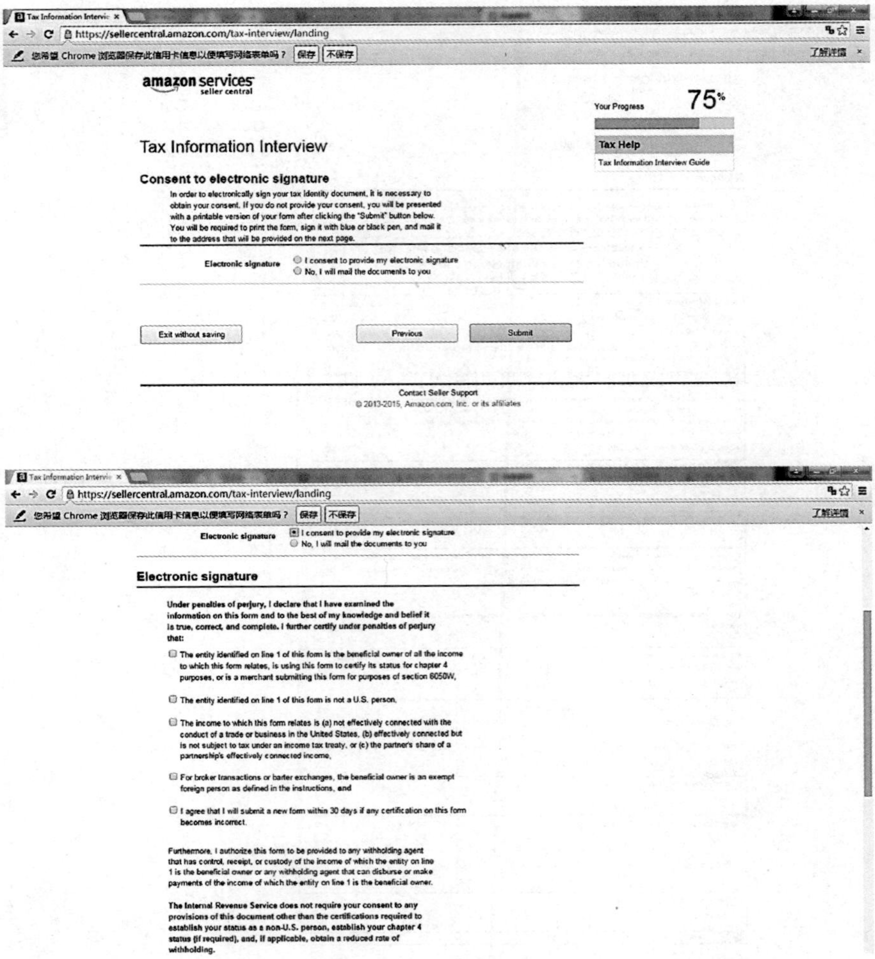


图 1－12　确定电子签名信息

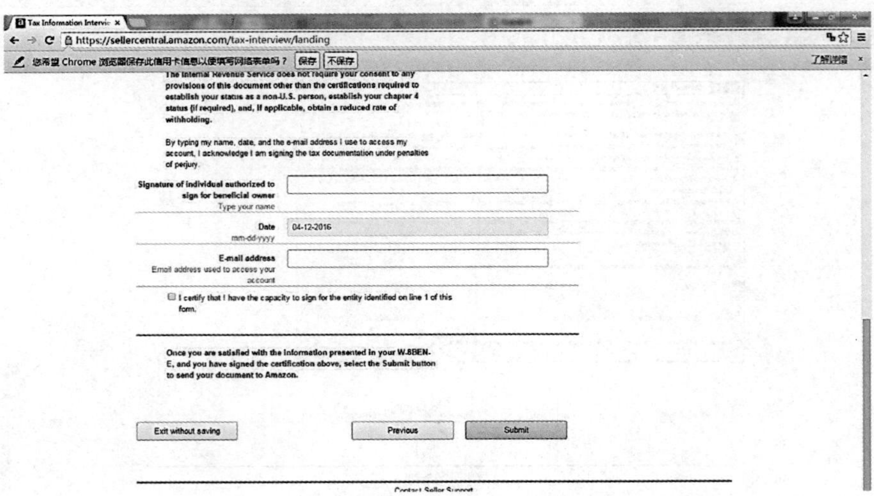


图 1－13　签名及邮箱填写

（9）电子签名及邮箱填写后，点击 Submit 按钮，打开如图 1－14 所示的信息已提交窗口。

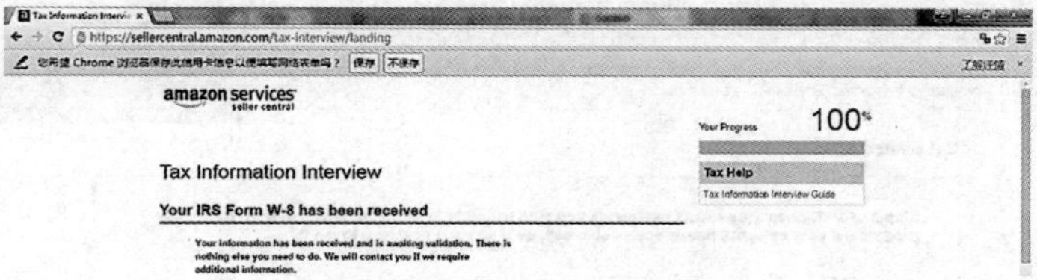


**图 1－14　信息已提交窗口**

（10）已完成填写的税务采集信息如图 1－15 所示。

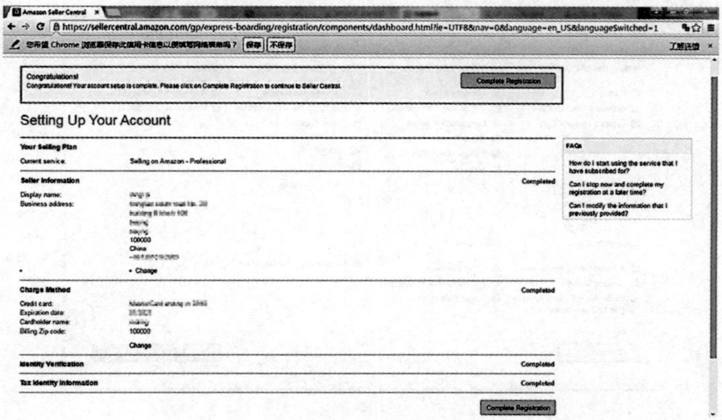


**图 1－15　完成的税务采集信息**

（11）账号创建好后，打开卖家中心窗口，选择窗口中的设置，如图 1－16 所示。

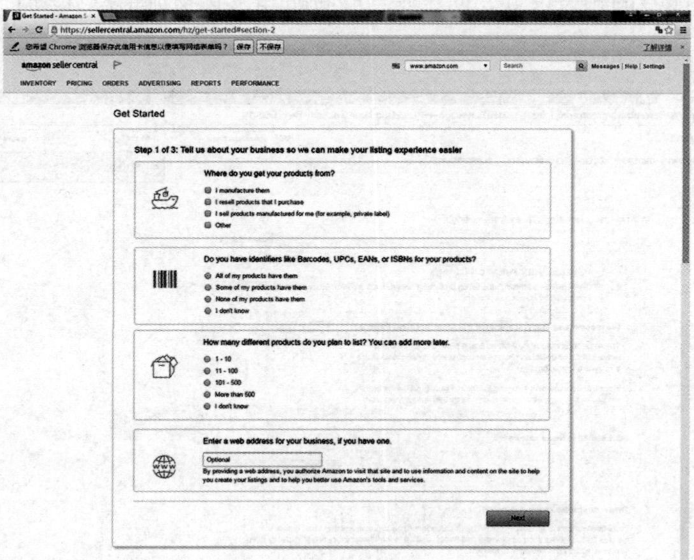


**图 1－16　店铺基本信息设置**

（12）点击 Next 按钮，打开如图 1－17 所示的产品选择窗口。

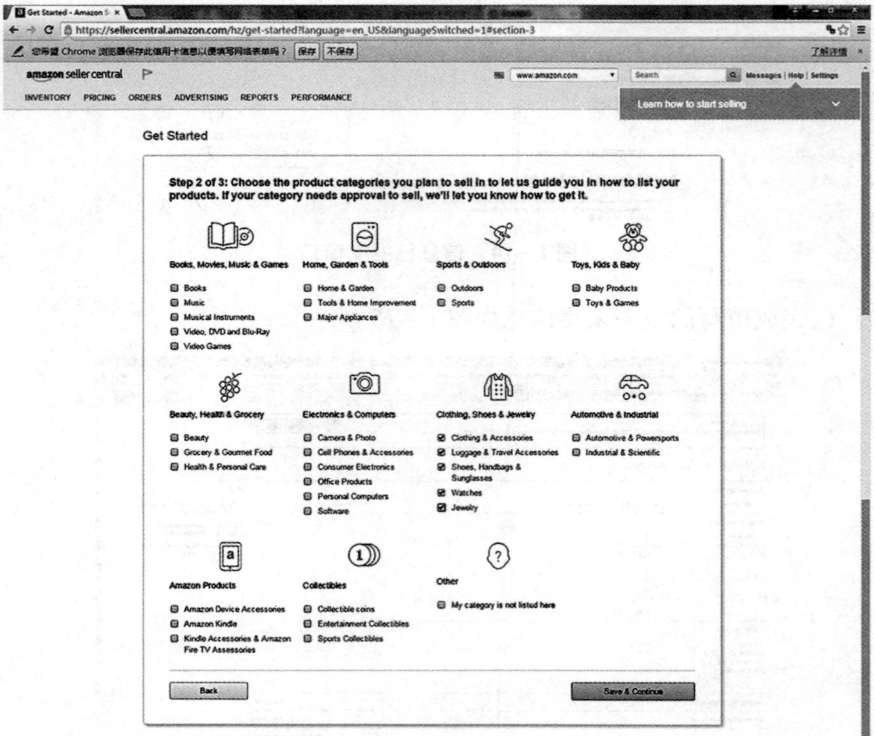


图 1－17 选择产品

（13）开始账号的相关设置，创建亚马逊商品和设置物流信息如图 1－18 和图 1－19 所示。

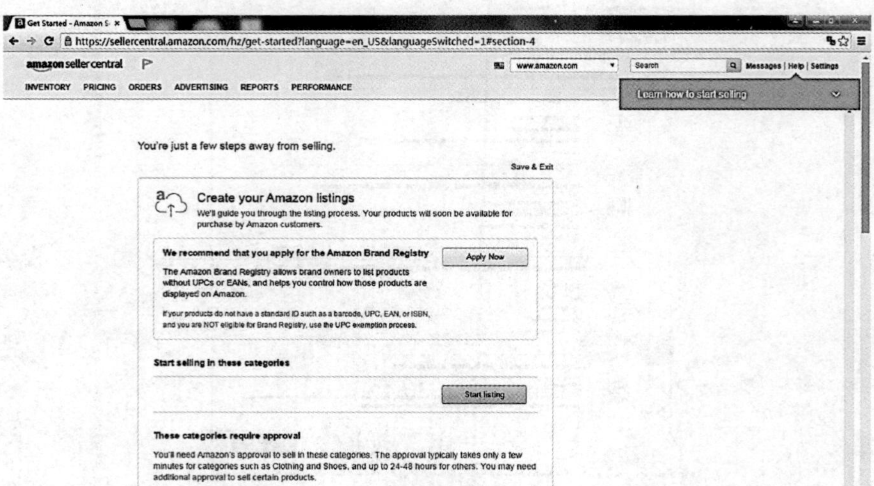


图 1－18 创建亚马逊商品

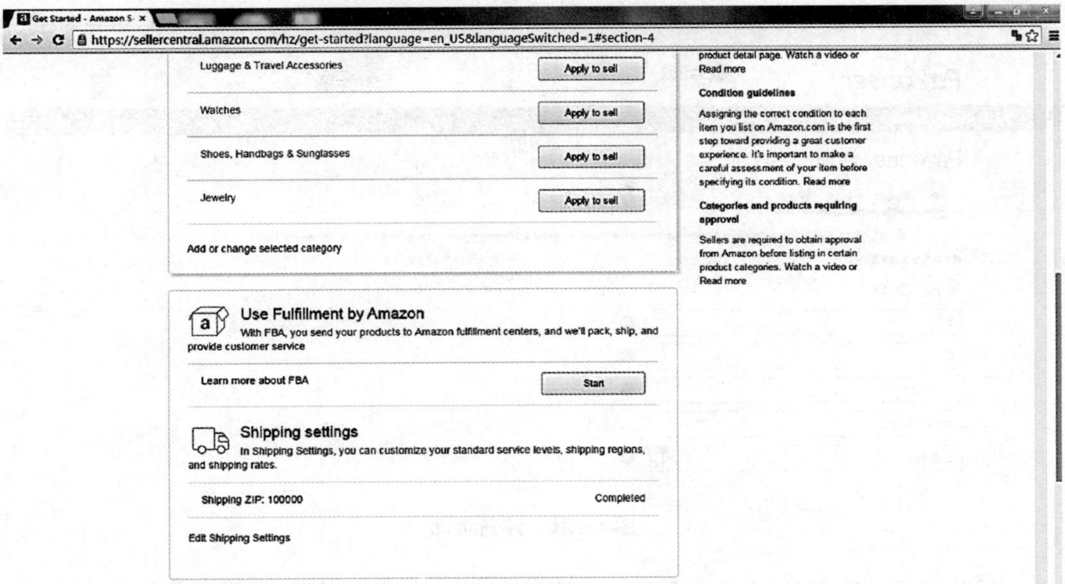


图 1-19　物流等信息设置

## 1.5　Payoneer 的申请

输入网址 www. payoneer. com，进入网站首页，如图 1-20 所示。

图 1-20　网站首页

点击“注册”按钮，打开如图 1-21 所示的注册页面。

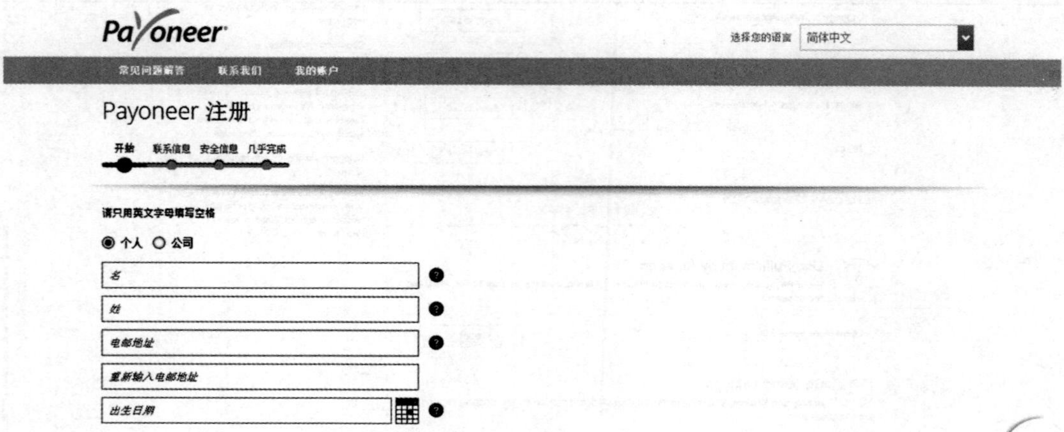


**图 1－21　注册页面**

页面中可以选择公司或者个人。通常选择个人，个人注册方便，申请速度也快。在这里必须要输入真实的信息资料，与银行办理银行卡信息一致，填写虚假信息是不被允许的。填写个人信息后，点击“下一步”按钮，打开如图 1－22 所示的国家、地址、电话号码信息填写页面。

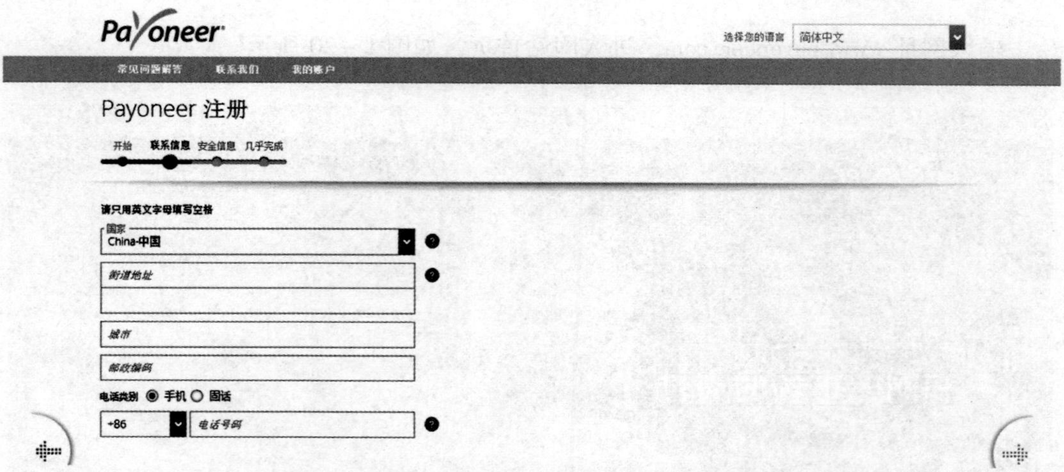


**图 1－22　国家、地址、电话号码信息填写页面**

在此页面中填写卖家的地址、电话号码、邮编以及选择国家，这些既能用英文填写，也可用拼音来填写，因为真正邮寄卡片的时候系统会让你填写中文地址，只要中文地址是你能收到包裹的地址就行了。点击“下一步”按钮，打开如图 1－23 所示的安全信息填写页面。

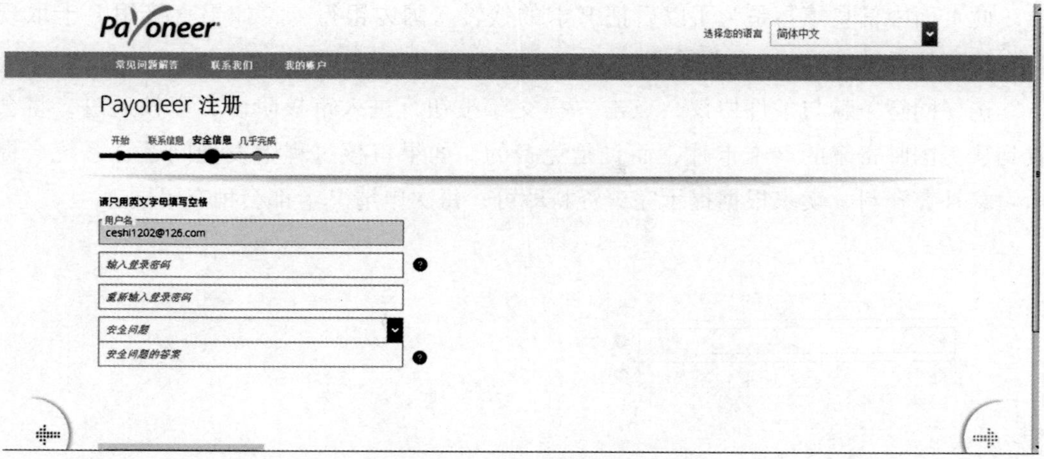


图 1－23　安全信息填写页面

在页面中输入用户的密码和安全问题，与 QQ 安全设置一样。点击“下一步”按钮，打开如图 1－24 所示的银行账号信息页面。

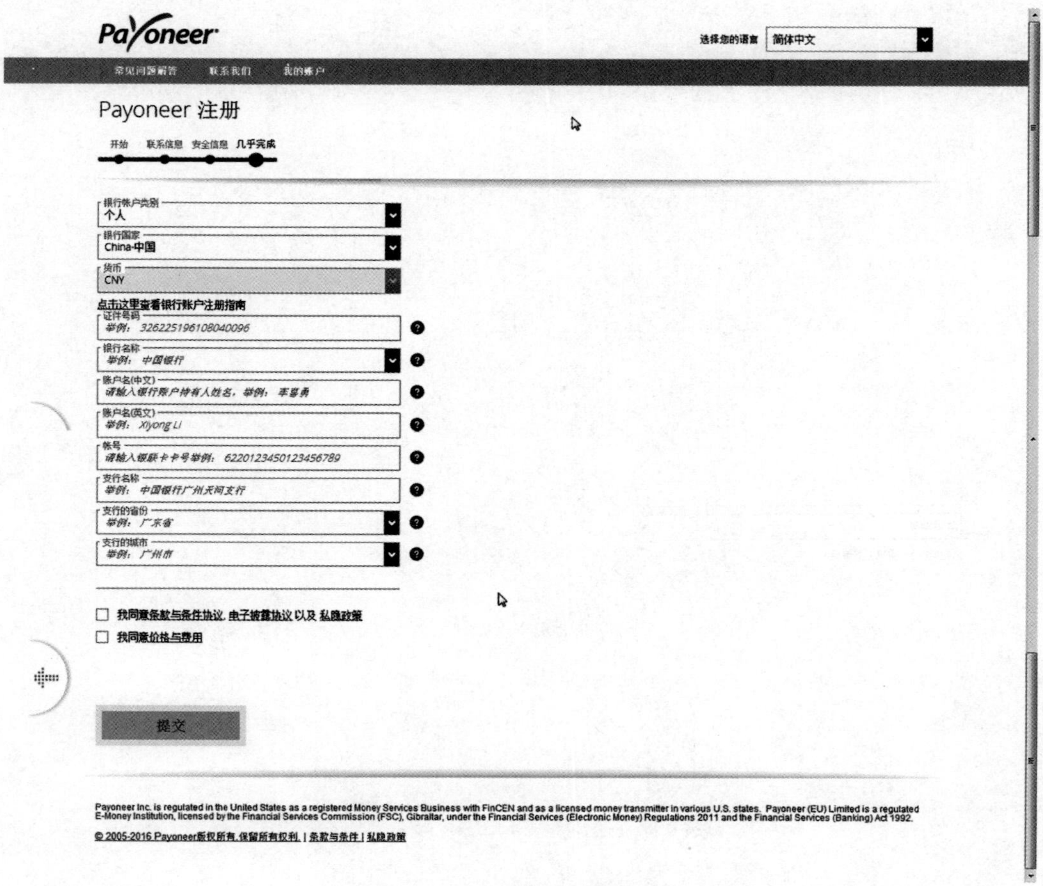


图 1－24　银行账号信息页面

此页面中信息填写是为了以后把P卡的钱转入国内银行卡，如果直接用P卡取现会有很高的手续费。

选择同意条款与条件协议，点击“提交”按钮，进入审核阶段，审核通过，将会收到从美国邮寄来的P卡卡片，而且是免费的。如果审核过程中发现问题，系统会提示卖家补充资料，卖家根据提示完善资料即可，每次申请P卡都会稍有不同。

# 2 亚马逊账号安全

账号的安全性主要是指账号的关联问题，关联问题会导致账号的销售权限被移除，也就意味着账号永久被封。

## 2.1 账号关联

亚马逊规定一个卖家只能拥有一个账号，但如果同 IP（Internet Protocol）同电脑登录了两个及以上的卖家账号就会导致账号关联。例如，在我电脑登录了我的亚马逊美国站账号，然后又登录了我朋友的英国站卖家账号。

这里需要说明的一点是，只有一种情况下的账号关联是被亚马逊允许的，即同一个卖家账号登录了多个国家站点。但是这种情况有利有弊，有利的一面是方便管理，不用多电脑多 IP 登录多国账号。弊端是，当其中一个站点因为关联或者侵权违规后，容易连带其他站点也遭殃。

## 2.2 如何防止关联

防止关联账号有两种方法，一种是软方法，另一种是硬方法。

所谓软方法，广义是指看得见摸不到的方法。通过软件、虚拟技术、服务器、信息输入等一系列手段进行防关联。

（1）账号信息的关联：如果此前开设了一个亚马逊的卖家账号，但因为种种原因账号被封了。再注册第二个卖家账号时如果信息和被封账号的信息重复了，这个账号就会被关联。也许有的卖家想到相同的名字会不会被关联，因为在我们国家重名的现象是很普遍的，所以名字重复是被允许的，账号被关联的主要信息包括账号名、邮箱、银行卡号、信用卡账单地址、电话或手机号码、P 卡或 WF 卡卡号、UPC（Universal Product Code，商品通用条码）码和 GCID（Global Catalog Identifier，品牌标识符）码都不能使用先前被封账号里的那一个。

（2）IP：在这里分为内网 IP 和外网 IP。外网 IP 是办宽带的时候分配的地址，这个地址是唯一的。内网 IP 是为多台电脑设置的局域网，每台电脑拥有内部的 IP 地址，这些

IP 只是局域网的 IP。通俗举例为，宾馆有一个固定的详细地址及门牌号码，这个门牌号码是人们都知道的，也是被法律承认的，这个相当于外网 IP，而房间号码是宾馆主观设置的，其不被法律所承认，宾馆也可以随意修改这些号码，而这就相当于内网 IP。

（3）Cookie（储存在用户本地端的数据）：用 360 清理的电脑痕迹实际上清理的一部分垃圾就是 Cookie，登录亚马逊账号时，其会通过 Cookie 记录卖家的操作行为，从而判断店铺是否属于关联。操作行为就是说，当卖家拥有 2 个卖家账号的时候，店铺的商品比较相似，操作行为极其相似，如果被亚马逊检测到了也是会关联账号的。

（4）无线网：若我去朋友家里的时候，朋友用宽带连线登录他自己的亚马逊账号，而我用他的无线网络登录了我的亚马逊账号，两个账号会关联吗？答案是会的，因为无线网络是通过有线的宽带和路由器发出来的，没有有线哪来的无线？

（5）云：指的是阿里云、腾讯云，也就是当我们在服务器上操作多个账号的时候，卖家账号也是会关联的，如在一个服务器上登录了 2 个相同国家的卖家账号。或者创建服务器实例的 IP 已经被其他亚马逊卖家登录过了，当然这种可能性与中 500 万彩票的概率是差不多的。

防关联总结：任何一个平台都有自己的优劣势。想多开卖家账号的读者有两种方法防关联，一是一条网线接入一台新的电脑登录一个账号，这里说的新电脑不是说你从天猫淘宝或者京东商城新买来的电脑，而是说未登录过亚马逊卖家账号的电脑。这里要说明的是，如果不是一个硬件高手最好不要尝试更换里面的硬件，不仅浪费时间、金钱，还增加了风险。另一个方法就是通过服务器来登录卖家账号，比如亚马逊的云服务 AWS（Amazon Web Services，亚马逊网络服务）。一定要多方法、多地点、多人登录卖家账号，这样做的目的是让亚马逊看出不同的卖家在操作不同的账号，这样就会安全了。对于初学卖家，笔者不建议多开账号，一个账号多个站点足够自己经营的了。

所谓硬方法也就是通过硬件手段来实现防止账号关联的方法，具体如下：

MAC（Media Access Control，物理地址）地址：MAC 地址也被翻译成硬件地址，这里主要指的是网卡和路由器的 MAC 地址，当然计算机配件里其他硬件也会有 MAC 地址。亚马逊会通过卖家的操作，记录卖家 MAC 地址，所以 MAC 地址也会造成关联。

移动端设备：移动端设备也是致命的关联因素，这些移动设备有手机、平板电脑等，因为通过移动设备操作就像计算机操作一样，同样会记录卖家的硬件信息，所以也会造成账号的关联。

## 2.3 账号封禁的原因

账号被封有以下原因：

（1）卖家账号关联。

（2）绩效指标不达标，如差评过多。

（3）出售的商品侵权或跟卖侵权。

（4）缺乏相关的认证，不同国家对不同商品有不同的认证要求。

如果账号被封，应该进行以下操作：

（1）如果账号不能登录，意味着彻底没救了，说明此账号严重违规，只能舍弃该账号了。

（2）如果收到了亚马逊封号邮件，先要了解亚马逊封号的原因，根据原因做出一个方案，方案中重点是陈述自己店铺经营上的错误和问题，希望亚马逊给予机会，自己会努力并且尽快解决问题。方案以邮件的形式回复给亚马逊并等待申述结果。通常亚马逊48小时内会回复邮件，但是不能保证亚马逊一定会恢复店铺的销售权限。

## 2.4 KYC（了解你的客户）审核

KYC简单来说就是对账户持有人的条件审查和备案（对欧洲平台卖家的身份审核），是国际上预防腐败和反洗钱的制度基础。亚马逊KYC审核根据欧洲有关监管机构的要求，亚马逊有义务对欧洲平台（包括英国、法国、德国、西班牙、意大利等）上开店的卖家进行身份审核。“了解你的客户”的主要目标是通过对客户身份的核实和商业行为的了解，有效地发现和报告其可疑行为，除非对客户有充分的理解并能够预测客户的商业行为，否则你就无法合理而有效地从客户日常的、习惯性的行为中发现非常态的或者可疑的行为。KYC审核是通过对交易的受益方、来源、资金用途以及企业经营历史后的企业行为和交易形式的恰当性和合理性做一定的调查与分析，由此获得全面的了解。

根据《金融行动工作组40条建议》的要求，了解客户原则的审查程序包括：

（1）确认直接客户的身份，也就是说知道该客户是什么人或什么主体。

（2）核实客户身份时，应使用可靠、独立的文件、数据或资料。

（3）确认实际所有权和控制权——确认什么是自然人最终拥有和控制直接客户和交易的实际受益人。

（4）核实其客户的实际所有人和交易的实际受益人的身份。

（5）进行持续的尽职审查和详细审查——在与客户的商业关系存续期间对交易和账户进行持续的详细检查，以保证正在进行的交易与金融机构对客户、客户业务及客户风险状况的了解相一致，如果有必要的话，应确认资金的来源。

目前，了解你的客户原则包括“了解你的雇员”“了解你的代理人”和“了解你的关联方”，甚至“了解你的第三方服务提供商”。经验表明，通过欺瞒雇员和类似的当事人，将有助于实施和进行洗钱。

通常在账户建立初期就要做好准备，然后自行进行KYC申请审核，卖家要关注亚马逊发的邮件通知或者商务经理的提醒。如果不参加 KYC 审核，当销售额达到 15000 欧元的时候将无法再出售商品。所以一定要进行 KYC 审核，方法是：联系亚马逊客服，客服会提供审核链接，打开链接，按照步骤操作即可。

KYC 审核需要准备的资料如下：

（1）公司营业执照扫描件（个人卖家无须提供）。

（2）公司首要联系人及受益人（受益人是指在公司中占有股份等于或超过 25% 的自然人或法人）的身份证件，可以是护照扫描件，也可以是身份证及户口本本人页等有效证件。

（3）首要联系人和受益人的个人费用账单：最近 90 天内的任意一张日常费用账单，包括水、电、燃气、网络、电视、电话、手机等费用账单或信用卡对账单，必须是正规机构（公用事业单位、银行等）出具的；账单上需要有姓名和家庭详细居住地址。

（4）公司对公银行账单：公司名字需和营业执照上公司名字一致；要有银行名称和 Logo（标识）；必须有在该开户银行的银行账号；账单如有日期，要求在开立日起的一年内，无日期亦可接受；个人卖家提供个人银行对账单，要求同上述一致。

（5）授权函：如首要联系人非公司法人或者受益人，亚马逊会要求卖家提供一份由公司法人授权首要联系人实际运营该账户的授权函。

（6）公司日常费用账单：对于中国香港和中国台湾公司注册的卖家，亚马逊会要求卖家提供一份公司日常费用账单，要求同第（3）点，且公司名字和地址应和营业执照或商业登记证保持一致。

填写 KYC 的时候需要注意以下事项：

（1）公司的名字全部使用汉语拼音，并保证准确性。中国香港公司按照注册证书上的公司英文名称填写。千万不要使用自己翻译一个类似中文发音的英文名，亚马逊是不会认可的。

（2）公司有几个受益人就需真实地填写几个受益人，再提交相应的个人账单和资料信息。

（3）KYC 审核允许多次提交资料，很多卖家也不知道自己的资料是否可以，就反复提交。在这里建议卖家尽量不要这么做，如果是全球开店卖家，最好先请招商经理帮忙把关审核，在确保无误的前提下再提交。对于超过三人以上股东的公司资料，提交信息时更需要慎重，一次审核通不过，账号受影响的可能性会非常大。

（4）在提交审核资料的时候，文字和图片一定不能用 Photoshop 软件修图，把身份证正反面通过 Photoshop 软件放到一张图中都不可以。因为亚马逊绝不会认可任何带有一点点修图痕迹的资料。建议大家可以把多页资料或图片整合成 PDF（Portable Document Format，便捷式文档）文档，再提交资料。

（5）KYC 审核的过程，最好是用公司法人一个人的完整的资料，这样通过的概率会高一些。

# 3　亚马逊多国站点及美亚后台界面

我们对亚马逊有了一个初步的了解，本章就来为大家详细介绍亚马逊各国站点以及后台相关的内容。由于多数卖家做的是美国站、英国站以及日本站，本章节对其会做一定的介绍，着重以美国站为案例进行讲解。

## 3.1　亚马逊多国站点介绍

亚马逊全球一共有14个站点，分别为美国站、加拿大站、墨西哥站、英国站、德国站、法国站、西班牙站、意大利站、日本站、中国站、印度站、巴西站、澳大利亚站和荷兰站。不同站点用不同的当地语言及文化风格展现出来。

本节主要给大家展示卖家常做的美国站、英国站和日本站。首页分别如图3-1、图3-2和图3-3所示。

图3-1为美国站的首页，是一个干净的首页，干净的首页就是本人没浏览过亚马逊美国站上的任何商品，没登录过买家账号的页面，如果登录了，或者搜索过任何商品，亚马逊会根据用户的习惯进行相关商品的推荐。

通过三个站点的展示会发现这三个国家均用各自国家的母语来展示网站文字内容，图片也是按照各自国家的用户行为风格来展示并且每个国家的网址也不相同，由此可见亚马逊是非常看重用户体验的。

现在笔者以美国站为例来介绍亚马逊美国站站点的信息内容。我们可以通过网址www.amazon.com登录亚马逊美国站，进入首页后我们可以通过亚马逊底部来选择访问其他国家站点，如图3-4所示。

美国站首页的布局简洁，在亚马逊首页我们可以通过Departments（类目设置）选择自己需要的类目查找商品，也可以通过搜索栏搜索自己想找的商品，如图3-5所示。

在网站首页右上角，可以登录账号，进行查看账号信息以及购物车等操作。

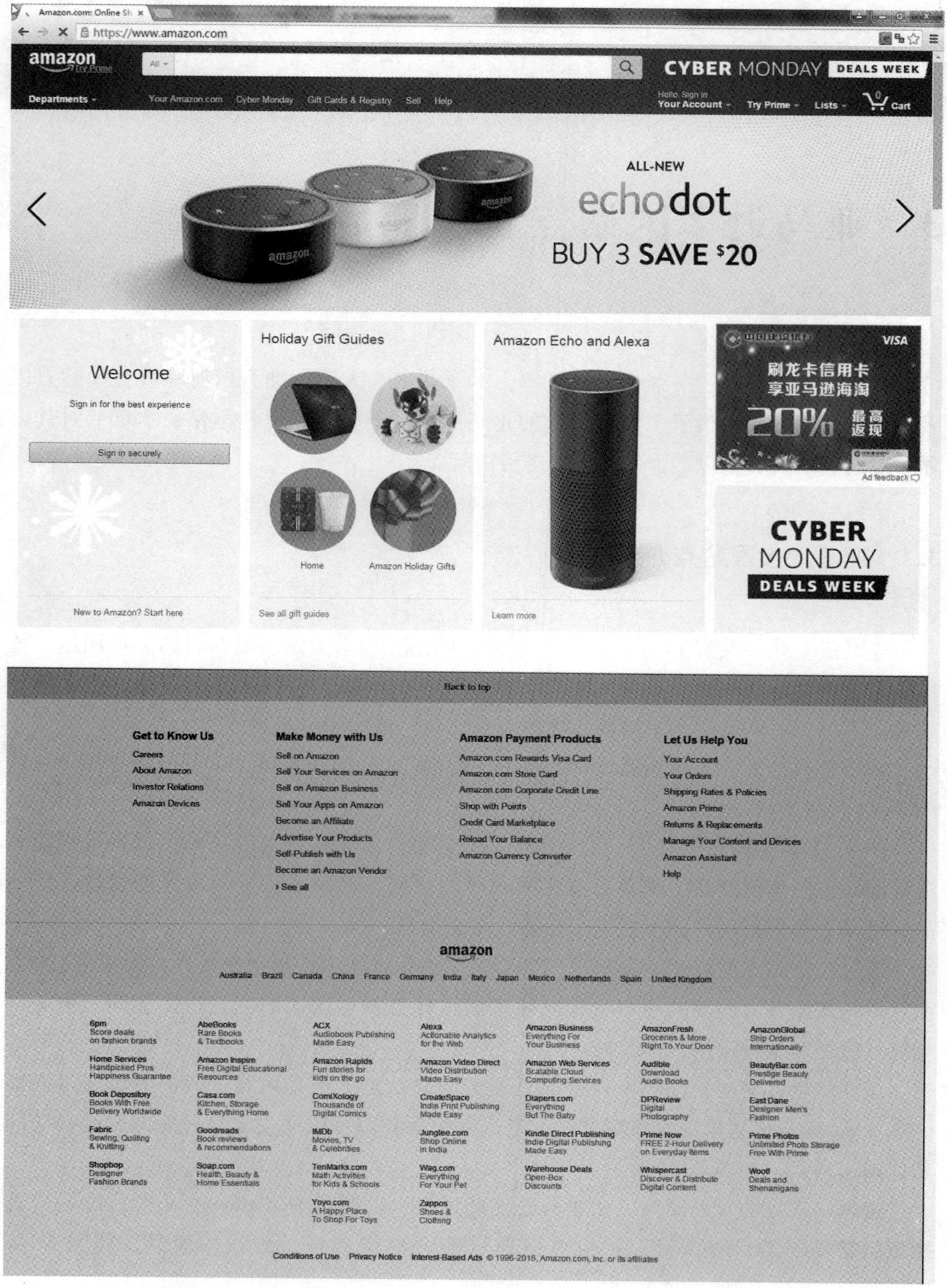

https://www.amazon.com
amazon
CYBER MONDAY DEALS WEEK
Departments
Your Amazon.com
Cyber Monday
Gift Cards & Registry
Sell
Help
Hello. Sign in
Your Account
Try Prime
Lists
Cart
ALL-NEW
echo dot
BUY 3 SAVE $20
Welcome
Sign in for the best experience
Sign in securely
New to Amazon? Start here
Holiday Gift Guides
Home
Amazon Holiday Gifts
See all gift guides
Amazon Echo and Alexa
Learn more
VISA
刷龙卡信用卡
享亚马逊海淘
20% 最高返现
Ad feedback
CYBER MONDAY DEALS WEEK
Back to top
Get to Know Us
Careers
About Amazon
Investor Relations
Amazon Devices
Make Money with Us
Sell on Amazon
Sell Your Services on Amazon
Sell on Amazon Business
Sell Your Apps on Amazon
Become an Affiliate
Advertise Your Products
Self-Publish with Us
Become an Amazon Vendor
› See all
Amazon Payment Products
Amazon.com Rewards Visa Card
Amazon.com Store Card
Amazon.com Corporate Credit Line
Shop with Points
Credit Card Marketplace
Reload Your Balance
Amazon Currency Converter
Let Us Help You
Your Account
Your Orders
Shipping Rates & Policies
Amazon Prime
Returns & Replacements
Manage Your Content and Devices
Amazon Assistant
Help
amazon
Australia Brazil Canada China France Germany India Italy Japan Mexico Netherlands Spain United Kingdom
Conditions of Use Privacy Notice Interest-Based Ads © 1996-2016, Amazon.com, Inc. or its affiliates


图 3－1　美国站首页

图 3-2 英国站首页

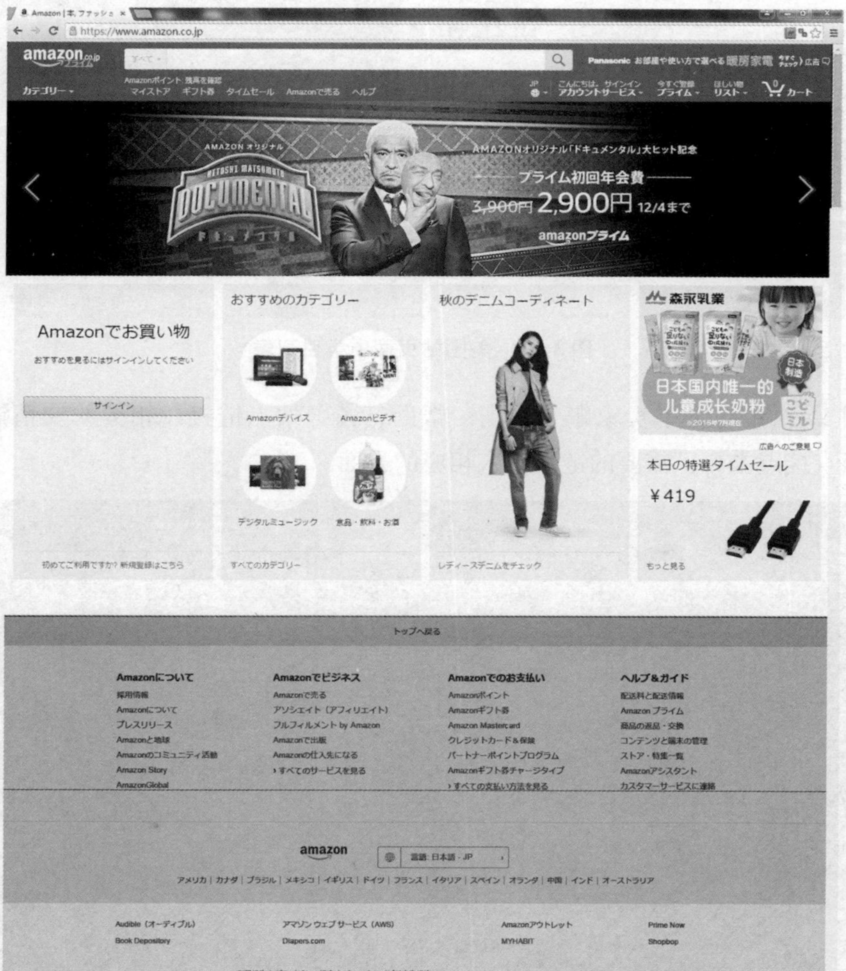


图 3-3 日本站首页

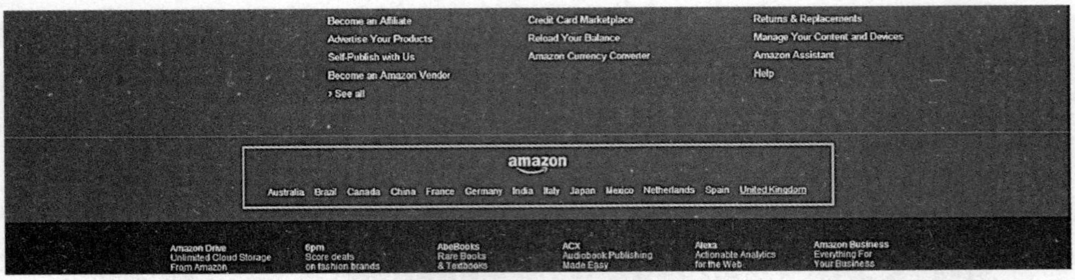


图 3－4　亚马逊底部的国家站点

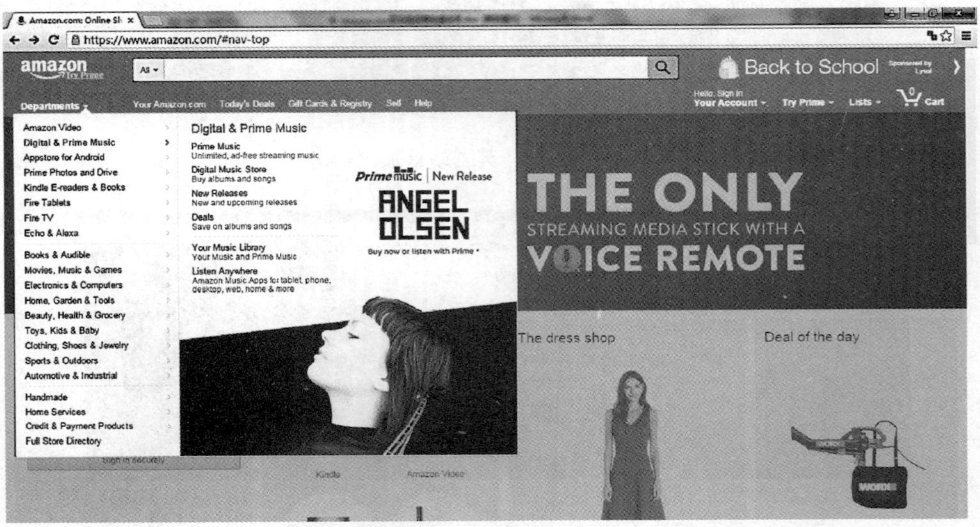


图 3－5　美国站页面中类目列表

在图 3－6 中包含了卖家账号申请、帮助、各国站点链接、相关的友情链接等入口，可以直接点击自己需要的链接进入相应的界面。

图 3－6　亚马逊网站功能区

## 3.2　亚马逊美国站后台

在亚马逊不仅买家各国站点不同，卖家各国站点也不同，这里给大家展示三个主要的站点的后台网址 https：//sellercentral. amazon. com/美国站、https：//sellercentral. amazon. co. jp 日本站、https：//sellercentral. amazon. co. uk 英国站。其中一些网站包含多个站点，开通一个等于开通多个站点，美国站包含美国站、加拿大站、墨西哥站。英国站包含的最多，有英国站、德国站、法国站、意大利站、西班牙站。日本站只有本身，不包含其他站点。

现在打开美国站后台网址进入登录页面，如图 3－7 所示。

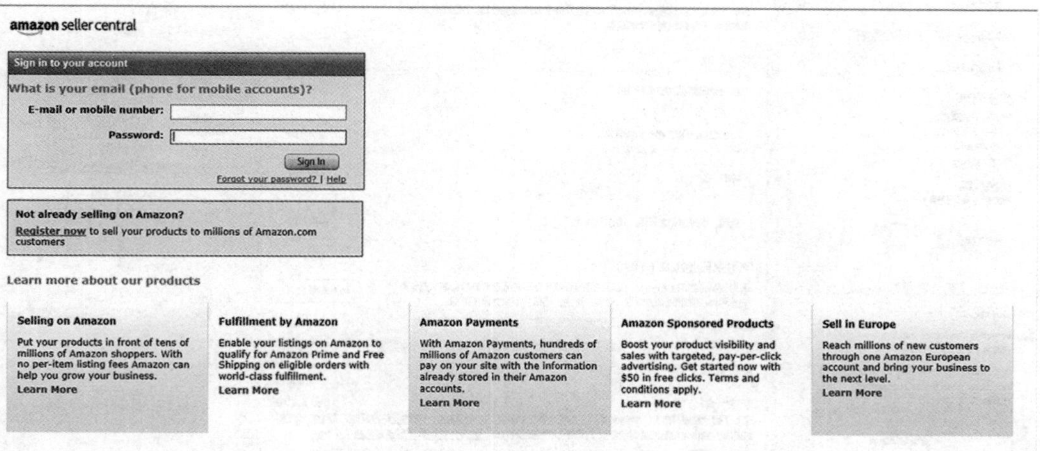


**图 3－7　亚马逊美国站后台登录页面**

输入账号和密码，进入亚马逊美国后台页面，如图 3－8 所示。

亚马逊后台的菜单在亚马逊底部也有展示，这是防止菜单打不开的应急页面，可见亚马逊的人性化。类似的情况在其他页面还会遇见。

在亚马逊首页顶部具有进行不同国家站点的切换功能，如图 3－9 所示。右侧的帮助功能可不同于其他任何一个网站或者软件，看似无用，实则作用非常强大。点击“帮助”链接，打开如图 3－10 所示的对话框。

在“帮助”对话框中最常用的功能是查看分类审核的类目，联络亚马逊客服以及亚马逊的政策和协议。如果我们需要联络亚马逊客服，可以点击对话框底部“获得支持”链接，打开如图 3－11 所示的“获得支持”对话框。

点击“找不到所需内容？”选项，此选项展开列表，如图 3－12 所示（个别版本的后台可能找不到这个功能，找不到可以在后台页面找“获得支持”链接，点击进入即可）。

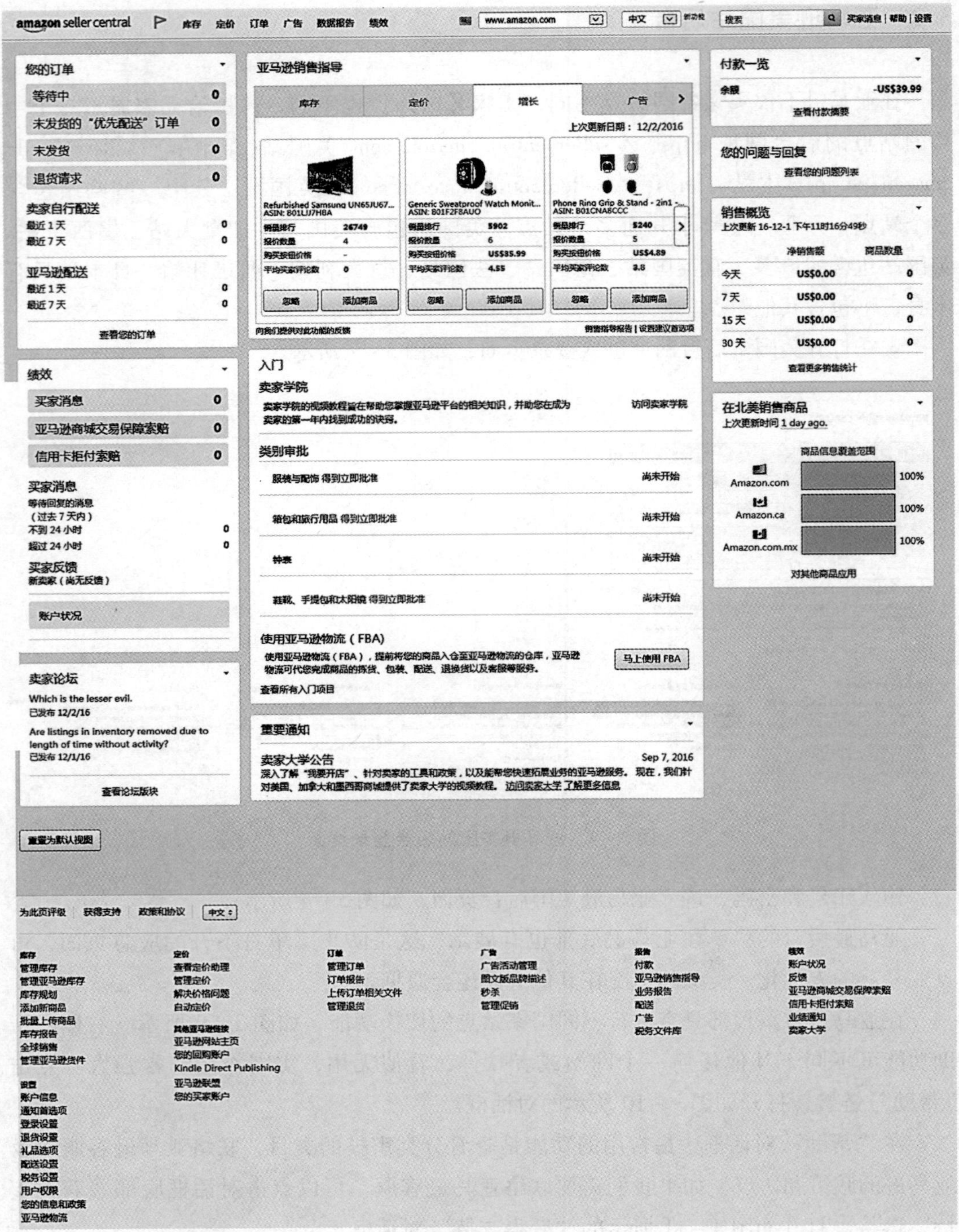

图 3-8　亚马逊美国站后台页面

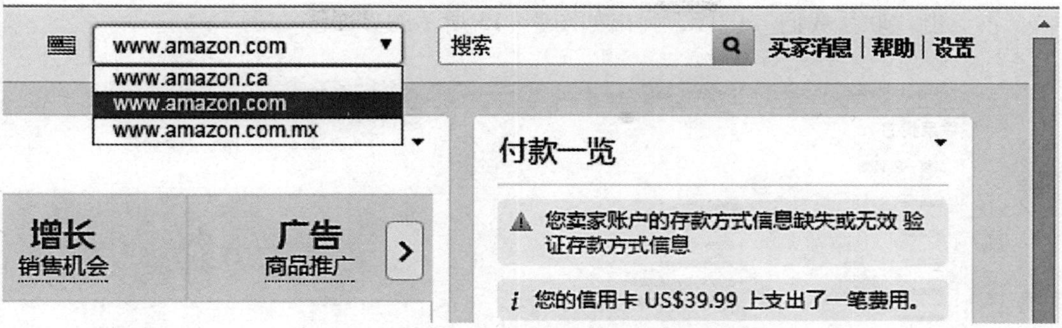


图 3－9　不同国家站点切换功能区

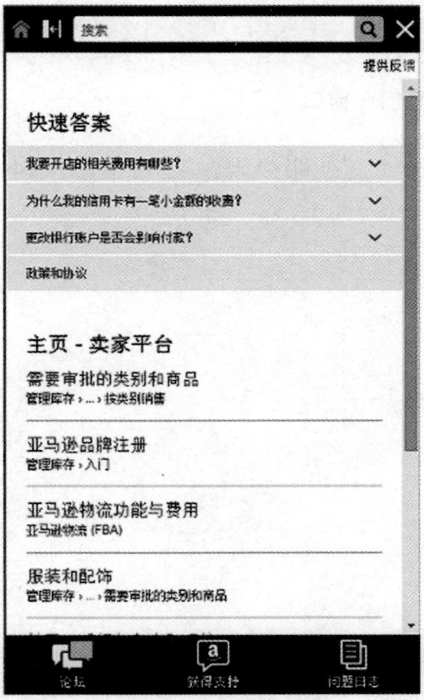


图 3－10　“帮助”对话框

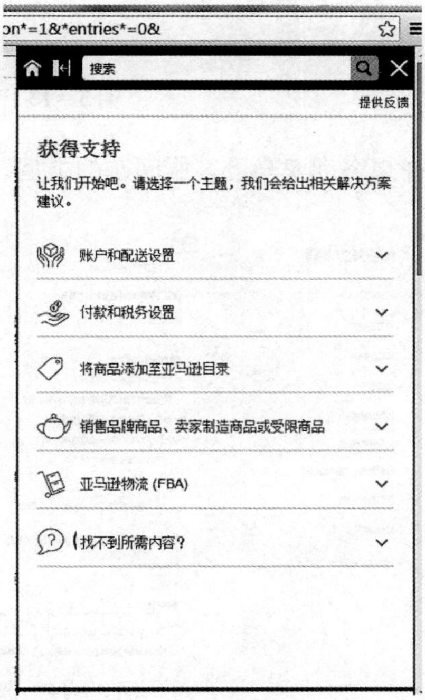


图 3－11　“获得支持”对话框

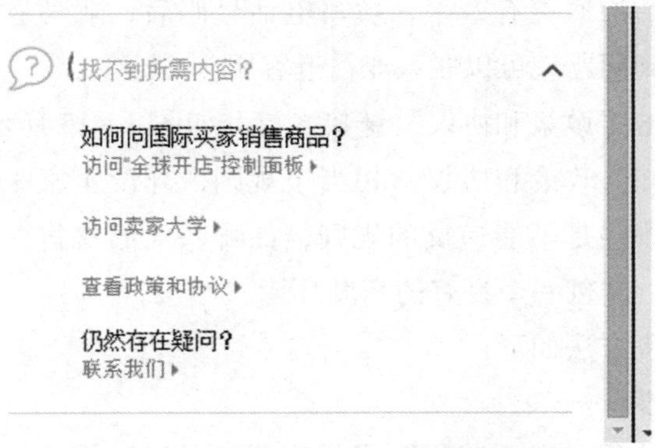


图 3－12　“找不到所需内容?”展开列表

再点击“联系我们”链接，弹出如图3－13所示的界面。

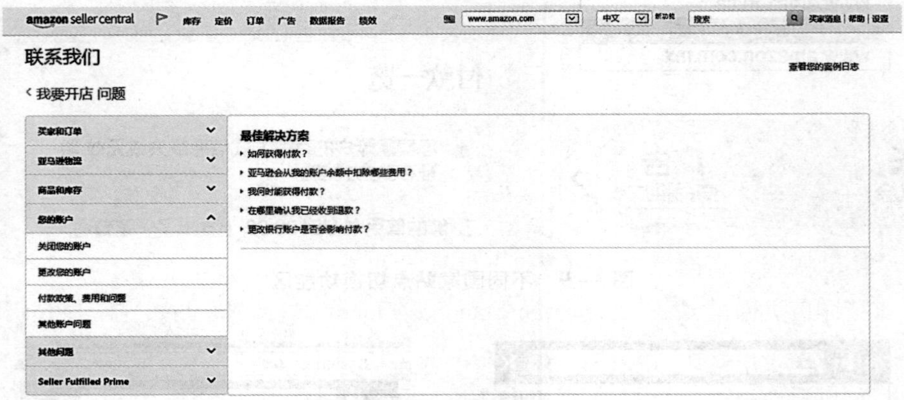


图3－13　“联系我们”窗口

选择想咨询亚马逊客服问题的类型，如选择“其他账户问题”，如图3－14所示。

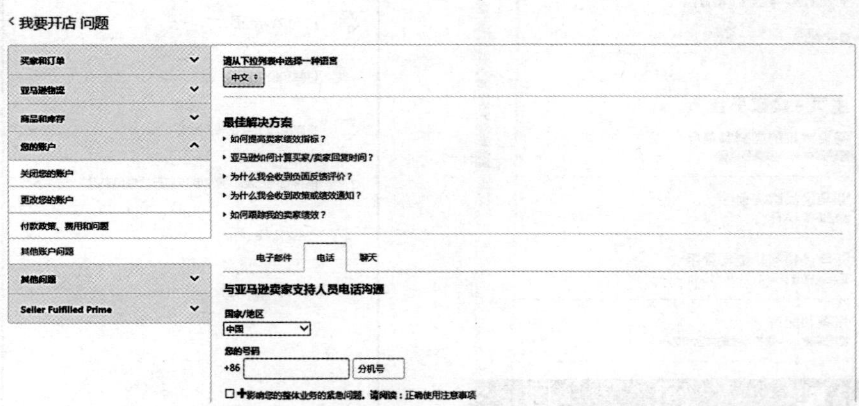


图3－14　选择“其他账户问题”

在窗口中选择电话沟通更有效率，填写电话号码后，亚马逊客服会打过来解决问题，所以只要卖家遇到问题就可以联系亚马逊客服。

在图3－10中点击“政策和协议”链接，打开如图3－15所示的对话框。

通过查看可以得知，政策和协议就相当于规则，开设卖家账号并运营店铺需要了解的规则。主要了解哪些是不能违反的规则，如哪些商品禁售，同时卖家也可以举报其他商家的违规行为，共创一个良好的商城环境。

举报违规行为流程方法如下：

（1）举报违规行为。

亚马逊鼓励卖家使用“联系我们”举报违反亚马逊政策或法律的商品。依次点击

“我要开店”页面中“其他问题”中的“举报违规行为”链接。在打开的页面中添加所有的相关信息，以便其开展彻底的调查。

如果买家认为卖家销售的商品与广告不符，可以联系卖家绩效团队。任何对可能违反亚马逊社区规则和参与协议行为的报告均由卖家绩效团队进行处理。买家需要向卖家绩效团队提交报告，并提供测试购买的订单编号，以确认这些卖家未提供广告商品。但千万不要在涉及商品与详情页面不符的报告中使用“商标”或“版权”等词汇，这样平台可能会对买家报告问题的解决造成延误。

为了协助调查，请确保投诉包含以下信息（如果适用）：

①商品详情页面的 ASIN（Amazon Standard Identification Number，亚马逊标准标识号）码/ISBN（International Standard Book Number，国际标准书号）号和商品名称。

②所报告卖家的商店和企业名称。

③您的订单编号。

（2）违规行为的简要阐述。

官方的调查团队将对所有报告进行彻底调查。出于隐私原因，其不能公开调查结果，但保证会采取恰当的处罚措施。

在亚马逊页面的右侧有一个“设置”按钮，设置菜单如图 3 – 16 所示。

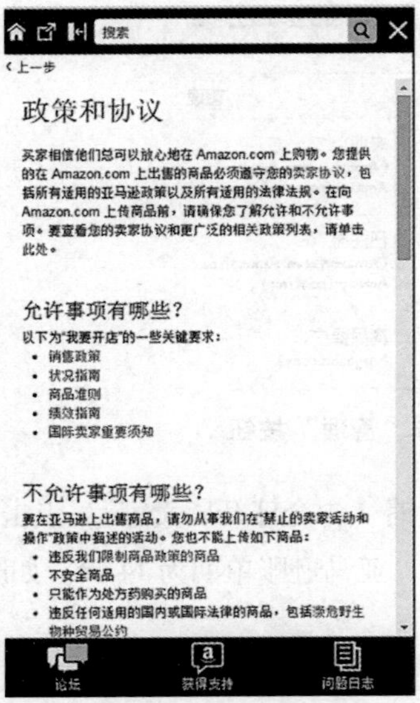


图 3 – 15　“政策和协议”对话框

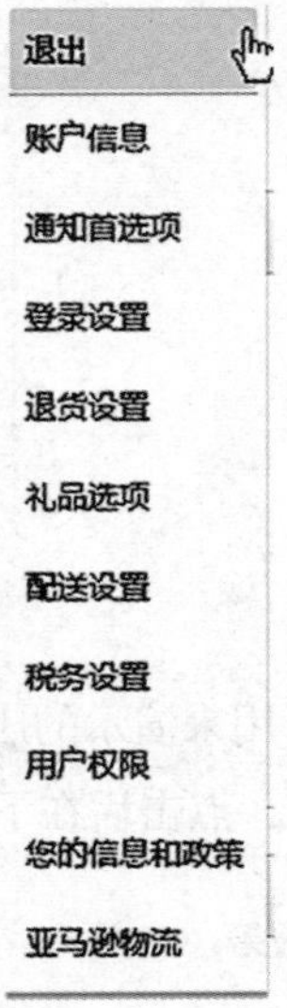


图 3 – 16　“设置”菜单

①账户信息：在这里包含了很多重要的功能，比如假期设置，就是当卖家不想卖东西或外出度假的时候需要设置的，如果有人帮卖家处理账号运营的一系列问题，如解答咨询、处理系统消息、发货、退换货处理等就可以不用开启假期设置，否则不设置会导致绩效指标不合格，严重了可能会封号。如图 3 – 17 所示为“假期设置”页面。

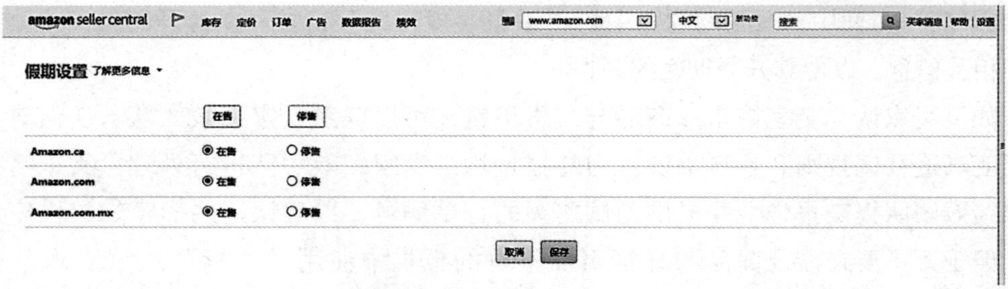


图 3 – 17　“假期设置”页面

选择“在售”选项表示当前不在假期状态，选择“停售”选项表示当前状态为假期状态，假期状态的商品买家是无法购买的，我们当前可以针对三个站点分别设置，设置之后点击“保存”按钮即可生效。

在图 3 – 18 中“您的服务”里面可以设置降级，就是将专业卖家降级为个人卖家，或者将个人卖家升级为专业卖家。

图 3 – 18　点击“管理”按钮

在这里笔者用来演示的店铺为专业卖家店铺（含全球开店卖家），点击“降级”按钮即可变成个人卖家，点击后在下一个账单期生效，亚马逊账单期为 14 天。如图 3 – 19 所示。

图 3 – 19　“降级”铵钮

②通知首选项：点击“通知首选项”选项后进入如图3-20所示页面。

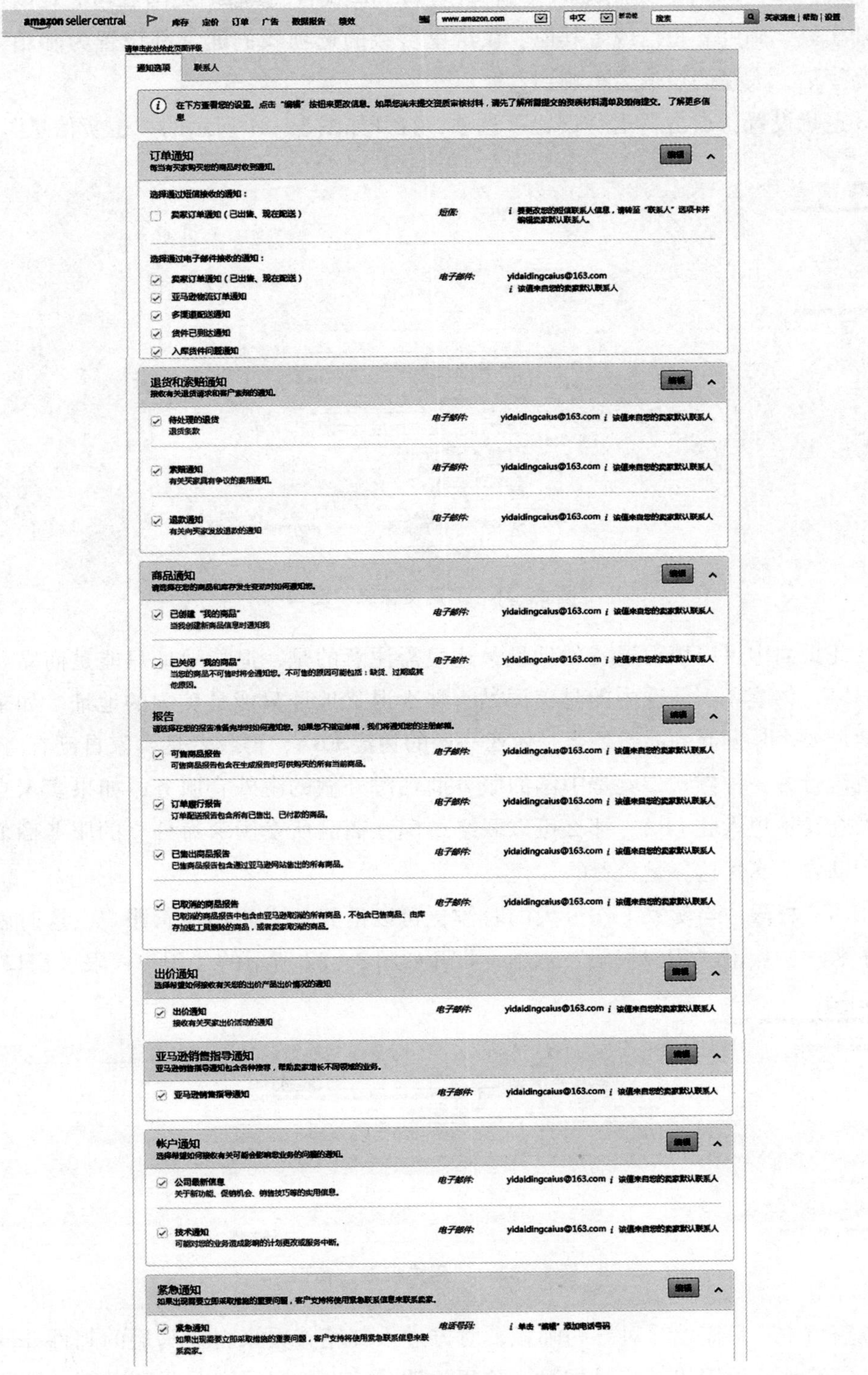

图3-20　通知首选项页面

通过图 3－20 可以看出此功能为账号发生的多种变化给出的通知方式，如成功发布一个 Listing（Listing 表示商品，此后均用 Listing 代替），后期美国亚马逊是以什么方式通知卖家，邮件、短信或者其他。在这里多数的选项我们通常都设置为邮箱，如果设置为短信，大量的短信会影响到卖家。

③退货设置：点击“退货设置”选项，打开如图 3－21 所示的“退货信息”窗口。

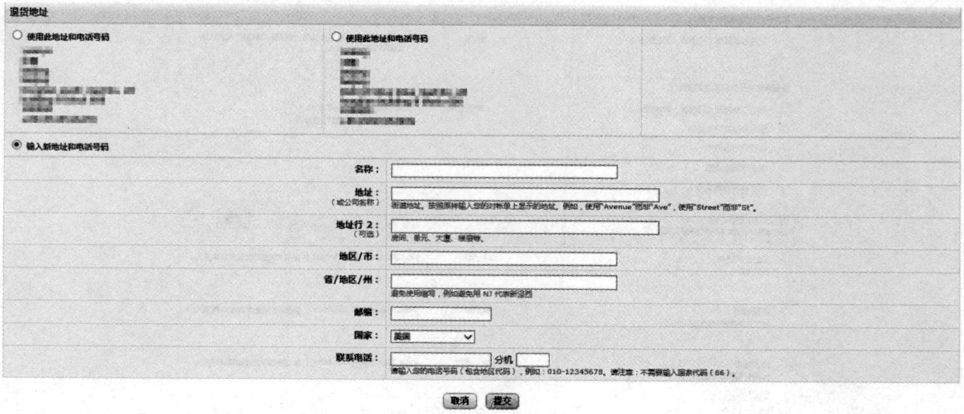


**图 3－21 “退货信息”窗口**

在此页面中可以填写退货的地址，这里需注意的是，退货地址只能是商品所被出售的国家，如笔者当前选中的是美国站，那么退货地址只能是美国的地址。如果没有美国地址要么是抛弃商品，要么是做亚马逊的物流 FBA，再或者是卖家自己有海外仓。现在也流行另一种方式，就是中国的服务商在海外做的海外仓服务，如果卖家自己没有海外仓又不想入驻 FBA，那么可以联络中国在商品所卖国家海外仓的服务商们，他们会帮助你，当然这不是免费的。

④用户权限：当卖家工作量大的时候也可以请其他人协助经营账户，这时就需要设置子账户，点击“用户权限”选项，打开如图 3－22 所示的“用户权限”窗口。

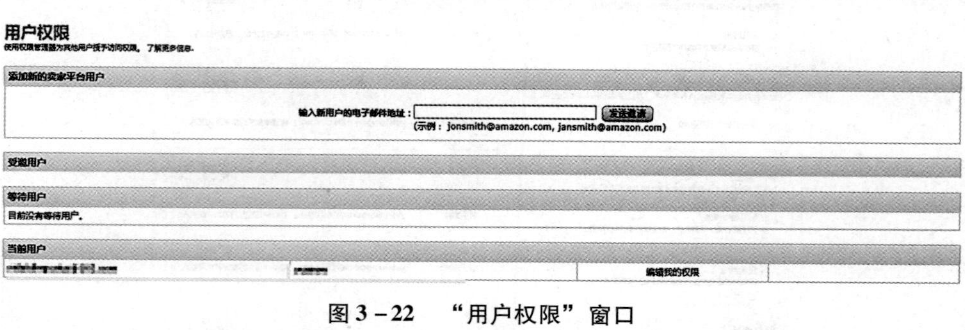


**图 3－22 “用户权限”窗口**

在窗口中，只需填写对方的邮箱，对方进入邮箱查看来自亚马逊的邮件并同意将自己的邮箱地址设置成子账号即可。这里说明一点，如果子账号导致关联，那么相应的主账号也会被关联，所以卖家一定要小心谨慎使用。

现在我们讲解顶部左侧及导航栏的几个主要菜单，包括进入卖家后台的链接、消息提醒、库存、订单、广告、数据报告、绩效菜单。点击链接可跳转到卖家后台的首页，如图 3－23 所示。

（1）此处消息提醒：有一个灰色的三角旗帜，很不起眼的，也许有的卖家早就发现了，这个旗帜为系统消息提醒，如果有系统消息旗帜会变成红色，并显示条数，如卖家有 2 条系统消息旗帜变成红色同时显示数字 2，这里的系统消息一定要看，在这里通常会显示一些重要信息，如果不看则可能导致账号损失。小旗帜如图 3－24 所示。

图 3－23　进入后台首页的链接

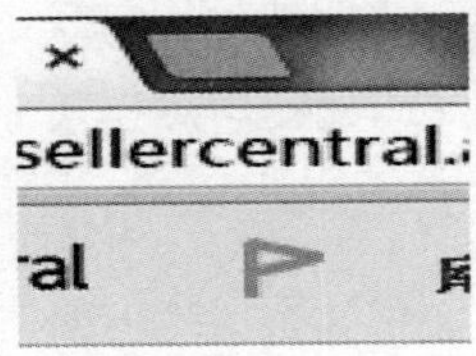


图 3－24　此旗帜为系统消息标志

（2）“库存”菜单：“管理库存”菜单下包括的功能如图 3－25 所示。此处包含了“添加新商品”、“批量上传新商品”等功能。

（3）“订单”菜单：“管理订单”功能如图 3－26 所示。这里包含了订单的情况，如退货情况。

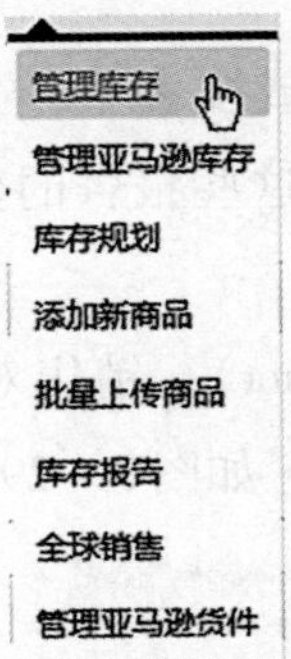


图 3－25　“管理库存”菜单

图 3－26　订单菜单

（4）“广告”菜单：广告菜单功能如图 3－27 所示。

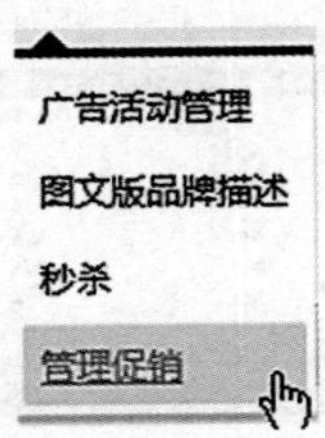


图 3－27　“广告”菜单

图 3－27 中的“广告”就是推广的方法，我们要在亚马逊上推广我们的商品。在这里广告分为三个功能，第一个是广告活动管理，这个功能和淘宝的直通车作用一样，做过淘宝店铺的卖家会明白，没做过的可以理解为付费点击广告就是按照点击扣费的一种广告投放形式。秒杀是亚马逊官方的一种活动。最后一个是管理促销，实际上就是创建促销的意思，如满多少钱减多少钱等。

（5）“数据报告”菜单：“数据报告”菜单中功能如图 3－28 所示。

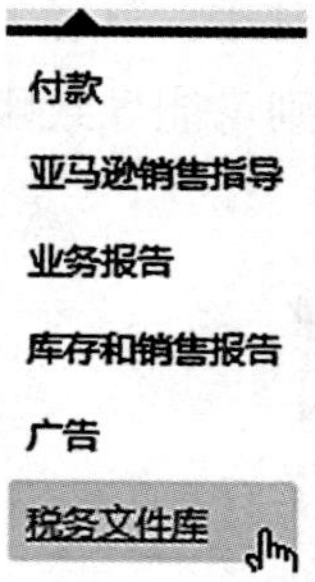


**图 3－28　数据报告**

通过业务报告功能可以了解自己店铺经营的情况，这里涉及一些专业术语以及数据分析的方法，因此卖家很有必要详细看一下，这也是为了日后的数据分析做准备。

在亚马逊开店的卖家可以打开账户后台，在“数据报告”菜单中点击“业务报告”选项，进入页面后可以看到业务报告。

业务报告由销售图表（Sales Dashboard）、按日期或按 ASIN 的业务报告、亚马逊销售指导（Amazon Selling Coach）三部分数据组成，而这些报告的数据通常最多可以保留两年。下面讲解这些数据。

①销售图表。销售图表由销售概览（Sales snapshot）、销售对比（Compare sales）和商品类别销售排名（Sales by category）三部分组成，如图 3－29 所示。

**图 3－29　销售图表组成**

a. 销售概览。销售概览通常会显示卖家当天的销售情况，数据大约每小时更新一次。具体的数据包括订单商品种类数（Total order items）、已订购商品数量（Unit ordered）、净销售额度（Ordered product sales）、平均每种订单商品的数量（Avg. units/order item）和平均每种订单商品的金额（Avg. sales/order item）。

b. 销售对比。销售对比由直观的图像数据和表格数据组成。它能将不同时间的销售数据放在一起对比，可以很直观地看到商品销量、净销售额的升降情况。销售对比具有互动式功能：

• 卖家可以按需要，使用页面顶部的“日期”“类别”“配送渠道”筛选条件来筛选结果。

• 可以选择用图表（默认选项）或表格来查看销售统计数据。使用右上角的按钮选择首选项。

• 通过选择图表或表格下方的复选框，在“日期”筛选条件中选择要对比的时间点。例如，当将“日期”筛选条件设置为“今天”，那么“对比”选项会将今天的销售与“昨天”“上周的今天”和“去年的今天”的销售进行对比。

c. 商品类别销售排名。商品类别销售排名能让卖家知道在具体时间段内，排在店铺前几名的产品类别分别有哪些，各分类的商品数量、净销售额有多少，以及商品数量百分比、净销售额百分比的数据。

②业务报告。业务报告的报告按照日期、ASIN 和其他业务报告三种形式来归类数据。细分的报告如下：

a. 根据日期：销售量与访问量、详情页面上的销售量与访问量、卖家业绩的数据报告。

b. 根据商品：详情页面上的销售量与访问量、父商品详情页面上的销量与访问量、子商品详情页面上的销售量与访问量的数据报告。

c. 根据其他：如每月销售量和订单量、缺少信息的商品、在库库存的数据报告等。

另外，如果在亚马逊开店的卖家没有看到右侧的导航栏，可以将鼠标悬停在最右侧。点击标签为“列”（Columns）的垂直选项卡，以显示列表。再次点击图柄可将其隐藏，也可任意选择想要了解的数据选项。导航栏如图 3－30 所示。

业务报告这方面的数据比较多，根据日期统计的业务报告，如图 3－31 所示。

销售量与访问量：根据日期统计的“销售量与访问量”这部分的数据，以图像和表格的形式表达，数据非常直观。在表格中，卖家可以看到具体某段时间内（年/月/日）的销售额、销量、买家访问次数、订单商品种类数转化率等各类数据。

接下来介绍常用各数据的专有名词。

①日期（Date）：卖家可以按天/周/月/年查看数据，最长时间为 2 年。

②已订购商品销售额（Ordered Product Sales）：具体时间段内，卖家所有订单加起

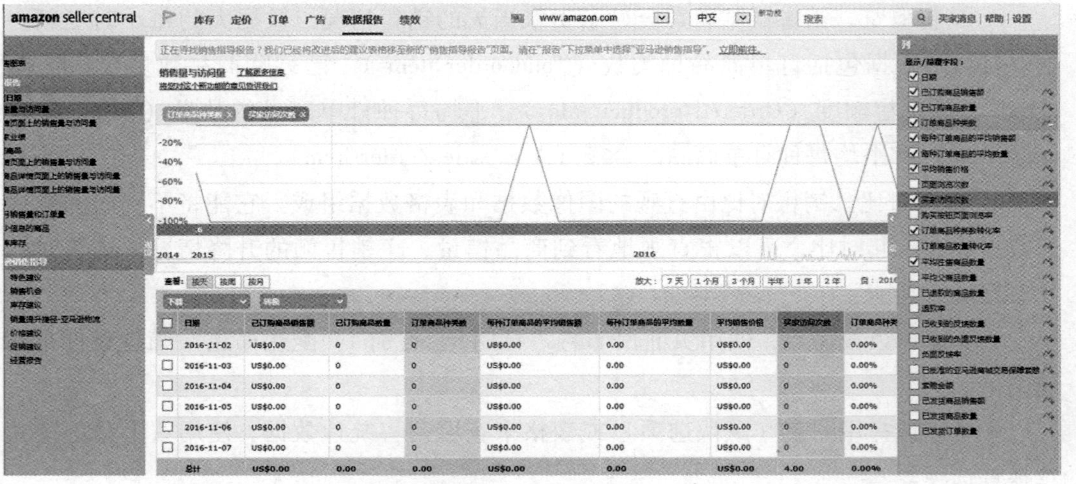

图 3－30　导航栏

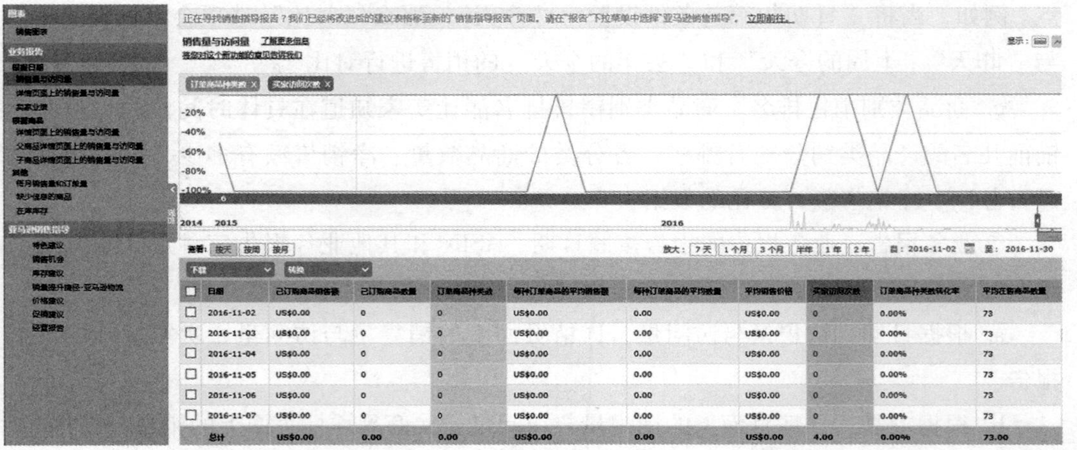

图 3－31　根据日期统计的报告

来的净销售额度。计算公式 = 商品价格 × 已订购的商品数量。

③已订购商品数量（Units Ordered）：具体时间段内，卖家所有订单加起来的商品个数的总和。比如，买家下了一个订单，这份订单含 2 件商品，那么已订购商品数量为 2。

④订单商品种类数（Total Order Items）：具体时间段内，所有订单的商品加起来的品种个数。比如，买家下了 3 个订单，其中 2 个订单的产品都是照相机，另外 1 个订单的产品是键盘，照相机和键盘是不同的产品，算 2 种产品，那么订单商品种类数就是 2。

⑤每种订单商品的平均销售额（Average Sales per Order Item）：具体时间段内，每一种产品以多少钱售出。计算公式 = 已订购商品销售额/订单商品种类数。比如，当天

卖家店铺产生 157 美元销售额，共卖出 36 种产品，那么每一种商品的平均销售额为 4. 36 美元。

⑥每种订单商品的平均数量（Average Units per Order Item）：具体时间段内，每一种商品的平均销售数量。计算公式 = 已订购商品数量/订单商品种类数。比如，卖家当天售出了 36 个产品，共 32 个品种，那么每一个品种的平均销量为 1. 12。

⑦平均销售价格（Average Selling Price）：具体时间段内，平均每一个商品以多少价钱售出。就是我们平常所说的“每个商品的平均价格”。

⑧买家访问次数（Sessions）：买家对在亚马逊开店的卖家产品页面进行访问的浏览次数统计。在一次访问中，即使买家多次浏览多个页面（24 小时内），也只会记为一次访问。买家访问量越高，证明产品曝光度越高。

⑨订单商品种类数转化率（Order Item Session Percentage）：在买家访问次数中下单用户所占的百分比。产品有没有吸引力，下单的人多不多，从这个转化率可以看出来。

⑩平均在售商品数量（Average Offer Count）：亚马逊所计算出来的处于“在售”状态的商品的平均数量。

（6）“绩效”菜单：绩效菜单功能如图 3－32 所示。

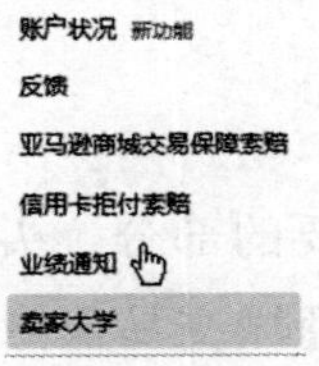


**图 3－32　“绩效”菜单**

选择“账户状况”选项，打开“客户满意度”窗口，在窗口中可以了解账户情况，如图 3－33 所示。

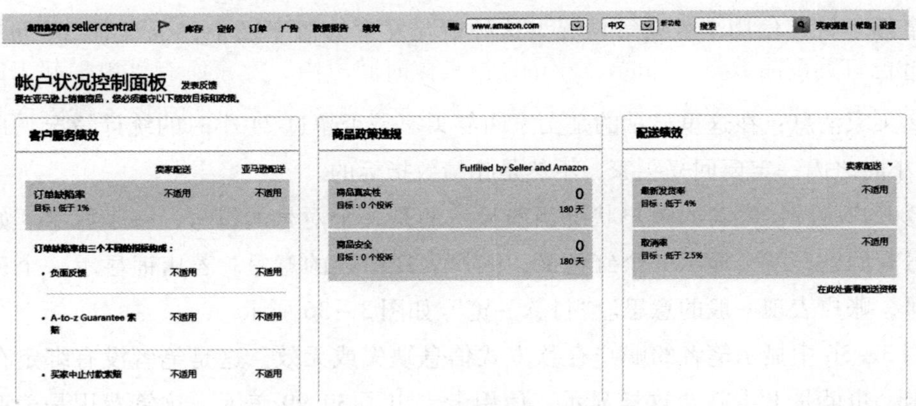


**图 3－33　“客户满意度”窗口**

我们查看任意一个指标即可查看亚马逊要求我们达到的绩效指标标准。尽管有这么多的指标，卖家只要用心经营便不会出问题。卖家平台首页左侧为“订单”菜单，如图 3 – 34 所示。在菜单中有一个“等待中”选项，这个说明在等待中的订单一定不要发货，这是亚马逊在检查买家的账号付款问题，只有通过检查后才会在未发货里显示，此时才能发货，否则会钱财两空。其他选项没有特别需要说明的，在此笔者就不再赘述了。后台绩效工具栏如图 3 – 35 所示。

图 3 – 34　“您的订单”菜单

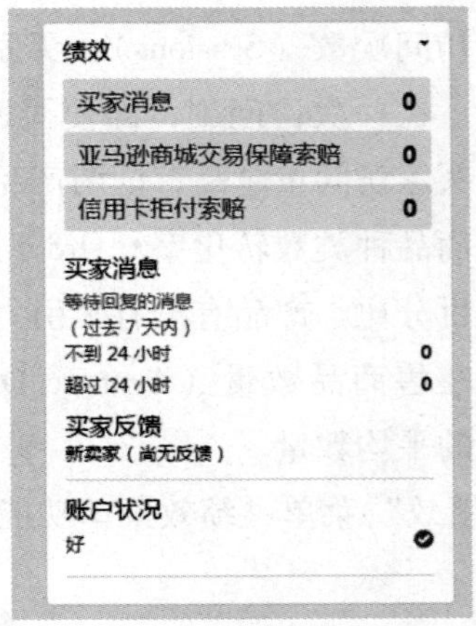


图 3 – 35　“绩效”工具栏

①绩效功能区：这是一个很重要的部分，买家消息也就是买家在咨询商品的问题，卖家是一定要回答的。亚马逊商城交易保障索赔，即常说的 A – to – Z，如果买家投诉到 A – to – Z，这里会显示投诉的数量，那么这将是一个很严重的问题，严重影响卖家的账户绩效。信用卡拒付索赔，通常是指买家通过信用卡支付后可向银行申请拒付某笔账单的交易，收到申请拒付通知后亚马逊会以邮件形式通知卖家，卖家可以进行申诉也可以放弃申诉。买家申诉常见的原因包括未收到货、对货物不满意、金额不符、信用卡被盗等情况。这种情况发生的概率极小，也没有 A – to – Z 性质严重。

②买家消息：在这里显示的是卖家回复买家是否超过 24 小时的统计情况，也就是说 24 小时之内一定要回复买家，不然是扣绩效指标的。

③账户状况：笔者的账户状况当前显示的是一个对号的符号，一个好字。如果卖家账号有问题，就会显示一个红色叉，账户表现糟糕的意思。若店铺显示一个黄色的感叹号，账户表现一般的意思。“付款一览”如图 3 – 36 所示。

图 3 – 36 中显示笔者的账户存款方式信息缺失或无效，这是笔者没有绑定存款的银行卡，也就是 P 卡就会这样显示。信用卡支出了 39.99 美元，这笔费用是美亚的平台使用费。图 3 – 37 中显示了美国站的销售情况。

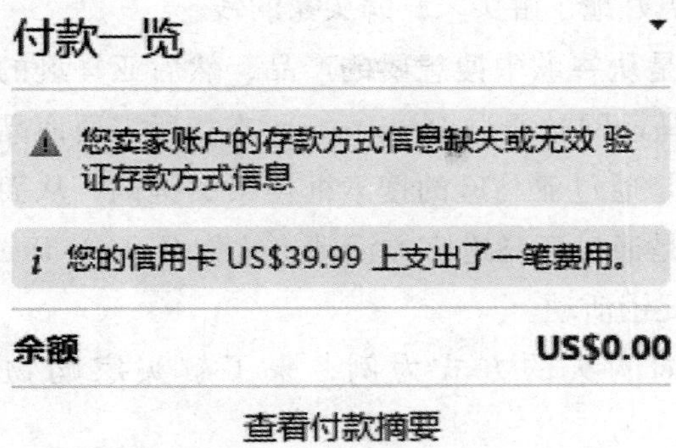


图 3－36　付款一览

图 3－37　销售概览

亚马逊美国站后台底部页面如图 3－38 所示。“为此页评级”是亚马逊希望得到更多用户对于页面的一些建议，和“帮助”里的“获得支持”功能是一样的，还有政策和协议。我们还可以选择当前页面的语言，在这里可以设置英语和中文，一般建议使用英文版，英语版本用词会更准确一些，以免理解错误。

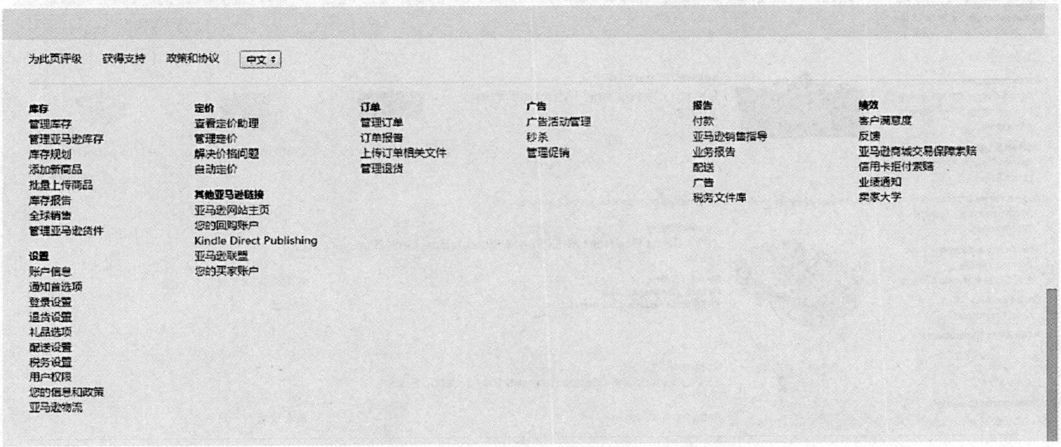


图 3－38　亚马逊美国站后台底部页面

其他的为顶部的菜单导航栏，唯一多了一块就是其他亚马逊链接，这也是为了方便卖家使用而设置的。

卖家后台部分讲解完毕，由于本部分为初识了解阶段，所以菜单功能没有给广大亚马逊卖家详细介绍，在第二部分将会有详细的介绍以及有关技巧的使用。

## 3.3　买家的购物流程

了解了各国站点及美国站后台，要成为亚马逊上购物的卖家，有必要先成为买家，只有先成为买家才能更好地为买家服务，更好地了解买家，赚买家的钱。

国外买家主要分为四种，第一种买家是从谷歌中搜想要的产品，然后亚马逊的产品会在谷歌上展示。第二种买家是打开亚马逊网站通过 Departments 查找所需要商品的类目，最终找到所需的商品。第三种买家是通过亚马逊的搜索框搜索关键词，从而找到他们需要的商品进行购买。第四种买家是通过亚马逊官方活动，比如 Today's Deals，以及其他国外网站给卖家亚马逊商品做的促销活动。

下面我们依然以美国站搜索关键词购买的方式为例，来了解买家购物的流程。

在美国亚马逊网站搜索关键词，在搜索文本框输入商品 pencil box（铅笔盒），如图 3-39 所示。

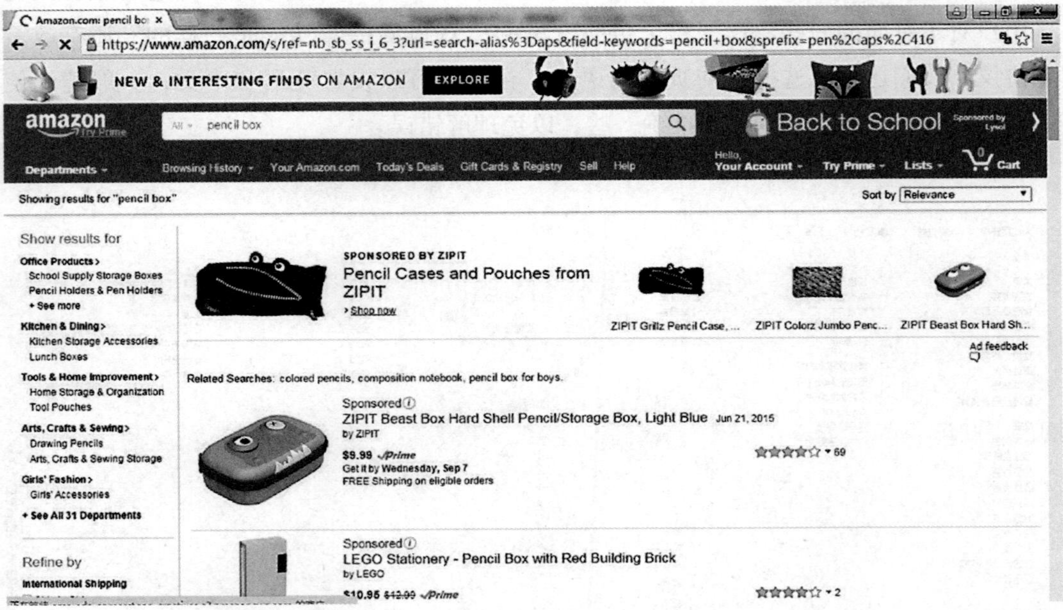


**图 3-39　搜索关键词**

点击“搜索”按钮后页面列出符合条件的商品，在左侧功能的下拉菜单中有一些选项，比如 Ship to China，是该商品支持物流配送到中国，选择这个选项意味着只显示可以配送到中国的商品，喜欢海淘的要抓住机会了。

Free Shipping by Amazon 亚马逊包邮，选择此项即为运费由亚马逊承担的商品，√prime 为亚马逊物流运输的商品。还可以选择商品的品牌，以及商品评价的程度，新旧使用程度等选项，这些会根据商品的不同而不同。笔者此时选择了一款商品，如图 3-40 所示。

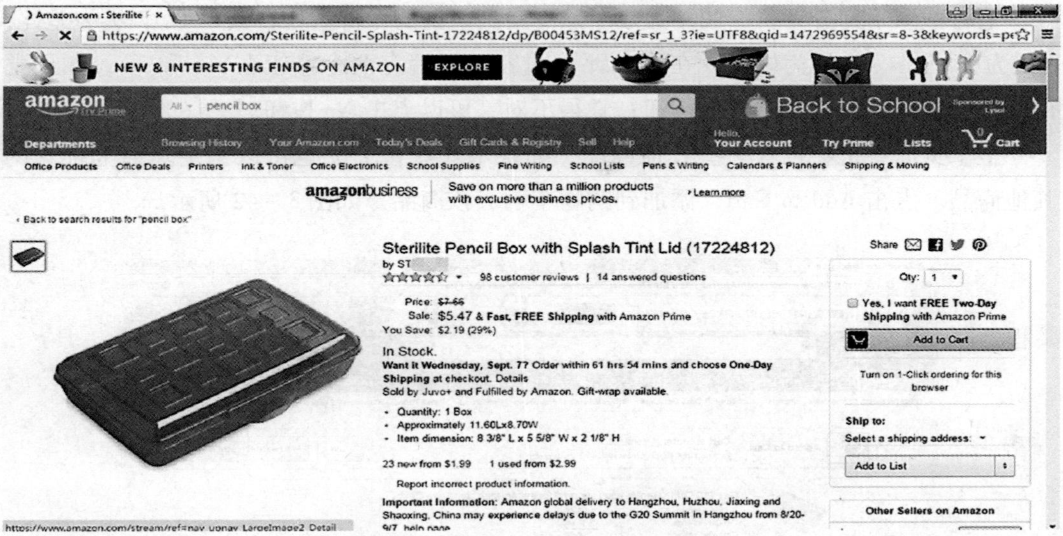


图 3－40　某款 pencil box 窗口

图 3－40 中展示了商品的标题、价格、卖家的店铺、评价等。窗口中有三个价格，分别为 Price：7.66 美元；Sale：5.47 美元；You Save：2.19 美元（29%），这三个价格的意思分别是，商品原价是 7.66 美元，折扣后的价格是 5.47 美元，优惠了 2.19 美元，优惠幅度是 29%。页面上有一个绿色的 In Stock，说明卖家拥有足够的库存，如果库存低于 20 个以下商品会直接以数字的形式显示给买家。

不仅国内买家网购需要看评价，外国人网购也是看评价的，这里需要说明的是外国的评价不会像我们国内评价都那么高，百分之九十几的好评。外国人很真实，东西好就是好，坏就是坏，他们会很真实地写上评价。评价如图 3－41 所示。

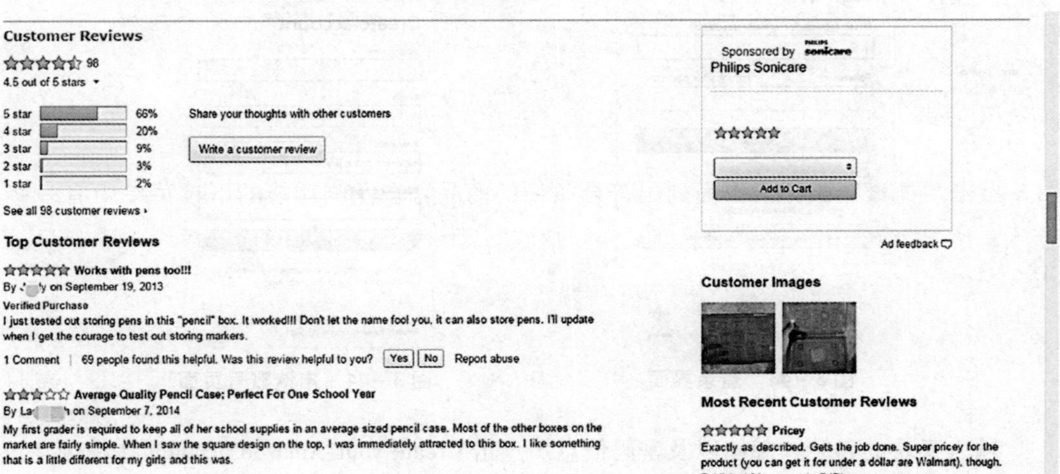


图 3－41　商品评价

笔者截取了部分评价，图中显示了从 1 星到 5 星的评价占比，其中 1、2 星为差评，3 星为中评，4、5 星为好评。在每条评价内容的最后有两个按钮，Yes 和 No，如果觉得他评价得对，可以点击 Yes 按钮；觉得不对，可以点击 No 按钮。

整个页面中也会推荐一些其他商品，如果不喜欢该商品也可以购买页面上推荐的其他商品。点击 Add to Cart，添加到购物车购买该商品，如图 3－42 所示。

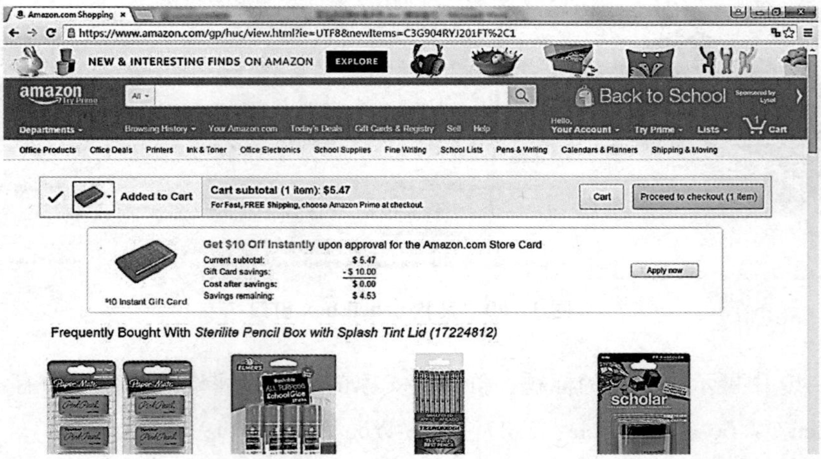


图 3－42　选中商品

点击 Proceed to checkout（1 item）按钮，结账一个商品。如果结账前未登录，页面会跳转到登录窗口，如图 3－43 所示。如果没有账号点击 Create your Amazon account 按钮申请，点击按钮后的页面如图 3－44 所示。

图 3－43　登录界面

图 3－44　申请账号页面

输入喜欢的名字、邮箱以及密码信息。点击 Create your Amazon account 按钮创建亚马逊账户。在打开的图 3－45 中需要填写收货人的名字、地址、城市、省份、邮编、国家以及电话号码。

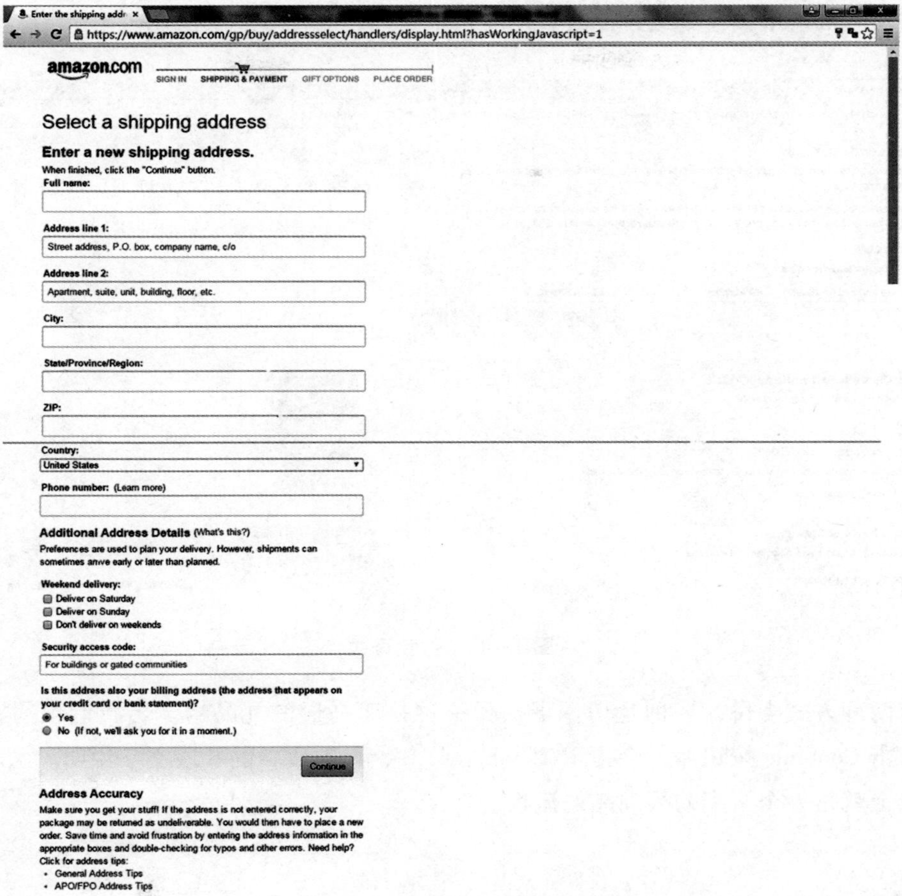


**图 3－45　账户信息页面**

点击 Continue 按钮打开如图 3－46 所示所示的页面。图中要求我们选择运输选项，笔者选择默认。

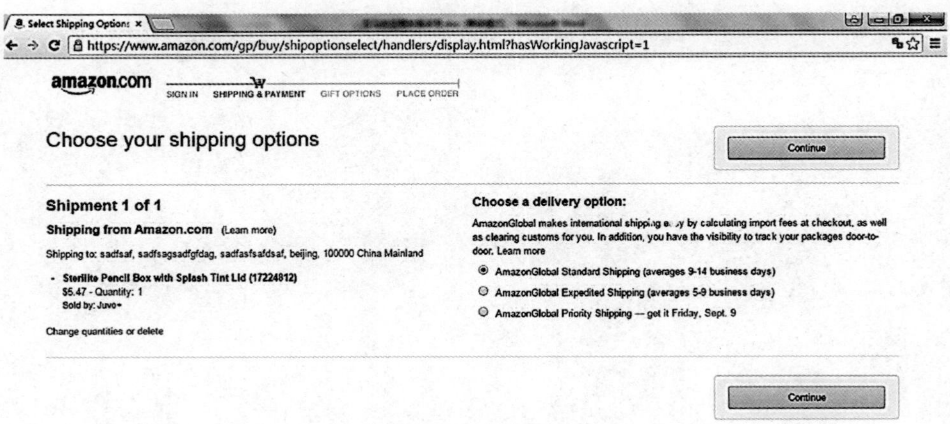


**图 3－46　选择运输选项**

点击 Continue 按钮继续，此时会出现付款页面，如图 3－47 所示。

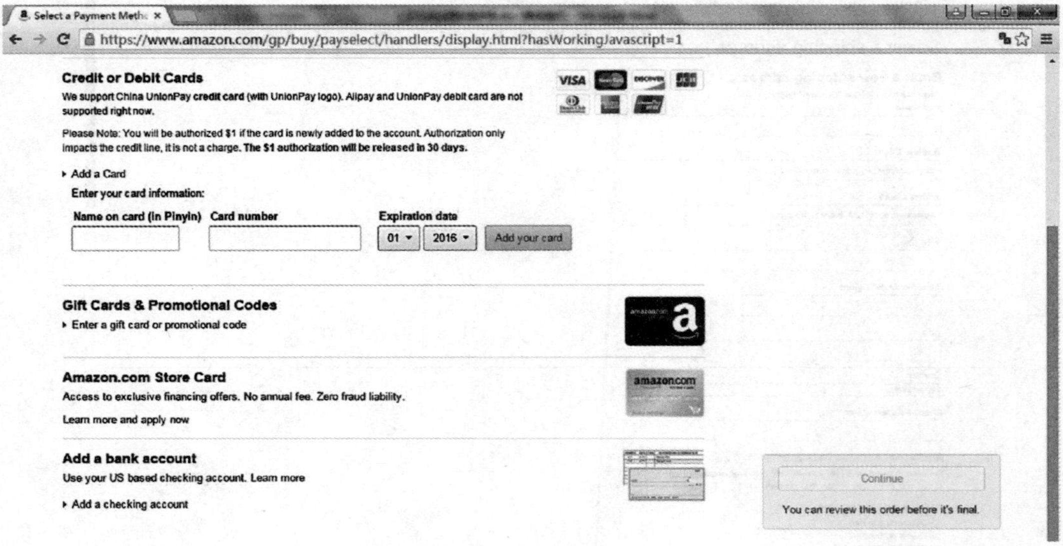


图 3－47　付款页面

有两种方式支付，一种是信用卡，另一种是亚马逊的礼品卡。当我们填写完付款信息点击 Continue 按钮后，会提示 Thank you...，付款成功的一段文字说明。

以上就是一个买家购买商品的流程。

# 4 国际物流

## 4.1 国际物流基础

国际物流是不同的国家或地区之间商品相互运输流动的过程，也就是说，不同国家和地区之间的物流。在国外没有申通、中通、韵达等物流快递，有的只是 EMS。

1. 国际空运

国际空运的运输主体是各大航空公司，比如中国国航、泰国航空、马来西亚航空、美国西北航空等，我们平时接触的也是最便利的方式为国际货代。

国际空运的特点：

（1）速度快。“快”是航空运输的最大特点和优势。现代喷气式客机，巡航速度为800km～900km/h，比汽车、火车快 5～10 倍，比轮船快 20～30 倍。距离越长，航空运输所能节约的时间越多，快速的特点也越显著。

（2）机动性大。飞机在空中飞行，受航线条件限制的程度比汽车、火车、轮船小得多。它可以将地面上任何距离的两个地方连接起来，可以定期或不定期飞行。

（3）舒适、安全。喷气式客机的巡航高度一般在 10000m 左右，飞行不受低气流的影响，平稳舒适。现代民航客机的客舱宽敞，噪声小，机内有供膳、视听等设施，旅客乘坐的舒适程度较高。由于科学技术的进步和对民航客机适航性严格的要求，航空运输的安全性比以往已大大提高。

2. 国际海运

国际海运是通过海洋进行货物运输的方式，当然我们接触更多的也是国际货代。一般来说，海运分以下两种方式：① 海运集装箱（CY）：一票一柜或一票多柜。② 海运拼箱（CFS）：三票以上集拼一个柜。

国际海运的特点：

（1）运力强。天然航道，不受道路限制，遇到特殊情况还可改道航行。

（2）运量大。一般杂货船可载 1 万～2 万吨。集装箱船第五代可载 6 万～7 万吨，巨型油轮可装 50 万吨以上。一艘万吨级货轮载重量相当于 250～300 个车皮的载重量。

（3）运费低。运量大，分摊的运输成本就少，运价低廉，大约为铁路运费的 1/5，公路运费的1/10，航空运费的1/30。

（4）速度慢。由于船体大，水的阻力大，所以速度慢。

（5）风险大。易受自然条件的影响，如遇到暴风、巨浪、雷击、迷雾等容易出事故。

下面我们来了解一下国际物流常用的名词解释。

• 净重：包裹在磅秤上实际显示的重量。

• 体积重：一些国际快递公司的特有计费方式，就是说不仅要计算包裹的净重，还要计算包裹的体积大小。

• 跟踪号码：当包裹被物流服务商揽收后，物流服务商会提供一串字母数字组成的号码，作为物流的信息跟踪号码。

• 直封封发：直接运输到达目的地，不需要途经第三方国家。

• 关税：是指海关对出入境物品征收的税务。

• 清关：货物进出口一个国家，依照各项法律法规和规定应当履行的手续。

• 国际货运代理：是介于货主与承运人之间的中间人，是接受货主或承运人的委托，在授权范围内办理国际货物运输业务的企业。

• 提单：是指用以证明海上货物运输合同和货物已经由承运人接收或者装船，以及承运人保证据以交付货物的单证。

• 商品检验：是指商品的产方、买方或者第三方在一定条件下，借助于某种手段和方法，按照合同、标准或国内外有关法律、法规、惯例，对商品的质量、规格、重量、数量、包装、安全及卫生等方面进行检查，并作出是否合格或是否通过验收的判定或为维护买卖双方合法权益，避免或解决各种风险损失和责任划分的争议，便于商品交接结算而出具各种有关证书的业务活动。

• 口岸：是由国家指定对外经贸、政治、外交、科教、文化、旅游和移民等往来，并供往来人员、货物和交通工具出入国境的港口、机场、车站和通道。

• 报关：是指进出口货物收发货人、进出境运输工具负责人、进出境物品所有人或者他们的代理人向海关办理货物、物品或运输工具进出境手续及相关海关事务的过程。

• 整箱货（Full Container Load，FCL）：由发货人负责装箱、计数、积载并加铅封的货运。

• 拼箱货（Less than Container Load，LCL）：指不满一整箱的小票货物。

• 保税仓库：是保税制度中应用最广泛的一种形式，是指经海关核准的专门存放保税货物的专用仓库。

• 保税区：是指一个国家在边境或其他地方划出一个特殊区域，实行封闭管理，在海关的监督下，对进出口区内的货物免征关税。

• 国际多式联运：是一种以实现货物整体运输的最优化效益为目标的联运组织形式。

• 船舶载重线：从上到下可分为热带淡水载重线、淡水载重线、热带地区载重线、夏季载重线、冬季载重线、冬季报大西洋载重线。

• 班轮运输：即定期船运，是指船舶在特定航线上和固定港口之间，按事先公布的船期表进行定期和有规律地反复航行，以从事货物运输事业，按事先公布的运费标准收取运费和杂费的运输方式。

• 国际铁路货物联运：俗称国际联运，一般指的是使用一份统一的国际铁路货物联运票据，由《国际铁路货物联合运输协定》各成员国铁路部门共同承运经过两国或两国以上铁路的全程运输，由一国铁路向另一国铁路移交货物时，无须收发货人参加的运输方式。

集装箱的主要优点：能提高工作效率；适应多种国际运输方式，适应电子时代；装卸换装较为安全；手续较为简单；易于实现上门服务，实现简化管理；利于简化包装，降低保险费，加速资金周转，防盗；有时集装箱运输享有通关、靠泊、装卸等方面的优先权；很少受到雨雪等气候影响。

集装箱的主要缺点：集装箱本身有一定重量，需占用一部分运力；集装箱本身需要购置成本和管理维护保养费用；集装箱船舶装载的货物不是堆放在船舱里，会造成整个船舶重心较高；码头和装卸设备投资较大；需要许多方面的密切协同合作，属于资本密集型产业，对从业人员的专业素质要求较高；集装箱载重能力不一定能够充分发挥，集装箱的内部空间利用，也不一定能够达到理想程度。

• 国际多式联运：由国际多式联运经营人按照国际多式联运合同，以至少两种不同的运输方式，将货物从一国境内接收货物的地点运至另一国境内指定地点交货的全程集装箱化运输方式。

国际多式联运基本条件：签订国际多式联运合同；使用全程多式联运单据；全程统一运价；要有一个多式联运经营人；国际多式联运承运人可以兼任分承运人；应为连贯式运输；应为跨越国境的国际标准集装箱运输。

• 租船运输：又称不定期海洋运输，是海洋运输的主要运输方式之一。具体是指租船人向船东租赁船舶用于国际货物运输的一种海运方式。

• 海洋货运提单：是承运人或其代理人接收托运人的货物后，用以证明货物已由承运人或其代理人掌管或装船，并保证按约定运输和交货的单证。

## 4.2 常用国际物流公司及特点

常用的国际物流公司及特点如下：

（1）国际 EMS：一般3～7个工作日可送达。

优点：运费比较便宜，一般找货代可以拿到至少5折的折扣，EMS 直达国家都是按照重量计算运费，自2012年7月1日起，EMS 线上发货针对邮件长、宽、高三边中任一单边达到60cm以上（包含60cm）的，都需要进行计算体积重操作，体积重量（公斤/kg）＝长（cm）×宽（cm）×高（cm）/6000。长、宽、高测量值精确到厘米，厘米以下去零取整。500克以下的物品可以按文件价格计算。可以当天收货，当天操作，当天上网，清关能力比较强。能运送出关的物品也比较多，其他公司限制运行的物品它都能运送。例如，化妆品、箱、服装、鞋子等各种礼品以及各种特殊商品等。

缺点：相比于商业快递速度偏慢。查询网站信息滞后、通达国家较少，一旦出现问题查询只能做书面查询，时间较长。

（2）UPS 快递：一般2～4个工作日可送达。

优点：速度快、服务好，去美国的话，差不多48个小时能到达，货物可送达全球200多个国家和地区，查询网站信息更新快，遇到问题解决及时，可以在线发货、全国109个城市提供上门取货服务。

缺点：运费较贵，要计算产品包装后的体积重，对托运物品的限制比较严格。

（3）DHL（敦豪航空货运公司）：一般2～4个工作日可送达。

优点：速度快，去欧洲一般3个工作日，到东南亚一般2个工作日，可送达国家网点比较多，查询网站货物状态更新也比较及时，遇到问题解决速度快，21公斤以上物品更有单独的大货价格，部分地区大货价格比国际 EMS 还要便宜。一般通过货代也能拿到5折左右的折扣。

缺点：走小货的话，价格较贵不划算，也需要考虑产品的体积重，对托运物品限制也比较严格，拒收许多特殊商品。

（4）FedEx（联邦快递）：一般2～4个工作日可送达。

优点：到中南美洲和欧洲的价格较有竞争力，去其他地区的话，运费较贵。网站信息更新快，网络覆盖全，查询响应快。

缺点：价格较贵，折扣比同类快递公司高15%左右，体积重超过实际重按体积重量计算，对所运物品限制较多。

（5）TNT 快递：一般2～4个工作日可送达。

优点：速度较快，到西欧3个工作日左右，可送达国家比较多，查询网站信息更新快，遇到问题响应及时。

缺点：需要考虑产品体积重，对所运货物限制也比较多。

（6）顺丰快递：一般2～3个工作日可送达。

优点：速度较快，到韩国、新加坡无燃油附加费，较适宜发往以上两地的货物。

缺点：需要考虑产品体积重，对所运货物限制也比较多。

（7）中国邮政小包（China Post Air Mail）：一般15个工作日左右可送达。

优点：运费便宜，首重和续重都是100g，清关能力强，能邮寄的物品比较多（如化妆品、包、服装鞋子、各种礼品以及许多特殊商品等），派送网络世界各地都有。

缺点：限制重量2kg，运送时间比较长，到达许多国家的货物状态无法在网站上查询跟踪。

（8）中国邮政大包（China Post Air Parcel）：一般15个工作日左右可送达。

优点：运费便宜，首重和续重都是1kg，清关能力强，能邮寄的物品比较多（如化妆品、包、服装鞋子、各种礼品以及许多特殊商品等），派送网络世界各地都有。

缺点：限制重量20～30kg，运送时间比较长，到达许多国家的货物状态无法在网站上查询跟踪。

（9）中国香港邮政小包：一般7～12个工作日可送达。

优点：运费便宜，全球统一价，以10g为计量单位，一般货代给的价格在100～130元/10g，货物可以到达全球各地，只要有邮局的地方基本上都可以到达。

缺点：限制重量2kg，运送时间比较长，到达许多国家的货物状态无法在网站上查询跟踪。

（10）中国香港邮政大包：一般7～12个工作日可送达。

优点：运费便宜，首重和续重都是0.5kg，货物可以到达全球各地，只要有邮局的地方基本上都可以到达。

缺点：限制重量30kg，运送时间比较长，到达许多国家的货物状态无法在网站上查询跟踪。

新手选择物流，从以下几方面考虑：

（1）了解各快递方式的优势，如表4－1所示。

**表4－1　各种快递方式的优势**

| 物流方式 | | 费用 | 到达时间 | 追踪性 | 通达范围及特点 |
|---|---|---|---|---|---|
| 商业快递 | UPS | 价格偏高；<br>有官方公布价；<br>首重0.5kg，续重0.5kg；<br>计抛（体积重和包裹实重取价高者）；<br>燃油费（每月更新）；<br>其他附加费 | 2～4个工作日 | 官方网站实时跟踪 | 通达全球大多数国家地区，优势地区：<br>UPS——北美地区<br>DHL——欧洲地区<br>FedEx——东南亚地区<br>TNT——中东和东欧 |
| | DHL | | | | |
| | FedEx | | | | |
| | TNT | | | | |

续　表

| 物流方式 | 费用 | 到达时间 | 追踪性 | 通达范围及特点 |
| --- | --- | --- | --- | --- |
| EMS | 中等：<br>首重0.5kg，续重0.5kg；<br>不计燃油费；<br>不计抛；<br>不计偏远地区附加费<br>报关费4元 | 4～7个工作日 | 提供派送跟踪，一般从出口国到进口国境内，才开始有进口国跟踪信息 | 中国海关通关能力相对较强 |
| 专线 | 介于航空包裹和EMS之间 | 时效稍慢于商业快递，7～10天 | 可以跟踪 | 重点航线：中美、中欧等。目前平台将会引进中美专线 |
| 航空小包（谨慎使用） | 各方式中最便宜；<br>不计燃油费；<br>不计体积；<br>小包：<br>首重续重100g，<2kg；<br>大包：<br>首重续重1kg，<30kg<br>另有挂号费、保价费与手续费等杂费项 | 利用剩余运力运输，时效不稳定；<br>在运输旺季，可能造成延误 | 挂号件一般能查到出境记录，小部分国家可查到派送信息（并非所有包裹可查，丢包可能性大） | 可以通达全球大部分国家，但平台仅支持26个国家，且要求卖家挂号 |

（2）选择物流方式从以下原则考虑：

①从买家的角度出发，卖家应该为买家所购买的货物做全方面的考虑，包括运费、安全度、运送速度、是否有关税等。

②尽量在满足物品安全和速度的情况下，为买家选择运费低廉的服务。EMS无论服务还是时效性都比其他四大国际快递公司（UPS、DHL、TNT、FedEx）要逊色，但EMS的价格优势是非常明显的。

③商品运输无须精美的外包装，重点是安全快速地将售出的商品送达买家手中。

④即使拥有再多的经验，也无法估计所有买家的情况，所以把选择权交给买家更为合适，只需要在物品描述中表明所支持的运输方式，再确定一种默认的运输方式，那么如果买家有别的需要自会联系卖家。

⑤有的买家可能适合多种运送方式，卖家可以写出常用的方式及折扣，为买家省

去部分运费，也为卖家争得更多的回头客。

## 4.3 国际物流的包装

常见的包装材料有以下几种：

（1）气泡信封：此物不是普通信封，而是增加了气泡的信封，一种轻便型的包装材料。

（2）气泡膜：此物为发小件必不可少的一种包装材料，其实在国内快递中一些较容易碎的物品也会用到此物，细心的读者一定会注意到。

（3）瓦楞纸箱：一种多层数的纸箱，价格便宜，发到国外较远地区需要注意防水问题，国内快递公司也会用到。

（4）气柱袋：一种非常适合包装易碎物品的包装材料，质量非常好。

## 4.4 海外仓

海外仓，顾名思义建立在海外的仓库，建立在海外包括以下两方面：

（1）增加用户体验，物流配送速度加快。

（2）方便退换货，亚马逊只能将买家的货物退送购买国。

# 5 亚马逊物流（FBA）

FBA 的全称是 Fullfillment By Amazon，中文可译作亚马逊物流。它是由亚马逊提供的包括仓储、拣货打包、派送、收款、客服与退货处理的一条龙式物流服务。

采用 FBA 配送须知：

（1）寄件人在寄运货物前，须和进口方协调货物清关以及签收事宜，确保货物抵达当地以后，清关联系人将配合服务商或清关代理处理货件清关事宜。

（2）出货发票必须注明真实进口方（买方或清关代理）的公司名称、地址、具体联系人、联系方式（电话、手机和电子邮箱）。

（3）由于 Amazon 不提供任何清关及关税预付服务，为避免货物由于关税问题出现滞留，寄运货物前请先确认关税支付方，建议关税预付或者第三方支付关税。

（4）寄件人和进口方应就货件签收问题做好协调，尽早确认货物是否完好抵达仓库并派送，以免出现漏收、错收等情况。如出现错收或漏收，进口方或收件方未能或无法提供详细的包裹信息导致服务商无法进行调查，将可能导致货件无法进行索偿，届时全部责任和费用将由寄件方承担。

FBA 的优势如下：

（1）FBA 的产品全部有购物车，提高 Listing 排名，提高客户信任度，进而提升转化率。

（2）配送时效快，一般买家购买 FBA 的产品，可以隔天收货。

（3）亚马逊专业客服 7×24 小时帮忙处理售前咨询和售后问题。

（4）亚马逊有权处理由于物流派送问题产生的中差评（包括派送时效、包裹挤压破损等由 FBA 引起的问题）。

（5）对于标准尺寸内，单价超过 300 美元的产品免除所有 FBA 的物流费。

FBA 的劣势如下：

（1）一般来说费用比国内发货稍微偏高，但是也要看产品重量，特别是第三方平台的 FBA 发货。

（2）灵活性差，所有海外仓的共同短板，但其他第三方海外仓还是可以有专门的中文客服来处理一些问题，FBA 却只能用英文和客户沟通，而且用邮件沟通回复不会像第三方海外仓客服那么及时。

（3）如果前期工作没做好，标签扫描出问题会影响货物入库，甚至入不了库。

（4）退货地址只支持商品所出售的国家，如果你做美国站的 FBA 货物只能退回美国。

亚马逊 FBA 与海外仓的区别：

物流问题：相比亚马逊的 FBA 来说，海外仓的很多问题与客户的沟通是比较及时的，而且价格比起 FBA 也优惠很多。现在的海外仓要求并不是很高，卖家货物不计数量都可以通过第三方海外仓供应商来节省自己的物流成本。

沟通问题：用户发 E-mail 给 FBA 客服，最快第二天回复，最慢一周。目前不少第三方海外仓有提供专属顾问，并拥有 24 小时客服中心。

清关问题：FBA 不提供目的地清关及收件人。部分第三方海外仓可以提供收件人和代交关税等服务。

FBA 分配三个地址：FBA 为了节省美国境内运输成本，让用户发到三个不同的仓库地址，浪费首程运费。若非要发到一个地址则多加 0.3 美元/个。而部分第三方海外仓只需发往一个仓库进行统一管理。

混储的管理：FBA 是混储的，第三方海外仓则是专属的。

退货问题：假设用户不想做了，FBA 发回中国的成本是很高的，要么选择卖家花钱销毁处理。

下面介绍如何在卖家后台操作 FBA。

（1）注册 FBA。找到亚马逊服务页面，点击 Fulfillment by Amazon 链接，在跳转出来的页面中填写公司名称并且选择表示同意亚马逊相关条款及协议，最后选择 FBA 服务就可成功注册。

（2）选择 FBA 的产品。在 Inventory（库存）页面中，选择要发货到亚马逊仓库的产品，选择 Change Fulfillment by Amazon，这些选中的产品会顺利地转换到 FBA Inventory。

需要注意的是，当我们把产品从卖家自发货转换成亚马逊发货直至亚马逊收到货物上架之前，卖家产品的 Listings 处于买家看不到的状态。

如果卖家在这段时间内还是想让买家看到你的产品，并且国内还有库存的情况下，可以从 FBA Inventory 转换出来。转过来的过程中还需要设置一下产品国内的库存数量。但是有些卖家在库存页面中还是没有转换回来的 Listings 的时候，就用产品 SKU 在后台搜索，一般会搜索出来的，这个时候卖家就可以设置国内的库存了。

（3）FBA 发货。流程操作如下：

①Set Quantity（设置数量），在 unit 下面输入发货产品的数量。如果之前上传产品的时候没有输入产品包装尺寸的话，卖家这里还需要填写产品的包装尺寸。Packing Type（包装类型）有两种：Individual products 和 Case packed products。Individual products 是混装，就是不同的产品混合装箱，Case Packed Products 是相同的产品，相同的 SKU

装一箱。

②Prepare Products（准备产品），这步就不详细介绍了。

③Label Products（贴标签），这里需要注意后台要让卖家选择到底是亚马逊贴标签还是卖家自己贴。亚马逊贴标签的话需要收费的，由于近来亚马逊 FBA 调整了价格，具体可从帮助里查询。如果选择卖家自己贴标签，在 Who Labels 功能中选择 Merchant 选项，并选择相应规格的标签纸打印标签。

④Review Shipments（检查出货），在这里可以看到亚马逊将卖家的产品分配到哪个仓库存储。

每一个 Shipment Name（货物名称）代表每一个仓库，并且可以看到卖家存放到该仓库有几个产品。卖家需要点击 Work on Shipment（装货）继续操作。

⑤Prepare Shipment，在 Shipping Service（运输服务）功能中有 Shipping Method（运输方式）和 Shipping Carrier（运输物流）两个选项让卖家进行选择。一般卖家发货重量在 60kg 左右的话就选择 Small Parcel Delivery（SPD），另外 Shipping Carrier 中即使卖家选择 UPS 发货，但我建议卖家选择 Other Carrier（其他物流）选项，且在下拉列表框中选择 Other 选项，Shipping Labels（运输标签）即箱子的外箱标签，那么这个需要打印出来，打包完成的时候粘贴到外箱。

⑥Summary（摘要），填写物流跟踪号，当卖家拿到跟踪号码后标记已发货。

# 6　亚马逊卖家客户服务

## 6.1　售前

亚马逊没有专门的聊天咨询软件作为客服咨询的，当买家对购买的商品进行咨询的时候，我们需要先找到卖家，如图 6－1 所示。Sold By 后面的就是卖家的名字。

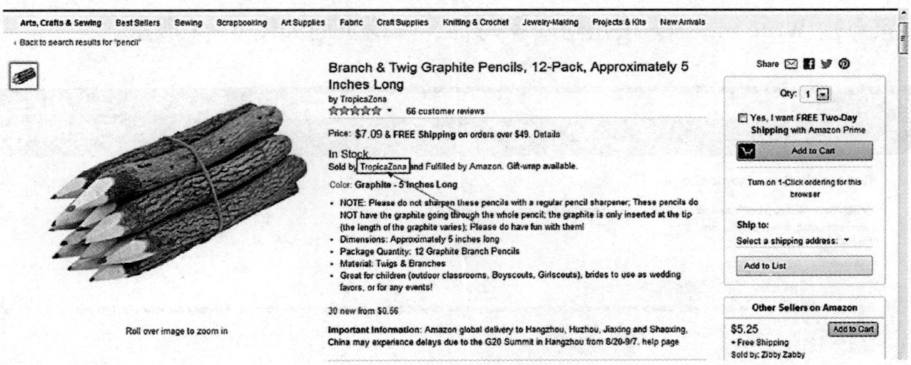


图 6－1　页面中找卖家

点击卖家链接，打开如图 6－2 所示的页面。

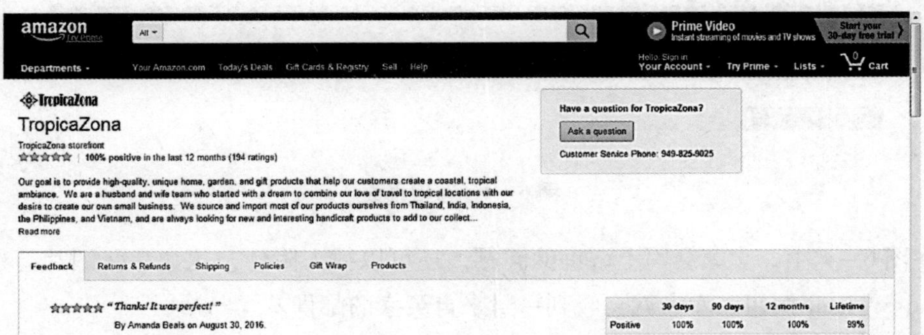


图 6－2　卖家页面

点击 Ask a question 按钮即可向卖家咨询想问的问题。进入如图 6－3 所示的页面，买家填写问题类型。

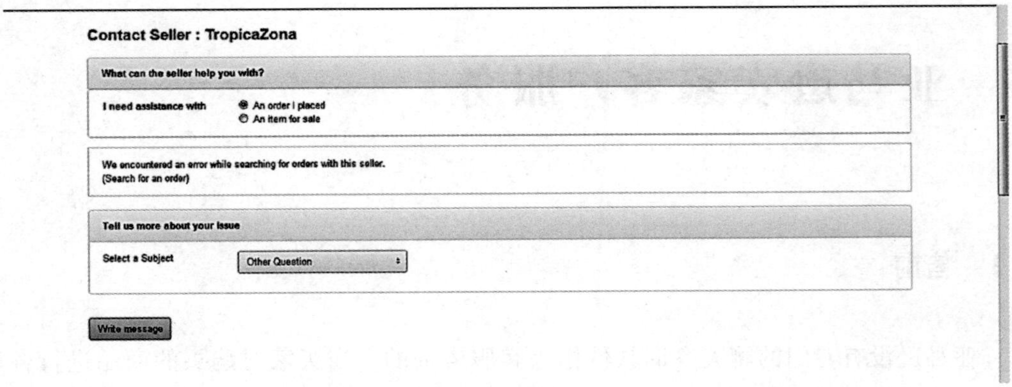


图 6－3　咨询页面

买家点击 Write message 按钮给卖家写信，写信页面如图 6－4 所示。

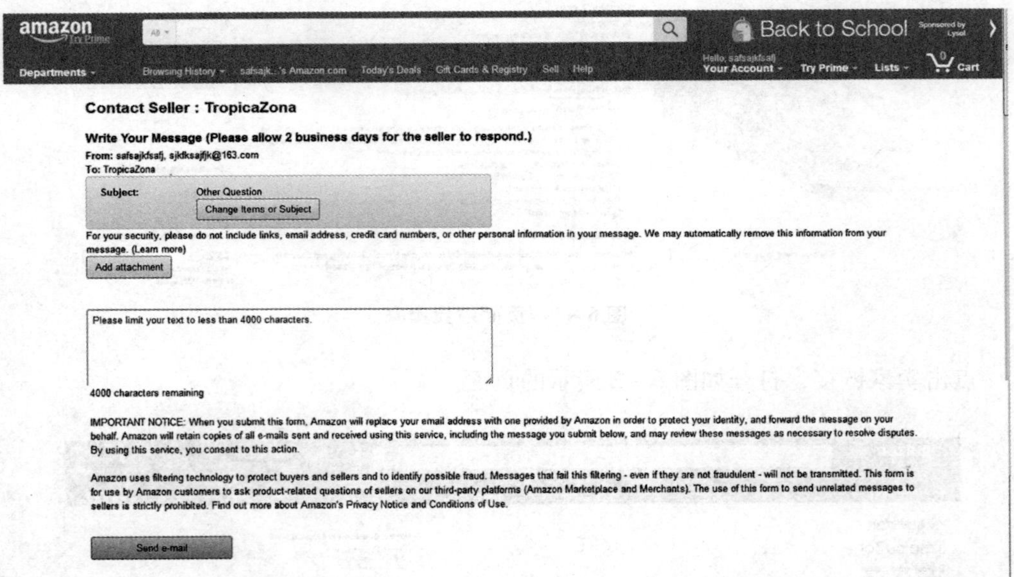


图 6－4　写信页面

在图 6－4 中，卖家会写上咨询的问题，还可以插入附件，比如一张图片。最后点击 Send e－mail 按钮，卖家就会收到一封来自买家的邮件。

后台首页就可以看到买家咨询的邮件数量，作为售前客服我们礼貌、及时地回答买家的问题即可，尽管我们的客服不用时时刻刻盯在电脑前，但是要定时查看有没有买家的邮件，邮件回复及时可以增加你的用户体验。

## 6.2 售后

现在来看看售后客服工作，售后客服主要工作分为处理订单、处理评价和处理投诉。

（1）处理订单是最基本的工作，保证订单的正常发送，处理退货、退款的事情，通知买家订单到达时间，特别是货物延迟到达的一定要通知。

（2）处理评价是指买家买了商品没给评价，卖家去索要；还包括买家给了中差评，卖家去联络买家修改中差评，这里一定要注意的是，千万不能和买家通过赠送礼品或者给予其他好处来修改中差评，这是严重违规的，这种行为被定为贿赂买家。

遇到中差评时卖家应该这样处理：

①要判断买家是属于正常差评还是恶意差评，如果是恶意差评可以找亚马逊客服帮忙删除差评。正常差评卖家可以以邮件和电话形式与买家进行沟通，当然电话沟通效率相对更高一些，但前提是要懂得所做站点的国家所使用的语言。

②让买家移除差评，选择移除原因的时候，最好选择买家的原因。

③别忘记时间，买家有90天的评价时间和60天移除评价的时间，不要超过这个时间范围。

（3）投诉是一个比较复杂的问题，因素也较多，如跟卖被投诉，延迟发货被投诉，涉嫌侵权被投诉等，这里可以采用通用的两种方法：

①如果是被买家和其他卖家投诉，先查看投诉的原因，注意收集证据，然后与买家和卖家沟通，如果实在无法沟通解决，可联系亚马逊客服进行解决。

②如果是亚马逊发的邮件投诉，那就要联系亚马逊客服了，先说明原因，并阐述以后经营店铺的改进方法，然后等待亚马逊的处理结果。

## 6.3 卖家客服回复常用模板

当第一次接触亚马逊不知道该怎么回复买家是正确的，地道的用词会提升效果，这里笔者准备了一些回复模板，卖家可以使用。

（1）亚马逊卖家发货到达时间邮件模板：

Dear

Thank you so much for your great support on us.

Usually it takes about 7 – 12 days for the item to reach you.

Any question，feel free to contact us and we will reach you at the soonest.

Best regards

(2) 亚马逊卖家发货后要求买家写反馈的邮件模板:

Dear

Thank you very much for your order!

We have shipped the goods and it will arrive at your side soon. Hope you like it! And we are looking forward to your feedback.

Have a nice day!

Best regards

(3) 亚马逊漏发货没有发货却点击发货后，客人需要运单的邮件模板:

Dear

Thank you so much for your great support and sorry for keeping you waiting.

We checked the tracking information found there is no update information as you said.

We will contact the post office to find out the problem.

We wonder would you still want the item, if yes, inform us the size and we will resend you asap, if not, we will make you the refund.

Waiting for your reply.

Any inconvenience hope your kind understanding.

Best regards

(4) 亚马逊的商品被跟卖，发警告信的邮件模板:

Hello

We have noticed that you are not authorized to sell this card knife and you have listed this particular item (ASIN: B00GICPZT0) which is sold exclusively by the brand authorized 卖家. Please refer to our attachment.

Please send the confirmation to us after you remove the product as issued from your Listing.

If you do not comply with these demands, we will have no notice but to claim with amazon. com seller performance department, which will seriously impact your Amazon selling privileges.

Please handle and reply us as soon as possible, otherwise we will complaints and amazon.

(5) 客户询问货物的 tracking number 或者有没有发货，给客户的回信邮件模板:

Dear Customer

Thank you for contacting us regarding your inquiry.

Orders are shipped within two days after they are placed. Usually, we are able to ship orders the next day. Weekend orders are shipped on the following Monday. Please allow 3 – 9 business days after shipment for delivery. You will receive a shipping confirmation email from

Amazon when the shipping information has been uploaded.

Your patience and understanding are greatly appreciated. If you have any other questions or concerns，feel free to contact us.

Best regards

（6）亚马逊客户购买多种产品，发邮件确认产品订单邮件模板：

Dear

Thank you so much for your great support on us.

We have received your order of“把订单复制进去”.

We will work on your order asap，we just want to confirm the amount of the compass，did you order 10 pcs?

If nothing is wrong，we will ship them asap.

Best regards

（7）亚马逊客户因购买的商品大小不合适导致退货的邮件模板：

Dear

Thank you so much for your great support on us.

So sorry for the inconvenience that the swimming suit did not fit you.

Will it be possible to give others as a gift? Or how about we make you a partial refund as a way to make up for this?

Just suggestion，if you insist on returning it back，we will go to the further step.

Waiting for your reply.

Best regards

（8）亚马逊卖家发错地址邮件模板：

Dear

Thank you so much for your great support on us.

What a big mistake we made!

Sorry，but will you still want the items? If yes，we will resend you immediately，if not，we will make you the full refund.

Waiting for your reply and hope your kind understanding.

Best regards

（9）买家以不想要为由要求退货，卖家接受退款请求，给买家回信的邮件模板：

Dear

Thank you for contacting us regarding your inquiry.

Your return request has been approved. You will be receiving a return shipping label and RMA instructions via Amazon. Please be advised that the return shipping cost is the responsibility of the buyer. The initial shipping cost cannot be refunded and a 25% restocking fee may be applied if the merchandise is used or damaged visually.

Also, please make sure that the correct merchandise is being shipped us, 卖家名. We are a seller by the name of 卖家名 on Amazon and we will only accept returns of our merchandise. If merchandise purchased from a different seller is shipped to us, we will need to ship the merchandise back to you and we will also ask you for the shipping cost incurred.

We appreciate your cooperation.

Best regards

（10）买家已经下单，货已经发出去了，但在网上没有查到物流信息，买家发邮件来查询这件货的情况，回复买家的邮件模板：

Dear customer

Sorry for disturbing you, we tracked your shipping. The shipping information may not update so prompt, could you please keep your patience and wait for a few more days? We will keep tracking for you, any news we will inform you asap.

Your understanding will be highly appreciated.

Best regards

（11）买家没有收到货，发邮件询问情况，回复邮件的模板：

Dear customer

Sorry for disturbing you, we tracked your shipping. The package is now on the way to your place (it is now reaching your local post office). International shipping information may not update so prompt, usually it takes around 7 – 15 days for shipping. Could you please keep your patience and wait for a few more days? We will keep tracking for you, any news we will inform you asap.

Your understanding will be highly appreciated.

Best regards

# 7　Listing 发布与优化

## 7.1　Listing 发布要求

Listing 发布有对应的规则，规则中明确规定哪些商品不能发布。在帮助功能区可以查看发布规则，点击“政策和协议”链接，打开如图 7－1 所示的页面。

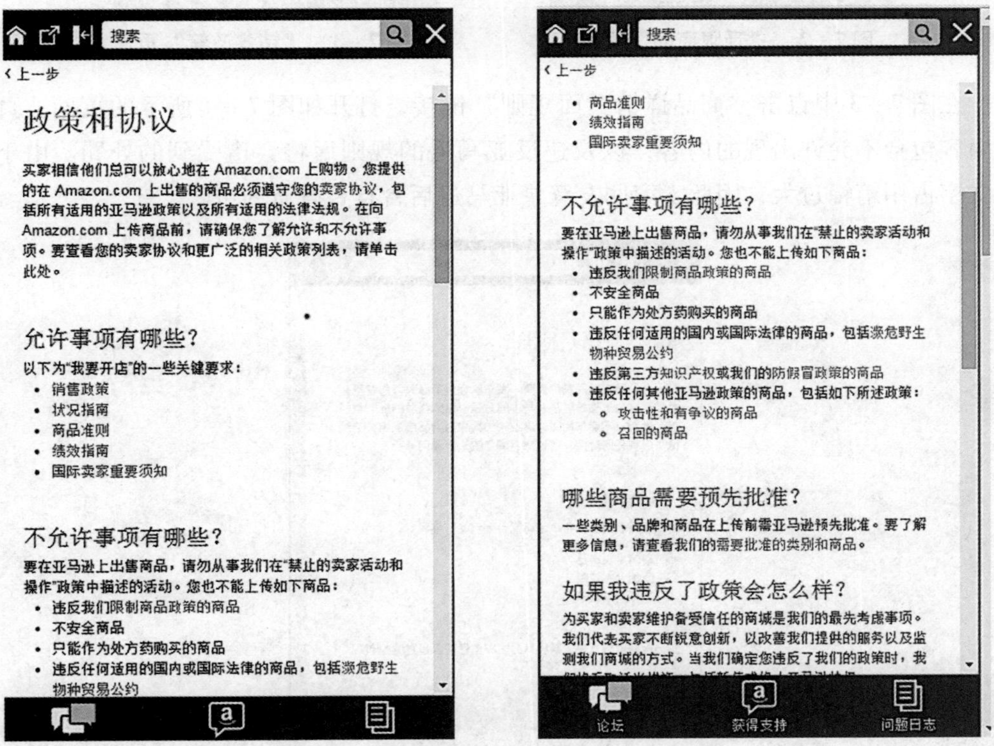


图 7－1　“政策和协议”页面

点击“限制商品政策的商品”链接，打开如图 7－2 所示的页面 。在图中可以看到不能发布的商品要求。再点击“上一步”按钮返回到图 7－1，点击“销售政策”按钮，打开如图 7－3 所示的页面。

图 7－2　“受限商品”页面

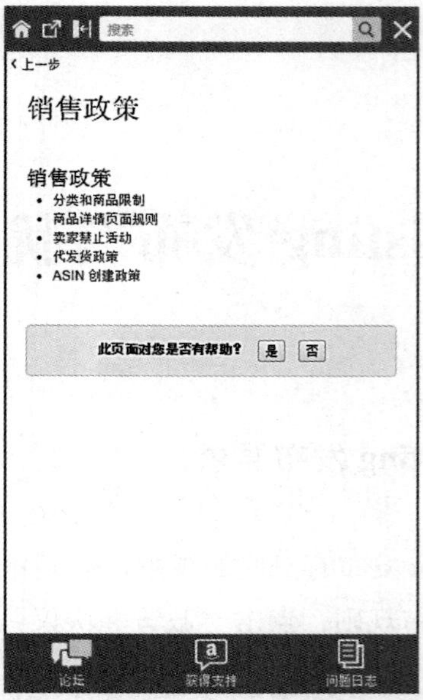


图 7－3　“销售政策”页面

在图 7－3 中点击“商品详情页面规则”链接，打开如图 7－4 所示的页面，页面中内容包括不允许出现的内容，以及违反亚马逊的规则后将会遭受到的处罚。由于规则文字占用篇幅过大，因此卖家朋友登录亚马逊后台自行查看即可。

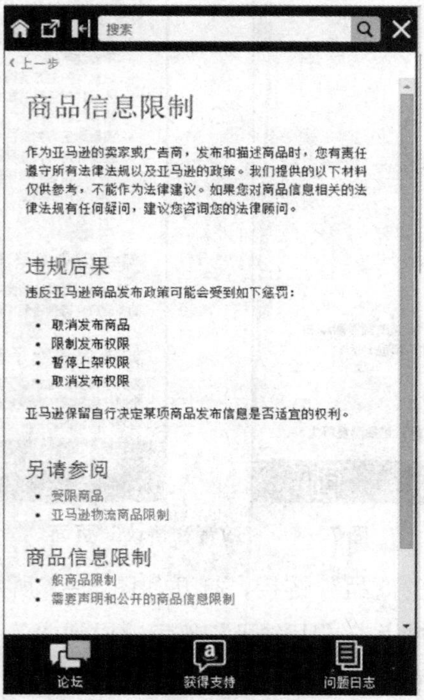


图 7－4　“商品信息限制”页面

## 7.2 分类审核

分类审核也在帮助功能区，如图 7－5 所示的页面。点击“需要审批的类别和商品”链接，打开如图 7－6（a）所示的页面。在页面的底部，显示需要分类审核的类目和商品，如图 7－6（b）所示。

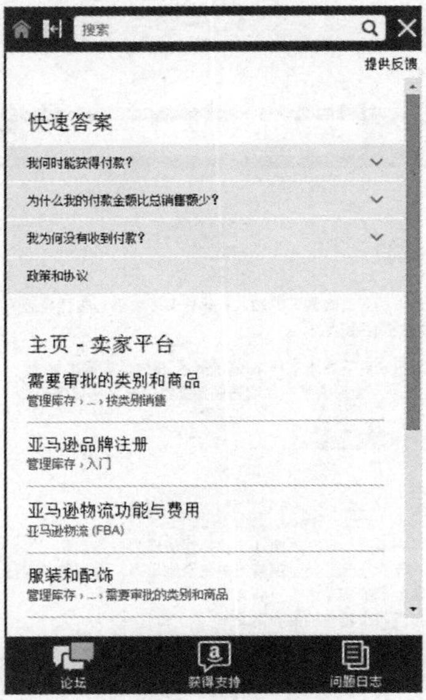


图 7－5 帮助页面

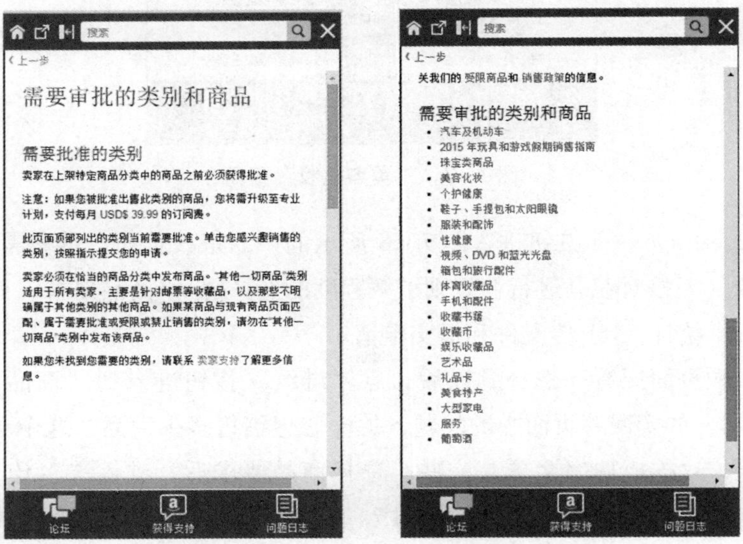


（a）　　　　（b）

图 7－6 “需要审批的类别和商品”页面

在这里提醒卖家，有的类目审核很容易通过，比如笔者此前申请一个首饰的类目的审核，只需正确回答珠宝行业相关的问题，证明卖家是了解此行业，那么就会通过审核，便可以出售此类目商品，如果回答错误，可以后退重新回答错误的题目。而有些类目，如笔者此前发布的一个精油皂的类目，需要美国的一个产品安全证明，手续会比较麻烦，我们可以通过客服了解如何申请此证明。

在这里以美容化妆类目为例进行讲解，在图 7 – 6 中点击“美容化妆”链接，打开如图 7 – 7 所示的页面。

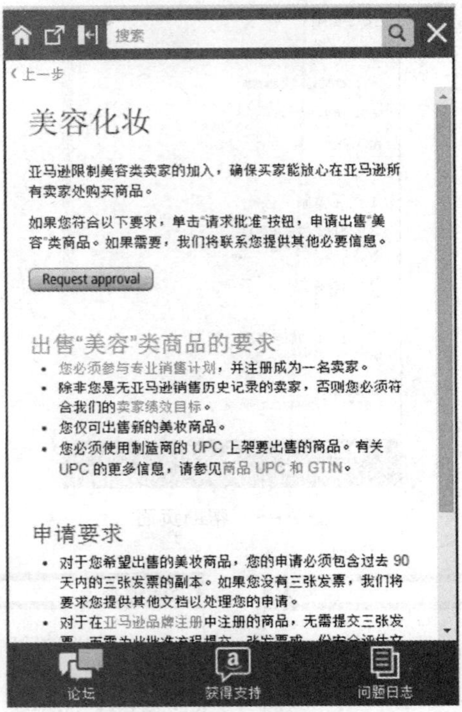


图 7 – 7　“美容化妆”页面

点击 Request approval 按钮进入图 7 – 8 所示的产品审核页面。审核需要完成 4 步，包括政策回顾（考核对亚马逊行业规则了解程度的选择题），商品要求（亚马逊对想发布的商品做一个统计），上传文件和提交申请。

在政策回顾页面回答完选择题以后，点“继续”按钮进入到“商品要求”页面，如图 7 – 9 所示。如实回答页面中的问题，关于您想销售多少商品，这个可以适当选择大一点的数值，这样成功率会更高一些。选择商品要求后，进入“上传文件”页面，页面中上传与商品相关的证明文件，如图 7 – 10 所示。如果我们选择不能提供任何发票文件，则需要提供其他文件，如图 7 – 11 所示。

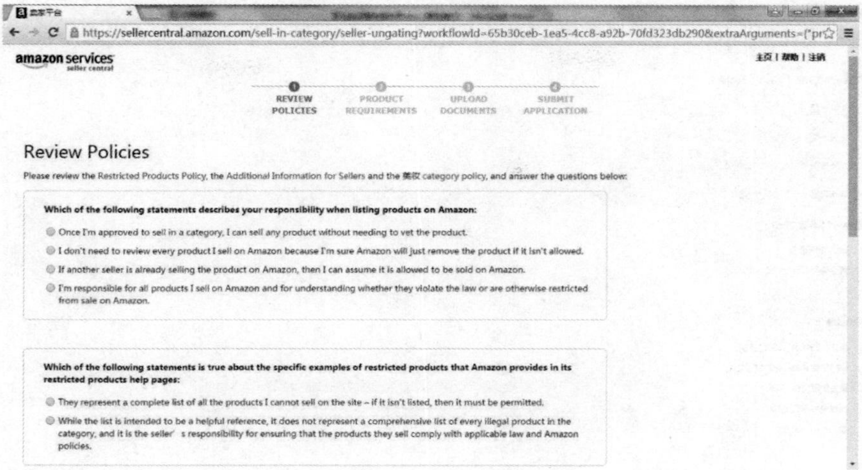

图 7-8 审核页面

图 7-9 “商品要求”页面

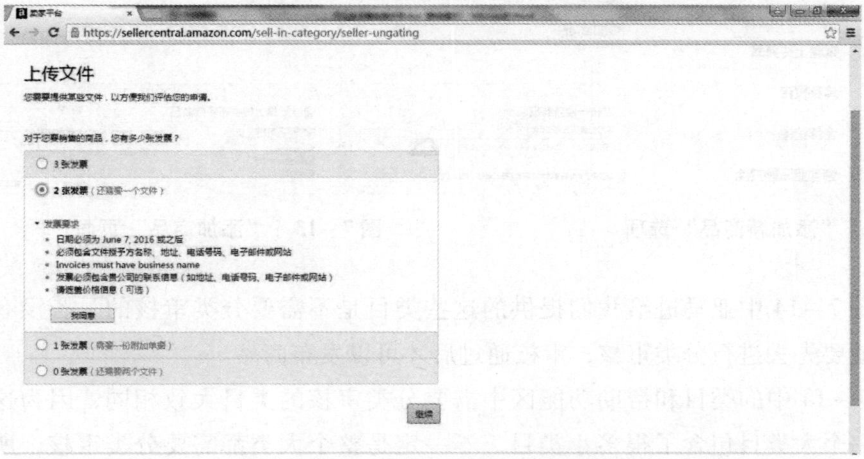

图 7-10 “上传文件”页面

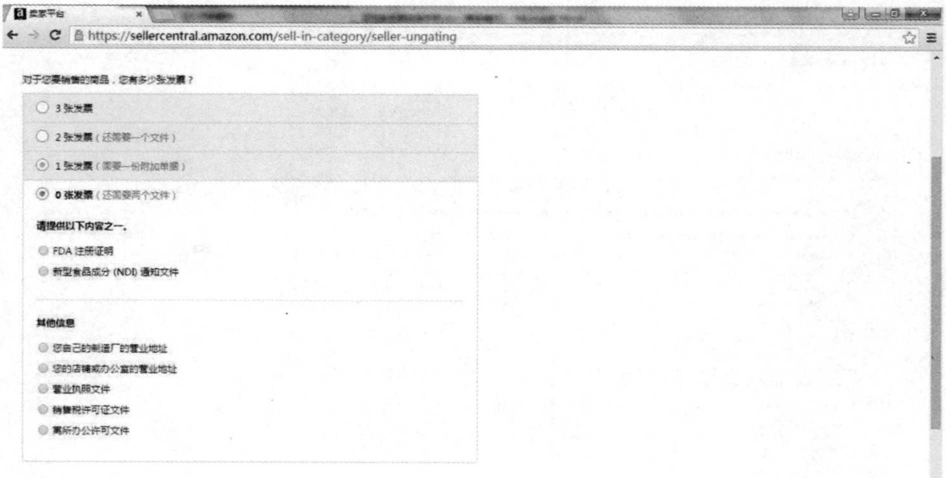


**图 7－11　“提供其他文件”页面**

提供这些文件是为了证明产品的安全性。当我们全部填写完，提交审核即可，一般 24 小时内就可以收到亚马逊的回复。

## 7.3　Listing 及变体发布

Listing 发布也叫商品刊登。进入亚马逊后台页面，在库存的菜单中选择“添加新商品”选项，如图 7－12 所示，打开如图 7－13 所示的页面。在图 7－13 中点击“创建新商品信息”链接，打开如图 7－14 所示的页面。

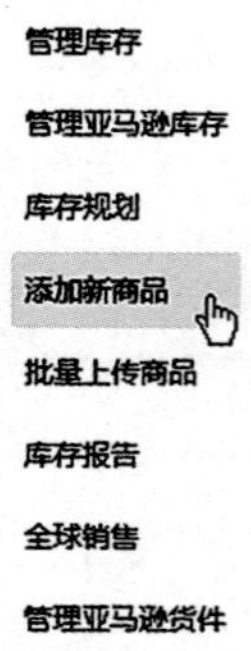


**图 7－12　“添加新商品”选项**

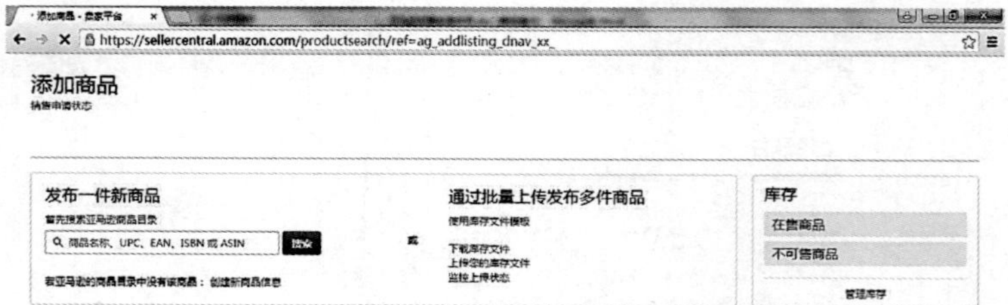


**图 7－13　“添加商品”页面**

在图 7－14 中亚马逊给我们提供的这些类目是不需要分类审核的。若没有所需要的分类就要先去进行分类审核，审核通过后才可以发布商品。

图 7－14 中的类目和帮助功能区中需要分类审核的类目大致相同，因为这是一个大类，一个大类目包含了很多小类目，不一定是整个大类都需要分类审核，所以才会出现这样的现象。

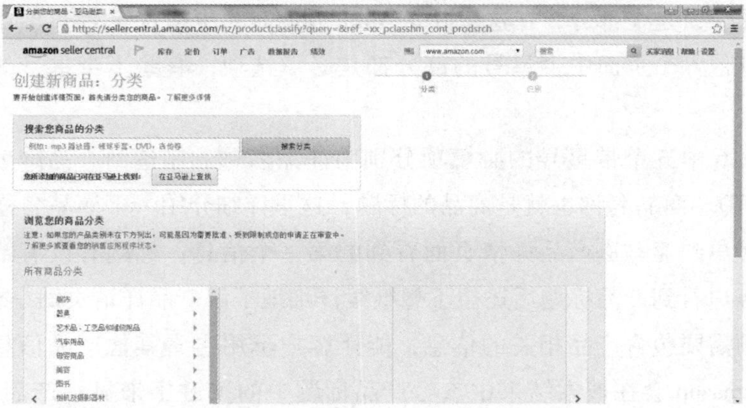


图 7－14 “创建新商品信息”页面

在这里，以选择其他珠宝首饰配件类目为例，如图 7－15 所示。点击“选择”按钮，出现了如图 7－16 所示的页面。

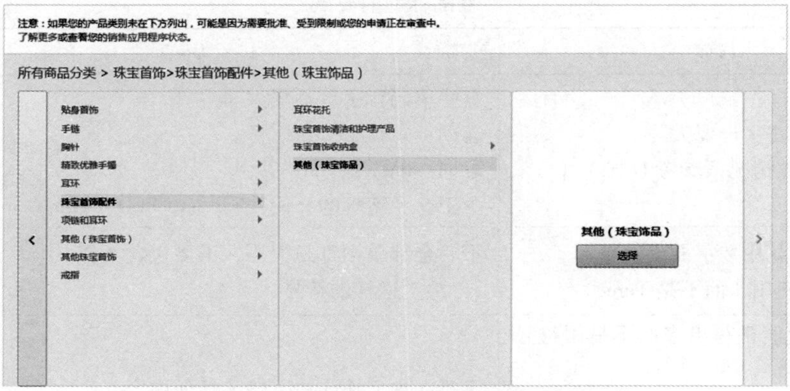


图 7－15 选择其他珠宝首饰配件类目

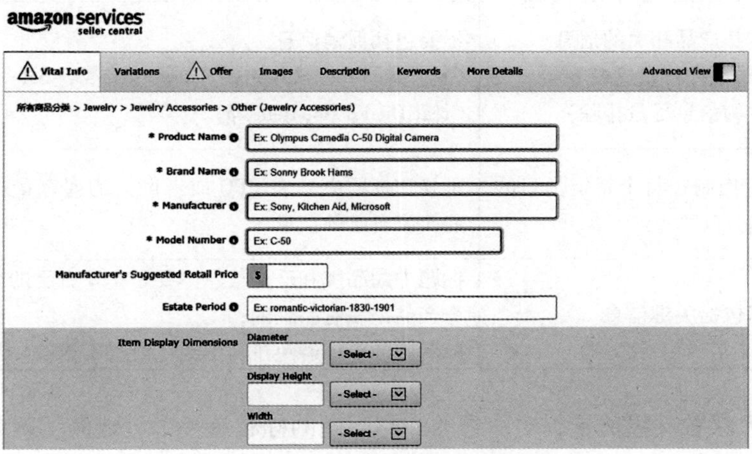


图 7－16 商品信息填写界面

此类目图一共是七部分，在这里除了 More Details（更多优惠）页面中可以选填或不填以外，其他六个页面中带星号的部分都是必填选项，有些不带星号的选项我们也需要填写。

在图 7 - 16 中五个带星号的必填项分别为商品名称、制造商、品牌名、制造商号码和 Product ID。商品名称也就是商品的标题，这里详细介绍一下商品名称。

标题是客户到亚马逊产品详情页面看到的第一个信息，标题有没有给客户传达正确的信息，客户看到产品标题后还想不想继续详细地了解产品详请页面是很重要的。

好的标题需要包含产品相关的信息，能让客户不用再看其他产品信息就可以产生购买行为，Amazon 会在搜索结果中参考产品标题中的关键字来显示产品。一个简洁、与产品相关性强的标题可以最大化地吸引流量和曝光，所以标题格式的一致性和准确性显得尤为重要。为了确保标题能够给客户留下良好的第一印象，卖家需熟悉并掌握的内容如表 7 - 1 所示。

**表 7 - 1　　商品标题的要点**

| Do | Don't |
|---|---|
| 每个单词的首字母要大写<br>（例外的特殊情况请参考 Don't） | 有些单词首字母不要大写<br>连词：and，or，for<br>冠词：the，a，an<br>少于 5 个字母的介词：in，on，over，with |
| 能使用数字就用数字而不是单词<br>（比如尽量使用 3 而不是 Three） | 不要全部单词都是大写，不要包含类似<br>* $ ? 这样的符号 |
| 把一些测量值拼写出来而不是用符号代替<br>（比如表达英寸时请使用 inches 而不是符号 "） | 不要在中文输入法下输入任何内容 |
| 只需包含于本身产品相关的信息<br>（促销信息，产品库存量这些和产品本身无关的信息尽量排除） | 不要包括促销信息<br>（比如：Free Shipping，New Arrival，Sale，Best Seller，Great Deal，Hot Item 等） |
| 标题编写长度控制在每个特定类目的规定范围之内 | 不要在标题中体现 UPC 或者产品的库存量；不要包含一些卖家自己的信息 |
| 保持简短，但包括关键信息 | 标题中的品牌和厂商信息不要是卖家自己的名称，除非这个产品是私有品牌的；<br>标题中的单词避免拼写不规范或拼写错误 |

下面给大家看一组例子，对优秀的和有问题的标题有一个大致的了解：

有问题的标题范例：

FREE SHIPPING & NEW ARRIVAL !!! BLACK FLIP CASE COVER FOR IPHONE6 FROM MY COMPANY——BUY NOW WITH CONFIDENCE!!!

我们会发现这样卖家的标题问题很多，分别如下：

（1）标题中全部用的是大写，这是不允许的。

（2）标题一开始是促销信息 FREE SHIPPING & NEW ARRIVAL !!! 还用了连续三个感叹号强调此产品是新品上架，会感觉这像是路边摊喊口号的那种"新品上架全场包邮，亏本大甩卖，卖完走人"。

（3）该卖家在标题中的一些介词连词都是用大写（FOR，WITH），这里建议改为小写（for，with）会比较好。

（4）iPhone 6 才是正确写法，而不是 IPHONE6。

（5）FROM MY COMPANY 放入标题也是多余的做法，这是和产品本身无关的信息，本质上客户只在意产品本身好不好，至于这个产品是自己公司生产的还是其他公司生产的并不是那么重要。

（6）BUY NOW WITH CONFIDENCE!!! 和标题前面的那个促销信息一样，也是多余的，可以直接删掉。

优秀的标题范例：

Aakerrr® Rugged Dual Layer Case for iPhone 6 with Kickstand（Snow White，Pack of 3）

相比之下这个标题就写得比较得体：

（1）标题首字母大写（介词、连词全部小写）。

（2）标题一开始就写上了该产品的品牌（如果品牌没正式生效也可以虚拟一个），给客户一种信任的感觉。

（3）标题的主题部分简洁清晰的表达了"我要销售什么？" iPhone 6 的××保护壳，这个保护壳还有一个支架 with Kickstand，此产品的小亮点也传递给了客户；最后部分是颜色的说明，这个手机壳的颜色是 Snow White。

这种标题是比较优秀的，它达到了我们前面提到的一个好标题应该有的效果"好的标题需要包含产品相关的信息，能让客户不用再看其他任何产品信息就可以产生购买行为"，客户看到以后可以知道若下单，将得到 3 个：Aakerrr® 品牌的，带有支架功能的，适用于 iPhone 6 的，这是个耐用的双层的手机壳，雪白色的手机壳。

制造商：这个可以是公司或者工厂的名字。

品牌名：如果没有品牌可以填写 generic，这个单词的意思是不受商品保护。

制造商号码：这个选项不是所有类目都有的，由于商品属性特征不同，每个商品在发布的时候填写的选项都会有不同之处。

Product ID：Product ID 后有一个 select 按钮，我们点击此按钮，按钮包括 ASIN、EAN、GCID、GTIN、UPC 这五个选项，在这些选项中，EAN 是英国站（含其他四国）

用的一种商品编码，GCID 是在亚马逊上进行品牌备案后亚马逊给的商品编码；UPC 是美国站（含其他两个站点）和日本站使用的商品编码，这些编码我们可以自行申请或者从正规渠道购买。软件生成的商品编码容易造成店铺被封，这是 2016 年近期的新规。

在 vital info 部分的底部有 Cancel 和 Save and finish 两个按钮，但是 Save and finish 按钮是灰色的，把所有部分都填写完才能保存发布。

我们来看 Variation 部分，Variation 不是函数，它是变体的意思。举个例子，一双拖鞋，它有两种颜色，八种大小型号，那么颜色和型号就是拖鞋的变体。一件均码的 T 恤，它只有五种颜色，那么这五种颜色就是 T 恤的变体。

亚马逊会根据不同的商品从而给我们不同的变体条件，例如笔者的变体如图 7－17 所示。

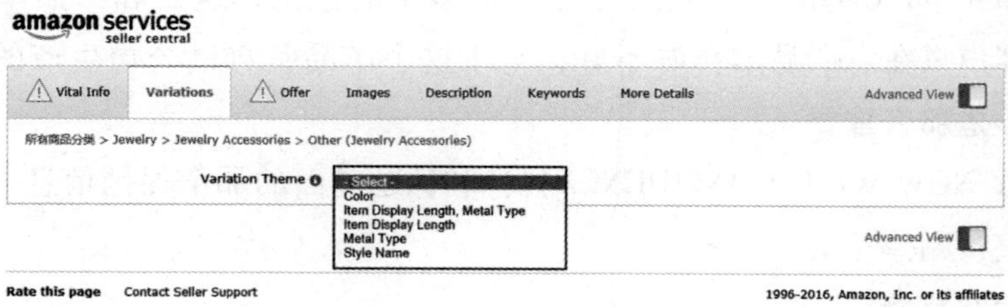


**图 7－17　变体页面**

图 7－17 中共有三个选项。在这里需要注意的是，如果发布的是变体商品，建议先填写变体部分，然后再填写 vital info 及其他部分。这样做的好处是 vital info 的商品编码就不需重复写了，如果先填写 vital info 部分的商品编码，再填写变体部分的内容，vital info 填写的商品编码会被自动取消，因为在变体部分也需要填写，而一个商品编码只能对应一个商品。点击变体后页面如图 7－18 所示。

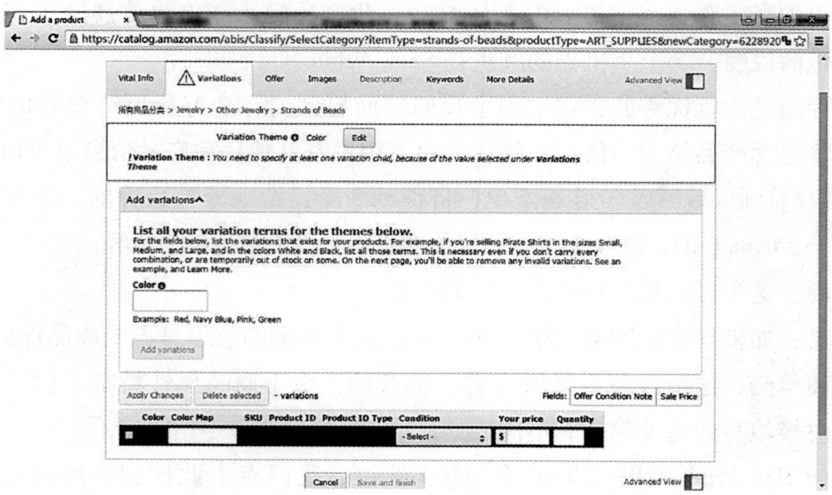


**图 7－18　点击变体后页面**

在这里需要我们给变体的内容起一个名字，比如，选择了颜色，那么需要给颜色起个名字，如 red，blue 等。每填写完一个变体的名字系统会自动再跳出一个位置，可以继续填写，如图 7－19 所示。

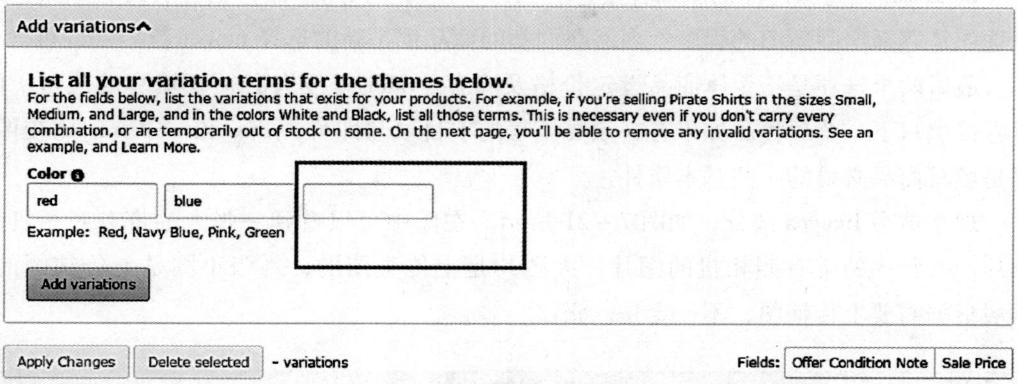


**图 7－19　继续填写位置**

填写好后点击 Add variations 按钮添加变体，进入了如图 7－20 所示的页面。

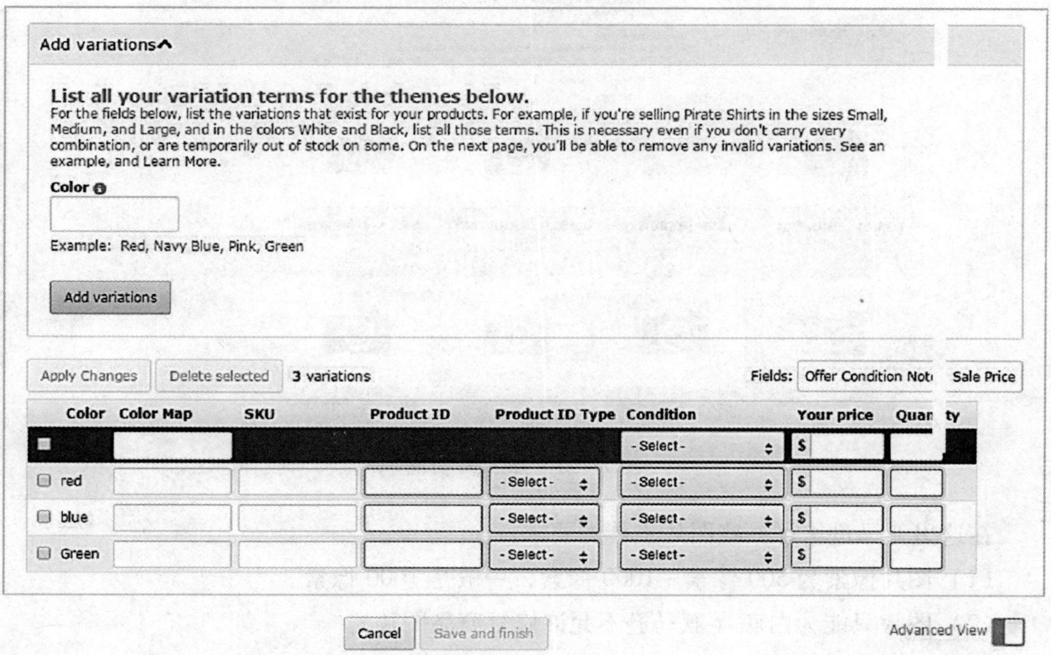


**图 7－20　添加变体页面**

在这里我们需要填写的选项有 SKU、Product ID、Product ID Type、Condition、Your price、Quantity。

SKU：如果不填写，系统会随意生成一组号码。

Product ID：按自己情况填写即可，没有特殊要求。

Product ID Type：若在美国站发布商品，因此选择 UPC 并填写 UPC 码即可。

Condition：是指产品的新旧程度，美国人不仅喜欢买新产品，也喜欢买旧产品，这个选项是选择产品新旧的程度，当然我们卖的商品都是新的选择 new（新品）即可。

最后两个选项是给变体商品设定价格及库存。offer 里没有必须要填写的项目，可以直接填写下一个项目。如果有必须要填写的项目填写即可，offer 和 vital info 比较像，都是填写商品必要的一些基本属性。

现在填写 Images 部分，如图 7－21 所示。在图中可以看到一张大的带有照相机的图片，八张小的带有照相机的图片。大图片是上传主图的，八张小图是上传辅图的。一般根据需要上传辅图，不一定是八张。

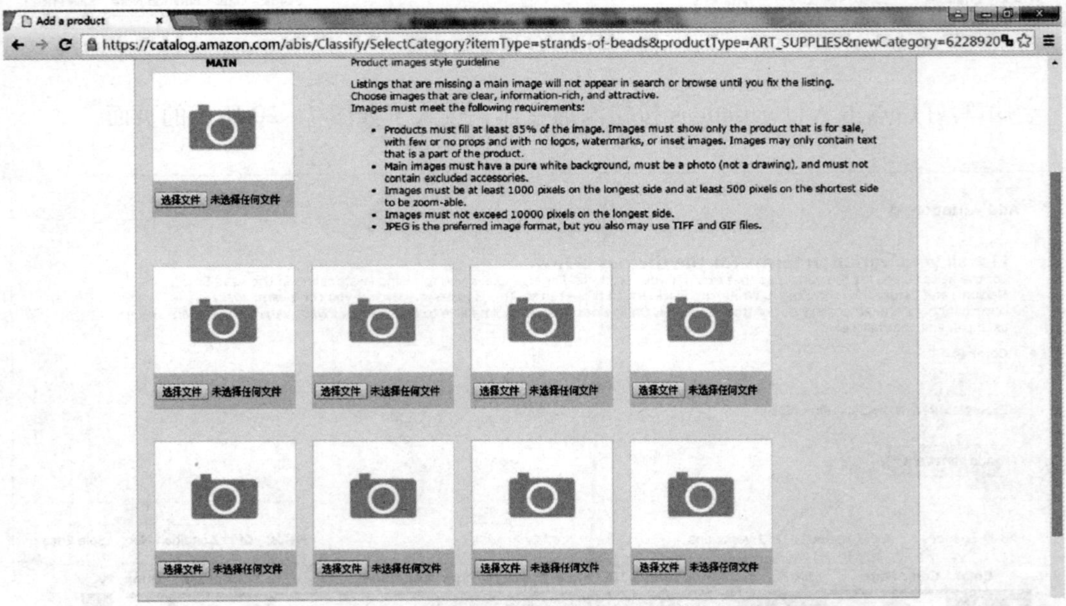


**图 7－21　Images 页面**

在这里亚马逊给了一些图片上传的要求：

（1）图片像素为 500 像素～1000 像素，一般是 1000 像素。

（2）图片只能为白底（亚马逊不允许修复商品图片）。

（3）商品占背景面积 85% 以上。

（4）商品图中不能有赠品、道具、水印和 Logo。

（5）建议上传 JPG 格式的图片。

（6）服装类商品展示，模特为真人，不允许使用模特道具，也不能把衣服平铺桌面上拍照，一定注意使用模特不要侵权。图片上传好后填写商品的描述，也就是

Description 部分，如图 7－22 所示。

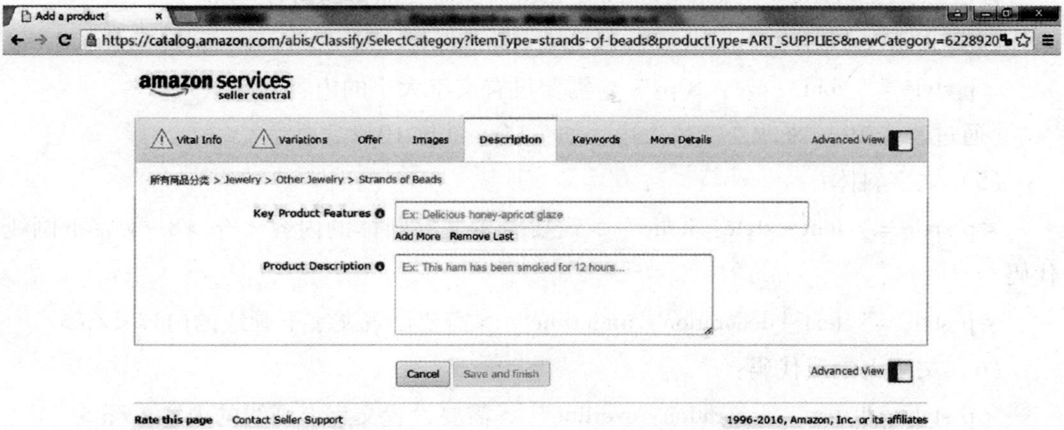


**图 7－22 Description 页面**

在图 7－22 中只有 Product Description 是必填写项，文本框中为商品的描述。商品的一些功能，需要注意的事项都可以在这里填写。需要注意的是，这个部分不能自动对文字的段落等进行调整，所以需要了解一些代码，通过这些代码帮我们把商品的描述变得更完善，这里说的代码是 HTML（超文本标记语言），其为 HyperText Markup Language 的缩写。HTML 学习起来并不复杂，但是它拥有着很多标签，在这里了解亚马逊支持的标签即可。HTML 是目前 Amazon 后台支持的使用的代码，随着亚马逊规则的改变，会有一些代码也许不能使用，卖家自行尝试即可得知结果，如提示错误就表示不能使用了。

这里简单说明一下 HTML 标记的使用方法，可以把标记分为两种（尖括号以及里面的单词内容叫作标记），没有斜杠的如 <br>，在写好的文字后面输入 <br> 即可。若表示换行，一定要在英文状态下输入才可以。另一种是有斜杠的如 <p> </p>，使用的时候在两个尖括号中间插入文字内容，如 <p>第一段内容 </p> 表示一个段落的开始和结束，注意必须要使用英文状态输入而且斜杠一定不能写反。其他编码如下：

（1）换行 <br>：

第一行内容 <br>

第二行内容 <br>

第三行内容

（2）段落标签：

<p>第一段内容 </p>

<p>第二段内容 </p>

（3）加粗 <b> </b>：

方法一：< b >需要加粗的内容 < /b >

方法二：< p style = " font – weight：bold" >需要加粗的内容 < /p >

（4）文字大小：

< p style = " font – size：10px" >需要设置文字大小的内容 < /p >

（通过改变 10px 来改变字体大小，如：14px 就比 10px 字体大）

（5）文字斜体：

< p style = " font – style：italic" >需要设置文字斜体的内容 < /p >8. 文字下画线代码

< p style = " text – decoration：underline" >需要设置文字下画线的内容 < /p >

（6）文字上画线代码：

< p style = " text – decoration：overline" >需要设置文字上画线的内容 < /p >

（7）文字删除线代码：

< p style = " text – decoration：line – through" >需要设置文字删除线的内容 < /p >

（8）文字闪烁效果代码：

< p style = " text – decoration：blink" >需要设置文字闪烁效果的内容 < /p >

（9）插入图片代码：

< p style = " width：500px；height：500px；background：url（在这个位置需要插入的图片链接）blue；" > < /p >

现在我们再来看 Keywords 部分，这也是很重要的内容，如图 7－23 所示。

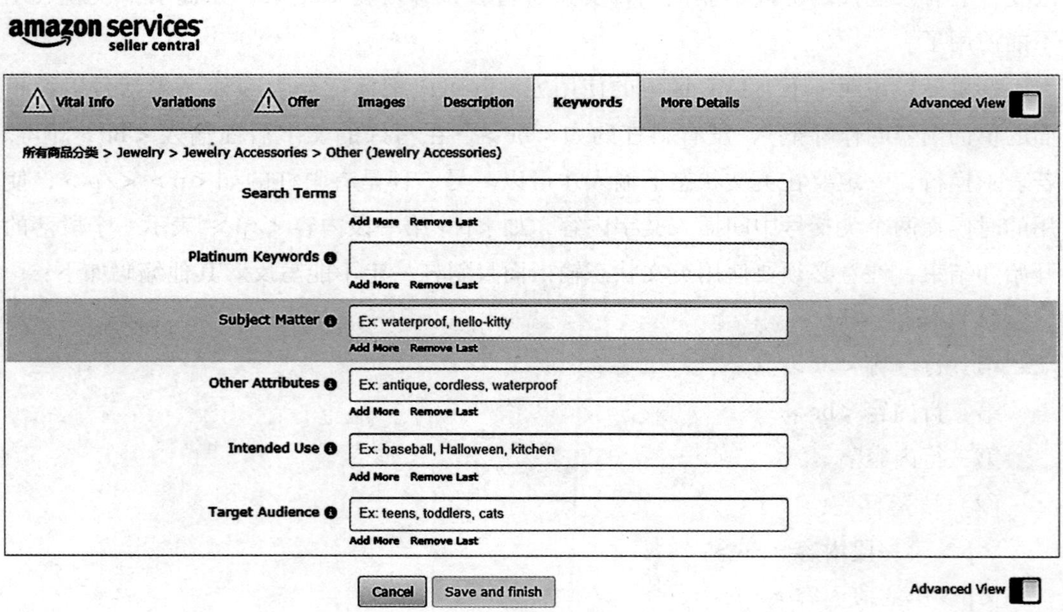


图 7－23　Keywords 页面

在图 7 - 23 中最填写最重要的就是 Search Terms，它会关系到产品排名，重点的关键词一定要写在前面，关键词不用填写过多，填写多排名不一定好。但是 Search Terms 可以填写五行关键词，不用填写很多，但最好把五行都填写了，我们可以单击 Add More 添加关键词，直到一共出来五行为止。Platinum Keywords 选项对销量有很高的要求，如果是初级卖家填写了 Platinum Keywords，亚马逊也不会将其展示给大众。

More details 页面是填写商品的附属内容，以及相关属性说明等信息，比如包装后的大小、尺寸、重量等。可视自己商品情况酌情填写，不用全部填写，该页面的填写只是为了增加用户体验，让买家了解更多商品购买的相关信息。

当我们按照提示和要求填写好文字后，点击 Save and finish 按钮即可发布商品，刷新后可以看到发布的商品被成功地显示出来。

## 7.4　批量发布

现在我们来看一下如何批量发布商品，在“库存”菜单中选择“批量上传商品”选项，打开如图7 - 24 所示的页面。

**图 7 - 24　批量上传商品页面**

在这里需要下载批量上传的文件，然后用 Excel 将它们打开，同样需要填写商品有关的信息，只不过在这里可以同时填写很多个商品。批量上传也有它的缺点，不慎多打了一个符号或者挪动了一下表格就会导致批量上传的商品都失败，运用熟练就好了。

选择我们需要的类目，并下载批量上传的模板文件，选择类目页面如图 7 - 25 所示。

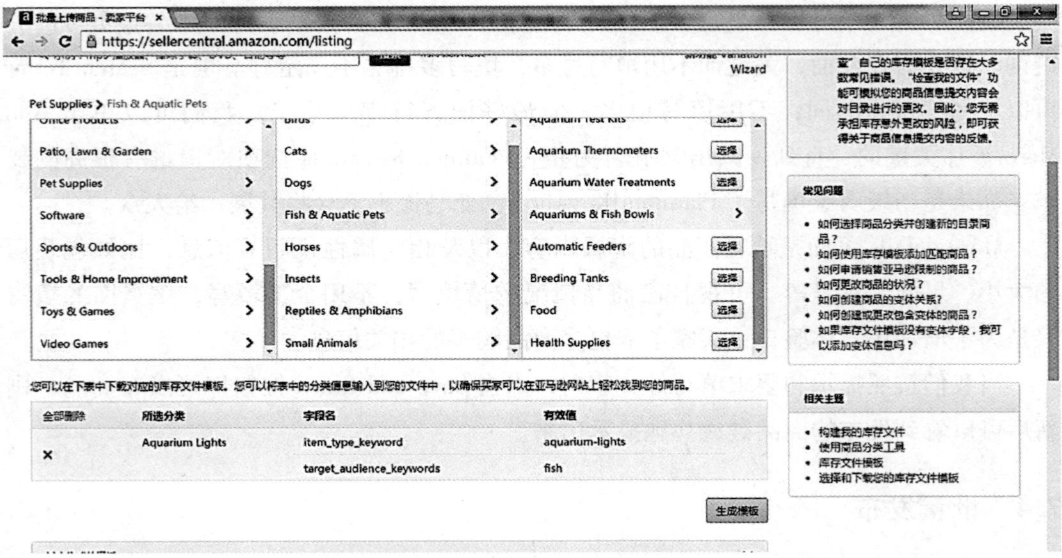

图 7－25 选择类目

点击“生成模板”按钮后，会下载一个后缀名为 .xlsm 的模板文件，打开如图 7－26 所示。

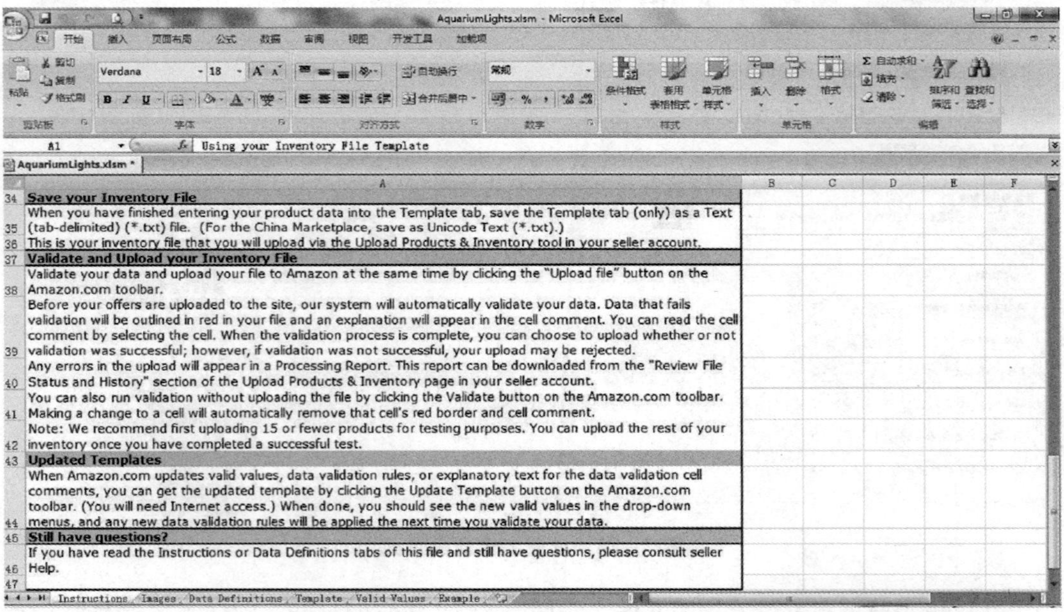

图 7－26 生成 .xlsm 模板文件

在 Excel 底部共有六个标签，Instructions 告诉如何使用库存模板，Images 说明如何正确上传图片，Data Definitions 教如何填写模板，Template 才是我们真正要填写的模板，Valid Values 说明填写哪些数值是有效的。Example 是一个填写好的模板案例，通过仿照模板可以填写自己的商品信息。单击 Template 标签，如图 7 – 27 所示。

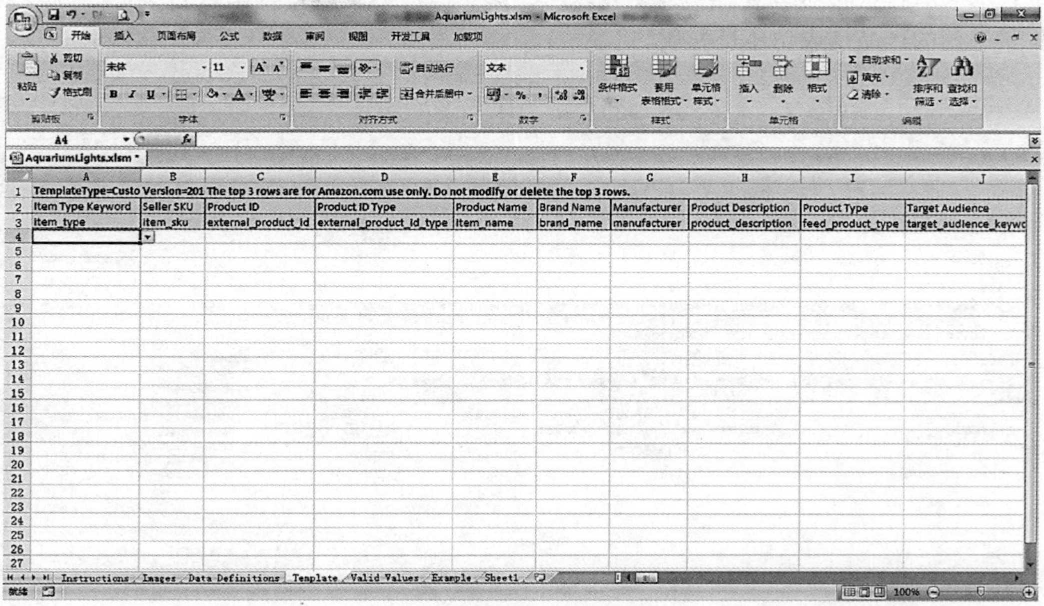


**图 7 – 27　Template 标签**

在图 7 – 27 中会发现与单个上传需要填写的内容几乎是一样，只是排列不同。

这里说明一下当填写好模板后，直接保存即可，千万不要保存为其他格式的文件。然后在“批量上传商品”页面点击“上传您的库存文件”标签，打开的页面如图 7 – 28 所示。

**图 7 – 28　选择要上传的库存文件页面**

点击“选择文件”按钮，选择模板文件，点击“检查库存文件”按钮开始上传。上传成功后跳转到如图 7－29 所示的页面。过一会再次查看监控上传状态，即可查看批量上传的产品是成功还是失败。

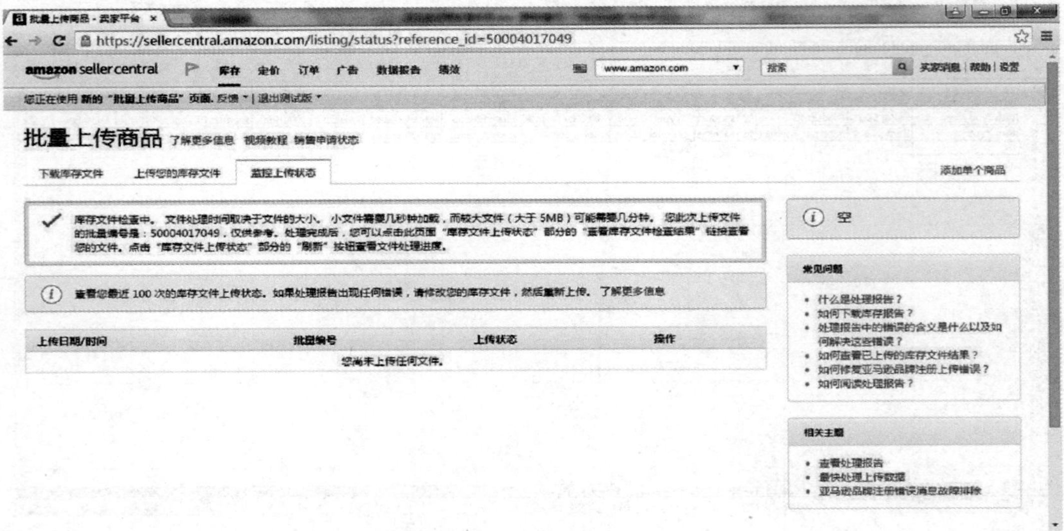


图 7－29　“监控上传状态”页面

## 7.5　Listing 优化

优化 Listing 的目的：一是为了让 Listing 排名更靠前也就是 SEO（Search Engine Optimization，搜索引擎优化）；二是增加用户体验。增加用户体验也自然是为了完成更多的成交量。下面来说说有哪些内容需要优化。

（1）标题：这里只讲标题的主要用途是让买家知道卖家卖的是什么东西，在此基础上适当添加关键词即可，常见的错误写法是把标题写得很满，很多关键词完全看不懂是什么，对于 SEO 来讲，标题写得多并不是最好的选择。当然在标题里千万也不要随意添加品牌关键词，除非卖家被授权了。

（2）变体：卖家希望在变体里增加很多关联商品，但是在这之前要有一个合理的理由，如果这个理由连自己都无法相信，那么就不要乱做变体放到 Listing 上去。

Bullet point：这是非常重要的，因为它占据了一个非常好的位置，很少有买家买一个东西会把卖家 Listing 上的所有文字都看完，所以关于 Listing 最重要的卖点一定要写在这里，当然卖家不能过于夸大其词。

Customers Who Bought This Item Also Bought（买了此商品的顾客还购买了）：怎样才会有这个页面？这里一行有五个是别人的商品，只需找出多个我们的 Listing，在购买的时候买完一个再接着买下一个即可出现买了此商品还购买了其他商品的情况。

Customer Questions & Answers（回答买家的问题）：这也是一个非常重要的地方，这里一共有四个位置，必须要先提问或回答，如果买家先在这里提问了对 Listing 有严重负面影响的问题，最后的结果可想而知。

Review（评价）：永远是卖家最关心的话题：外国人不会像中国人那样轻易地评价，即便东西不是那么好也会给好评，外国人很真实，就算送他的赠品好，他也会给差评。

Feedback（反馈）：提了 Review 肯定会提到 Feedback，尤其是一个新账号，很容易就造成账号指标不合格的情况，当然，刷单就可以解决 Feedback 问题了。

Frequently Bought Together（捆绑销售）：当然这也是可以买出来的，这是要多个商品一起买。这里要和买了又买区别开，这是多个商品一起买，买了又买是买完一个再继续买其他的。值得注意的是，不要把不相干的东西一起买，比如一起买牙膏和电饭锅，这是非常不恰当的做法。

第二篇

# 玩转亚马逊

# 8 市场调研与选品

## 8.1 市场分析

市场分析对于中小卖家来说很重要，就像画素描一样要把大概的框架勾勒好，才能画细节的，否则细节画得再精致，但是框架却变形了，浪费了很多的时间和精力还得重新再来。

同理，市场分析不用分析得十分精准，也不可能分析得十分精准，只要把框架勾勒好即可。本小节介绍一些简单实用的市场分析方法。

1. PEST 分析法

PEST 为一种宏观环境分析方法，指的是 Political（政治），Economic（经济），Social（社会）和 Technological（技术），缩写为 PEST。

（1）政治：与电商的关系紧密相连，比如新颁布的广告法的内容就与电商密切相关。其次是政府对经济方面的政策。做跨境电商，不仅要了解本国情况，同时也要了解国外的政治情况，了解和知晓国外一些国家的政局是否稳定，不能说亚马逊站点的国家都不错，其他国家我们就不用考虑了，如果一个不是亚马逊站点的国家发生了政局不稳定现象，就会影响到亚马逊站点国家的政治和经济。

（2）经济：一个国家经济发展的趋势也是有必要关注的，例如，一个国家经济大幅度下滑，那电商行业又怎能旺盛呢？其次是人均收入的情况，如果一个国家或者地区人均收入过低，也就意味着只能解决温饱问题，没有余存，那么电商又怎能发展呢？同样，失业率、通货膨胀率也是与我们息息相关的。

（3）社会：社会包含人口、观念、风俗习惯、消费心理，这些是我们需要关注的。正如中西方的观念问题，一些在我国不好卖的商品反而在西方国家卖得很好。还有一些国家的人喜欢先消费后赚钱，可以理解为赊账，不管是信用卡还是其他什么方式，在他们看来并不需要攒什么钱，只要够用了就行，他们乐于享受生活，享受生活的观念就已经不仅停留在解决温饱的基础了，所以这都是对电商的利好之处。

（4）技术：这里所说的技术不是做店铺运营的技术水平有多高，而是一个组织。比如一个国家、一个公司或者一个团队的技术能力。支付宝、微信支付等支付方式为消费提供了更便捷的方式，从时间和操作繁复性来说比直接用银行卡操作技术有了很大提升。

那么这些信息来源从何得知呢？既可以从新闻资讯了解并统计上述信息，还可以通过行业知名人士提供的数据来统计，另外有一些公司是专门做行业数据市场分析的，可以通过它们来寻找源头。

2. 波士顿矩阵分析法

波士顿矩阵又称四象限分析法，是由美国著名的管理学家布鲁斯·亨德森于1970年首创的一种用来分析市场占有率和增长率的方法。

（1）问题业务：该业务具有高增长/低市场占有的特征，是指增长率很快，但是市场占有率不高，得到的利润有限，这类业务通常处于最差的现金流量状态。一方面，新创业的市场增长率高，企业需要大量的投资支持其生产经营活动；另一方面，其相对份额地位低，能够生成的资金很少。因此，企业在对于“问题业务”的进一步投资上需要进行分析、判断，使其转移到“明星业务”所需要的投资量，分析其未来盈利，研究是否值得投资等问题，要是有无法投资的类目，应该放弃该类业务。

（2）“明星业务”：高增长/高市场占有率，就是指增长率很快，市场占有率也很高，得到的利润较好，就像明星一样，发展前途很好，这类业务处在迅速增长的市场中，具有很大的市场份额。在企业的全部业务中，“明星业务”在增长和获利上有着很好的长期机会，但它们是企业资源的主要消费者，需要大量的投资，为保护或扩展“明星业务”，使之在增长的市场中占主导地位，企业一般应对此类业务进行保护，在短期内优先供给它们所需的资源，支持它们继续发展。

（3）金牛业务：低增长/高市场占有率，像奶牛一样，吃的是草，产出高质量的牛奶，这类业务处于成熟的低速增长的市场之中，市场地位有利，盈利率高，本身不需要投资，反而能为企业提供大量资金，用以支持其他业务的发展，企业的任何业务都是朝着这种方向业务发展的。

（4）瘦狗业务：低增长/低市场占有率，像瘦狗一样，要吃饭，但是自身却没有什么价值，即投入较大，但是利润较少，或是没有利润，甚至亏损的，这类业务处于饱和的市场中，竞争激烈，可获利润较低，不能成为企业资金的来源。如果这类经营业务还能自我维持，则应该缩小经营范围，加强内部管理。如果这类业务已经彻底失败，企业应及早采取措施，清理业务或退出经营。

通过上述两种分析方法，卖家是否能感到思路和框架变得越来越清晰了，越来越清楚地了解所要进入的市场了？在本小节里没有涉及亚马逊的内容是因为要分析宏观因素，在之后几节的内容我们将循序渐进地增加关于亚马逊的内容。

## 8.2 电商市场分析调研

亚马逊卖家后台是没有行业分析功能的，因此我们有两个可以参考的方法，第一个是通过参考其他跨境电商平台的数据了解市场情况，比如，通过速卖通平台的数据纵横功能，以及其他平台的分析功能。另一个方法是参考谷歌趋势的数据分析结果，网址为 https：// trends. google. com/。可以简单了解谷歌趋势的作用。谷歌趋势是指用图表形式来直观显示关键词搜索量大小及随时间变化的趋势。谷歌趋势是我们对于市场分析及关键词研究的一个重要工具。谷歌趋势可以设置国家、具体省份以及时间来生成谷歌趋势图，各子区域及省份、城市、使用语言的搜索情况，由此我们也可以了解到这个行业相对于哪个省哪个城市来说发展较快。谷歌趋势还可以提供相关关键词行业新闻以及新闻发布时间。

在本小节笔者主要介绍通过亚马逊的其他方式来分析行业的情况。分析过程如下：

1. 商品搜索的结果数

通过商品搜索的结果数能看出商品竞争的程度，做到心中有数，如图 8－1 所示。

**图 8－1 商品搜索的结果数**

当然搜索较大的词，亚马逊中会出现搜索一款商品也会出现不相干的商品在同一页面中的情况，这是因为英语的一个单词就可能出现几种或者几十种意思，所以关键词要细心选择，这里建议每款商品选择 3～5 个即可。

2. 大卖家信息

大卖家的定义通常是评论数量达到 500 以上或者反馈数量达到 1000 以上的卖家。

3. FBA 商品占比

如果物流方式选择 FBA，那么对商品排名是会有提升的，所以看 FBA 的比例也是在看竞争程度。

4. Listing 建立的时间

从 Listing 的建立时间可以看出这个卖家卖了多少商品，有多少评价，他是怎么做的，他做到现在这个程度花费了多长时间。这是我们要了解的，可以参考 Listing 的第一个评论的时间。

5. 前 10 页的评论及商品的售价情况

了解其他商品的评论情况及售价，也是对自己的产品定价及别人产品存在的问题有了数，后面就可以规避这些问题。

6. 分析 Best Seller（畅销书）前 10 名和后 10 名

Best Seller 是行业里卖的最好的 100 个商品，通过前十名我们可以了解他们的 Review 等情况，那为什么还要了解后 10 名呢？那是因为了解了后 10 名会知道，只要超过他们就可以进 Best Seller 了，当然，如果有很多时间的话分析全部 100 个商品是最好不过的。

下面来看看卖家可能找不到的一些商品的数据的位置。

（1）Review。点击一个 Listing，向下拉，找到如图 8－2 所示的界面。

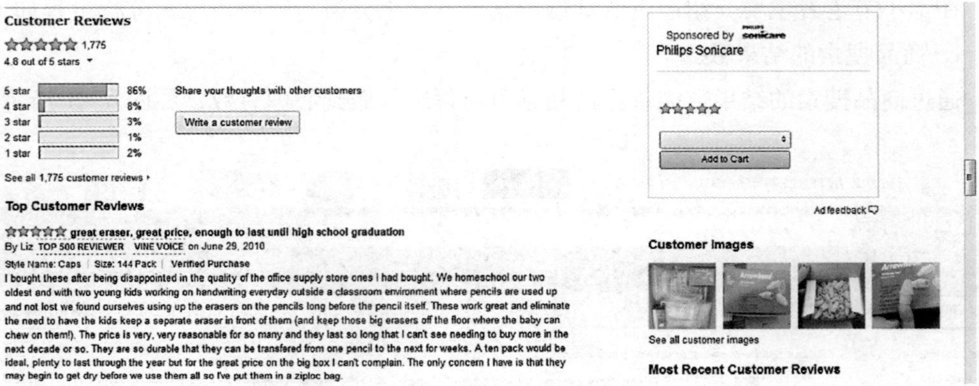


图 8－2　Customer Reviews 界面

Customer Reviews 就是评价了，笔者当前截图的 Listing 评价是 4.8 分，累计一共 1775 个评价。

当然销量在 Listing 我们是看不见的，不过可以通过 amz tracker 查看销量。

（2）Best Sellers。在亚马逊首页导航栏中有 Best Sellers 标签，如图 8－3 所示。

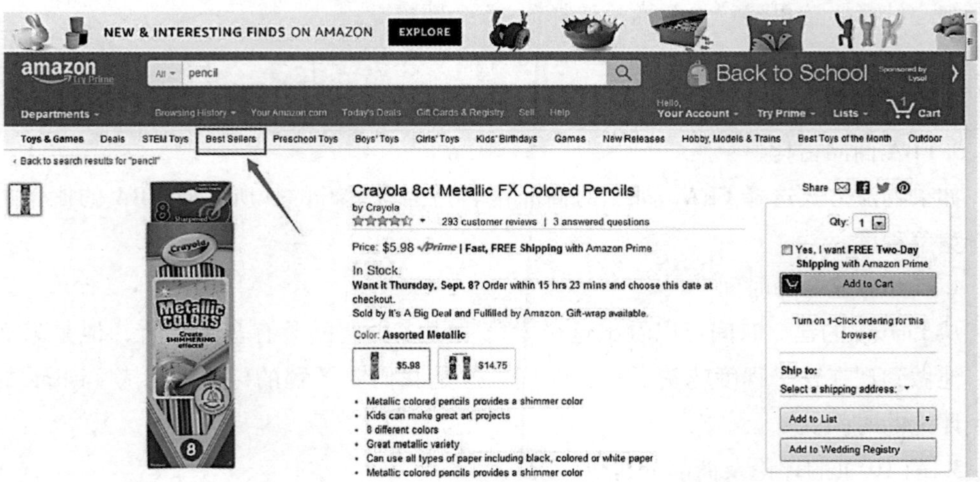


图 8－3　Best Sellers 标签

点击导航栏中的 Best Sellers 标签，打开如图 8－4 所示的页面。

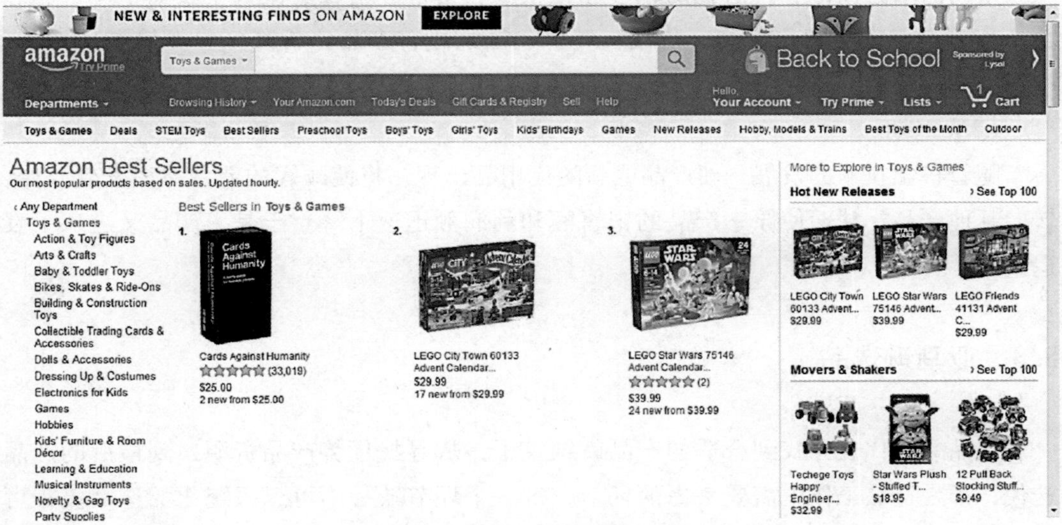


**图 8－4　Best Sellers 页面**

在图 8－4 中分别用数字列出了排名的序号。亚马逊显示位置不固定，如这个 Best Sellers 现在在导航栏中，其他商品也可能在另外地方显示，但大多数情况都在导航栏中显示。

人类有生命周期，产品也是有生命周期的。产品生命周期是指产品的市场寿命。一种产品进入市场后，它的销售量和利润都会随时间推移而改变，呈现一个由少到多再由多到少的过程，由诞生、成长到成熟，最终走向衰亡，这就是产品的生命周期四个阶段的现象。

下面来简单介绍产品的四个阶段。

1. 导入期

新产品投入市场，便进入导入期。此时，顾客对产品还不了解，只有少数追求新奇的顾客可能购买，销售量很低。为了扩展销路，需要大量的推广费用对产品进行宣传。在这一阶段，由于技术方面的原因，产品不能大批量生产，因而成本高，销售额增长缓慢，不但得不到利润，反而可能亏损，产品也有待进一步完善。

2. 成长期

这时顾客对产品已经熟悉，大量的新顾客开始购买，市场逐步扩大。产品大批量生产，生产成本相对降低，销售额迅速上升，利润也迅速增长。竞争者看到有利可图，也纷纷进入市场参与竞争，使同类产品供给量增加，价格随之下降，利润增长速度逐步减慢，最后达到生命周期利润的最高点。

3. 成熟期

市场需求趋向饱和，潜在的顾客已经很少，销售额增长缓慢直至转而下降，标志着产品进入了成熟期。在这一阶段，竞争逐渐加剧，产品售价降低，促销费用增加，利润下降。

4. 衰退期

随着科学技术的发展，新产品或新的代用品出现，将使顾客的消费习惯发生改变，转向其他产品，从而使原来产品的销售额和利润额迅速下降。于是，产品又进入了衰退期。

## 8.3 亚马逊选品

选品并不代表寻找到合适的产品就结束了，从寻找优势产品资源，到最后的产品迭代，都是选品工作中需要考虑的环节，每一个环节缺一不可。系统化的选品流程可以帮助亚马逊卖家规避很多产品问题带来的风险，选品流程中间任一环节的缺失，都有可能为后期的产品运营带来严重的后果。

对于市场需求来说，产品有自己的生命周期理论，而对于卖家来说，开发的产品也有一个自然迭代的规律，充分认识到这一规律对产品的运营思路有很大的帮助。新品开发上线后不会立即贡献大量的销售额，可能是运营条件还未成熟，或产品处于前期准备阶段，也可能是趋势产品的市场需求还未到来等原因。对于卖家来说，这些新产品在数量上可能占比较大，而短期内仅能贡献有限的销售额，但是随着排名的上升或销售时机成熟等原因，处于长尾部分的产品会快速进入销售主体部分，从而为卖家贡献大部分的销售额，而随着市场的不断变化，主体部分的产品也不可能永远保持良好的销售表现，会有一个自然的迭代和流失过程。但是只要保持新品或升级产品的不断补充，整个产品迭代过程就会是良性的，卖家在产品运营的时候也能根据产品发展规律进行调整和规划，时刻保持产品运营的优势。

现在给出一些选品的方法：

（1）确定主营的产品线，就是目前拥有的产品资源，由于亚马逊同时经营很多类目也不会降低“权重”，所以要把它作为主营产品线，这一点必须值得重视。

（2）通过参加展会来开拓自己的思路和眼界。

（3）选品谁都不能100%选择正确，所以在这之前一定要测试所选商品，然后才能大力推广它。

（4）选择中高端产品，亚马逊买家多数为中高端群体，当然这也要看卖家的产品，价格不能决定产品排位，质量决定价格高低。

（5）选择容易细分和有延续性的产品，选择这样的产品对于商品的迭代会很有帮助。像市场上各式各样的铅笔就是延续性商品，因为产品迭代你还可以卖铅笔盒、橡皮等。

（6）如果是小打小闹的做法则不用注册商标，并且在1688一类的网站选品即可，而且也不需分析很多东西就可以去亚马逊销售了，如果店铺做大，要参考前五条建议，并且一定要注册自己的商标，而且最好是自己做的站点国家的商标，比如做英国站，注册的是欧盟的商标肯定没有注册英国商标好。

## 8.4　物流成本管理

首先了解物流成本管理的部分概念。

商品质量：在亚马逊上销售商品，不怕价高就怕质量差，差评多了会被直接封店。

隐私保护：如果是委托厂家生产店铺的商品，要保证是生产的商品唯一销售方，不然将会带来严重后果，需签署有效的合同，并列清楚事项。

交货期稳定：不怕没货就怕断货，这也是濒临封店的一个危险因素。最明显的情况就是Listing排名一落千丈，辛辛苦苦做起来的排名就这样没了。

账单期：商家和工厂的账单期一定不要太短，太短对资金利用率会造成极大的压力。

国际物流涉及的因素较多，所以即便选好了产品也要考虑物流的运输方式、运输成本、运输时间，这样才能保证产品的利润率。在这里我们采用亚马逊的FBA计算器来解决这个问题。下面我们学习到的是亚马逊的计算器使用及FBA物流成本和自发货物流成本的对照演示，主要以亚马逊FBA为主。

输入网址www. amazon. com，打开亚马逊的主页，搜索要卖的商品的名称，假设卖马赛克瓷砖（Mosaic Tile），找到Home Improvement这个类别，如图8－5所示。然后找一个与产品最为相似的商品，点击链接打开这个商品页面，在页面中找到商品的ASIN编码。复制这个ASIN编码，打开FBA计算器（也可以从帮助菜单里找到亚马逊的计算器）：

https：//sallercentral. amazon. com/gp/fba/revenue－calculator/index. html/ref＝xx_ xx_ cont_ xx？ie＝UTF8&lang＝en_ US（亚马逊计算器的网址）

把ASIN编码粘贴到文本框里，点击search按钮。

Product Dimensions：输入11.8×11.8×4 inches（英寸）

Shipping Weight：输入35 pounds（磅）

然后点击右下角的calculate（计算）按钮，就可以查出来：一个运输尺寸30cm×30cm×10cm，运输重量为16.3kg的货物产品，在Amazon的FBA要19.21美元（发货＋仓储费），如图8－6所示。Your fulfillment就是您的物流，采用

图8－5　Mosaic Tile菜单

同样的方法，填写自己的产品相关信息即可做出两者的对比。另外，在我们介绍的紫鸟数据魔方工具里也有物流成本的计算器。

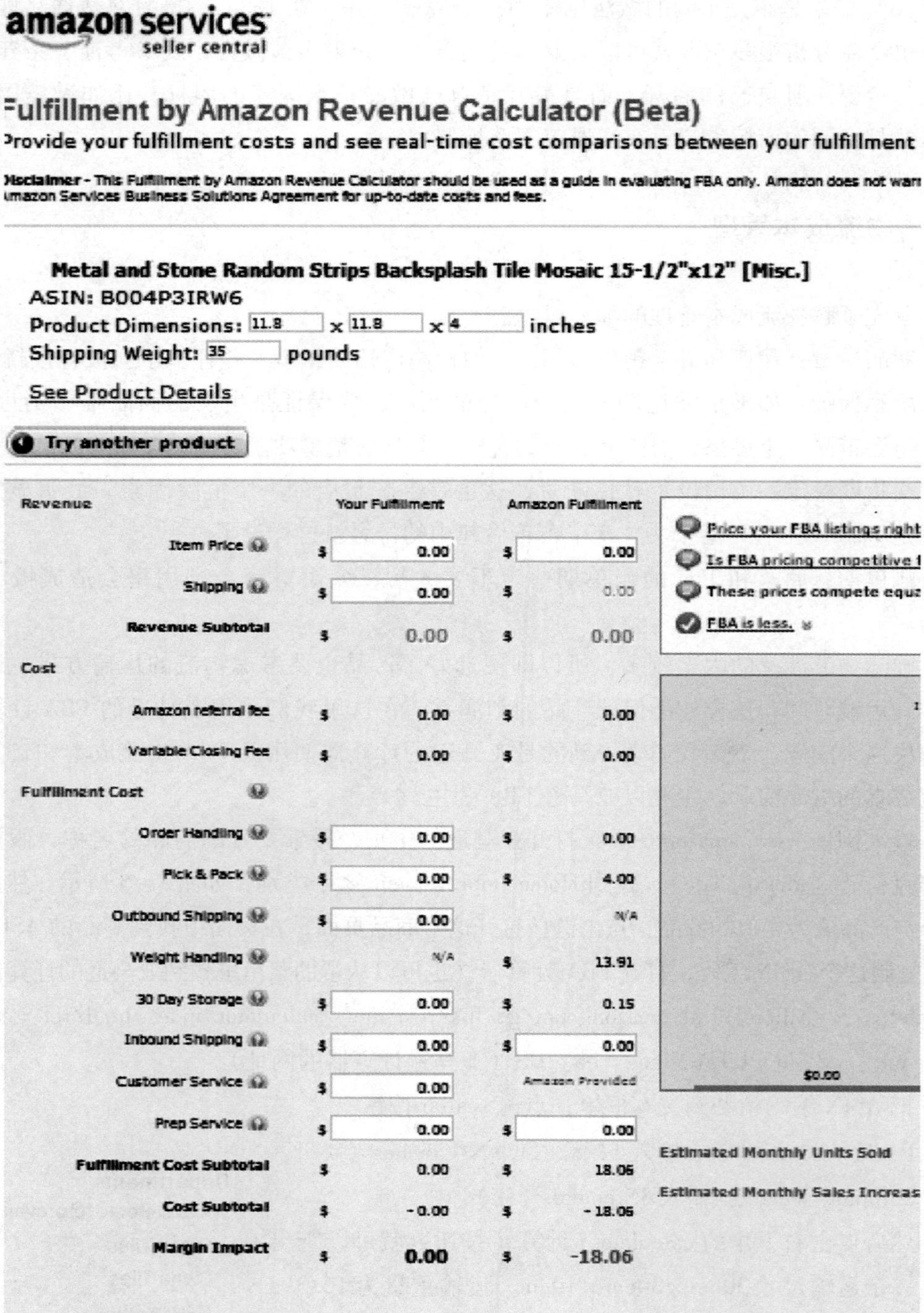


图 8-6　FBA 计算出的费用

# 9　跟卖与防跟卖

## 9.1　跟卖

跟卖是亚马逊为了增加用户体验所特有的一种销售方式，在国内或者其他一些平台，我们搜索一款产品的时候会出现很多卖家都在卖这一款商品，除了价格不同，图片和标题几乎都是相同的，这完全影响了用户体验。所以在亚马逊如果有人正在出售一款商品，此时您也有这款商品，必须是完全一样的，包括赠品。这个时候就可以跟卖他的商品，只需填写库存以及所出售的价格等几项内容，大家共用同一个 Listing 页面。首先了解跟卖的情况，在这里搜索一个关键词 pencil（铅笔），如图 9－1 所示。我们在任意商品中，随意点开一个，就会看到 Used & new（129）from $ 1.35 & FREE shipping.，意味着该商品的旧货和新货共 128 个卖家在跟卖这款商品，最低 1.35 元，运费最低包邮，如图 9－2 所示。

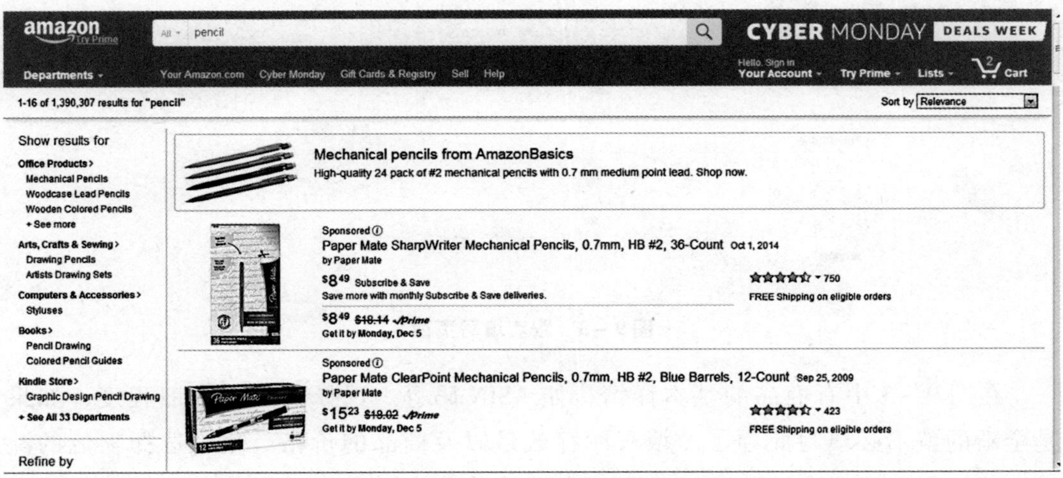


图 9－1　关键词 pencil 搜索后的页面

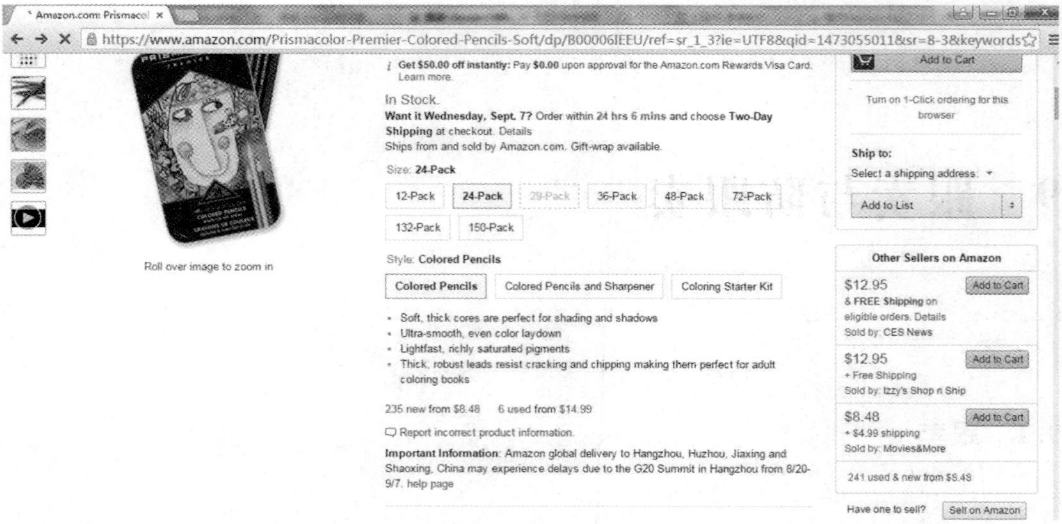

图 9-2　商品信息页面

下面介绍如何跟卖别人的商品。在页面的中部可以看到商品信息。在商品信息页面的右下角找到 Have one to sell? 点击 Sell on Amazon 按钮后，打开如图 9-3 和图 9-4 所示的页面。

图 9-3　跟卖填写页面

在图 9-3 中有商品的基本详情，如 ASIN 码等。选择商品的新旧程度，如果是全新的就不必填写此项了。填写库存数量以及商品的价格。最后选择物流的配送方式，可以选择自己配送，也可以选择亚马逊物流来配送。点击"提交您的商品"按钮即可。

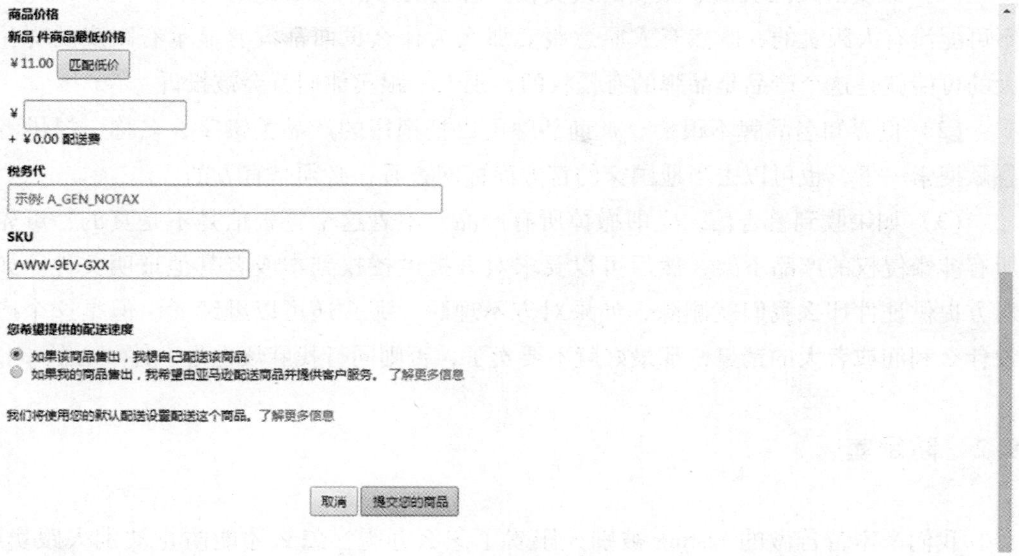


**图 9－4 跟卖填写价格等内容**

直接跟卖别人的商品可以不用做商品的详情页，既方便又省事，尤其是当一个产品有好的排名的时候直接跟卖也不需要什么推广即可有好的销量。前面说过跟卖是多个卖家共用一个 Listing 页面。那么同时 Review 也是共用的。但是新手跟卖的时候需要注意以下几点：

（1）跟卖时要注意适当检索对方商标的有效性（我们一定要去官方网站检索，如美国的 www. uspto. gov）。否则跟卖有商标并且没过期的店铺，别人投诉的话就会给店铺带来麻烦。

（2）跟卖的 Listing 页面每天要浏览检查，不要出现上面提到的产品已经被修改了还不知道，也就是说拥有产品 Listing 编辑权限的卖家修改了 Listing 内容，如增加了赠品，跟卖人没发现，而发货时没有赠品，就会遭遇一堆的差评或者投诉，给店铺带来不好的影响。

（3）跟卖的价格要适时做调整，一般来说要低一点，也要及时检查与价格高的卖家之间的差距，如果彼此价格差太大，应当适当提高价格以保证较高的利润率。

（4）如果跟卖的 Listing 被权利人发 Message（通知）跟卖人的产品需要下架，否则投诉之类。若确实没有得到品牌授权的话，此时建议做出删除处理。其他产品还会有的，但没了账号，一切都将成为空谈。

（5）一个 Listing 被跟卖的人数太多，不去跟卖，虽然没有什么大问题，但都在拼价格，此时跟了也不会有太大的利润。

安全跟卖方法如下：

（1）跟卖的产品页面、跟卖的人员较少甚至没有，不去跟卖。因为一款产品好卖，不可能没有人跟卖的，既然有人愿意跟卖那么为什么页面都没有显示有跟卖的呢？最大的可能就是这个产品是品牌的有授权的，别人一跟卖他们就会被投诉。

（2）世界知名品牌不跟卖。查询品牌可以把销售的产品关键字、名称、提供者用谷歌搜索一下，也可以去当地国家的官方商标网查看，必须是官方的。

（3）如果收到警告信，立即撤掉所有产品。不管这个警告信是不是真的，可先把所有涉嫌侵权的产品下架，然后可以要求对方提供授权副本或者其他证明文件。如果对方提供证件那么我们就删除，如果对方不理睬，那么还可以继续卖。但是这个产品没什么利润或者大的销量，那最好就不要卖了，否则同行找麻烦也是一件烦心的事情。

## 9.2 防跟卖

我们辛辛苦苦做的 Listing 被别人跟卖了怎么办呢？怎么才能防止被别人跟卖呢？下面列出一些方法供卖家参考：

（1）搭配 Listing 赠送一些赠品，这些赠品最好是一般卖家很难找到的商品。

（2）同样商品的 Listing 可以重新设计制作包装。

（3）不定期更换图片、改数量让跟卖的人措手不及。

（4）建立自己的品牌，举报任何未经授权跟卖自己 Listing 的卖家。

（5）在 Listing 描述中增加一些品牌的东西，如 Logo 或者品牌的介绍，这样让一些跟卖的人不会轻易去跟卖有品牌的产品。

提醒卖家，也许有一天发现 Listing 被亚马逊跟卖了，其实不是真的亚马逊跟卖你，事实上是加入了 Amazon Vendor Express 的中国卖家在跟卖。不过这种可能性一般来说还是比较小的，万一发生，这个时候要去做品牌备案，如果是 R 标那就最好了，可以通过 Test Buy（测试购买）来解决跟卖的问题。

# 10 卖家推广促销

店铺有了产品，就需要推广，更好的、有效的宣传方式会促进店铺的商品销售，本章主要讲解推广商品的方法以及所需要的技巧。

## 10.1 亚马逊搜索引擎优化

搜索引擎优化（SEO），可以简单地理解为做排名。

搜索引擎优化是免费的，做了搜索引擎优化会提高产品的排名，有了好的排名就会被买家发现，被买家发现就有被购买的机会。用户的搜索习惯是一直变化的，有两个习惯的变化我们可以有个大概的了解：

1. 长尾搜索习惯

用户搜索的习惯一直在改变，早期人们会在 Google（谷歌）搜索 iPhone cases，后来人们会使用关键词 iPhone cases cheap free shipping，再后来，人们会用 where can I buy cheap iPhone cases，关键词越来越长。用户搜索的习惯已经从过去通过目录寻找目标网站的方式，过渡到使用搜索引擎直接寻找自己要的东西。随着搜索引擎智能的进化，用户搜索已经懂得使用更长的句子作为关键词来搜索要找的东西，并同时过滤掉一些不要的搜索结果。

2. 功能搜索习惯

在 Google 网站中，关键词类型包括信息型和交易型，随着 Amazon 平台的发展壮大，人们已经逐渐地将交易型的搜索从原来的 Google 转移至 Amazon。而在 Amazon 搜索框，一定不会有人去搜索 how to upload a video onto Youtube。因为它的功能已经很明确，就是用于用户去购买某个产品。

总的来说，在美国和部分欧洲市场，Google 是网民信息的入口，虽然也包含了目标为在线购物的搜索用户，但各种数据表明，两者的比例已经发生变化，部分已经转移至 Amazon，而 Amazon 已经很明显地成为在线购物的入口。这个跟国内淘宝网和百度的关系如出一辙。所以，在某种程度上，Amazon 就是一种垂直搜索引擎。

3. Amazon 搜索引擎与 Google 搜索引擎

可能大部分 SEO 操盘手会不自觉地把 Amazon SEO 与常规搜索引擎 SEO 相提并论，

在这里我们将 Amazon 当作一个产品搜索引擎（事实上它就是），然后将 Amazon 与常规的搜索引擎作对比，从算法方面将 Google 和 Amazon 做个简单的对比：

（1） Google

原创内容：纯原创或者伪原创。

外链与社交：外链是指在别的网站导入自己网站的链接。当然谷歌网站注重的是搜索社交而不是一个卖东西的网站。

用户体验：一个好的用户体验可以留住用户从而使用户喜欢在这个搜索引擎上搜索内容。

点击率：内容好才会获得更多的点击，这对 Google 是很重要的。

（2） Amazon

内容不需独特性或原创：本身就是电商网站，发布商品即可，所以不存在原创这个概念。

不靠外链或社交：达到网站判断优质商品的时候网站本身就会帮助你推广，所以不做外链和社交也是一样有效果的。

转化率：光看不买是不好的，好的转化率在亚马逊上是重要的。

一个根本区别，常规搜索引擎以用户体验（User Experience）作为衡量搜索结果质量的指标，Amazon 搜索引擎则以转化 Conversion 作为终极指标，某种程度上，也可以理解为购物体验。可见，Amazon 的搜索排名因素大部分跟传统搜索引擎是不同的。

亚马逊搜索引擎影响排名有四个方面的因素：

（1）销量。不管国内外的电商平台 SEO 销量总是一个排名的重要因素，只是亚马逊的这个因素要大一些。

（2）相关性。从计算科学的层面说，Listing 的相关性是最基本的搜索排名因素。

（3）转化率。转化率在 Amazon 看来是重中之重，在 Amazon A9 算法里，卖家各个影响转化的细节和动作都会作为搜索排名因素而影响排名结果。

（4）账号权重及表现。亚马逊十分重视用户购物体验，作为卖家，我们的每个举动都会被打分，以确保卖家给所有用户提供一个优质良好的购物体验。

下面将以上因素再作深入剖析。

（1）Title（标题）。

标题是最基本也是相对重要的一个排名因素，核心的目标关键词需要包含在标题里面。我们可以看到很多卖家的标题堆砌很多关键词，有目标关键词、长尾关键词，用户看起来十分凌乱，从用户体验角度，对搜索结果的点击率会有影响，对转化率或多或少也会有一定的影响。个人认为，有些次要的关键词放在下方其他位置即可，不必全部放在标题。所以，需要在用户转化和排名因素两者之间做些平衡。

另外需留意的是，如有品牌名称，须放在第一位，如有品牌型号或系列名称，则放在第二个位置。有些产品，用户会使用品牌词或型号系列的关键词来搜索产品。

标题可包含以下几个要素：

①品牌名称。

②品牌的型号或系列名称。

③产品名称（核心关键词）。

④重要特征或亮点。

⑤材料。

⑥颜色。

⑦尺寸。

⑧数量。比如 Pack（如果有的话）。

每个公司可能会有自己的标题公式，尤其品牌方面的卖家，及早制定适合自己的标题公式十分必要。

（2）Bullet Points（卖点）。

这个位置是摆放产品最重要的几个亮点，在语句通顺的前提下，尽量将各个重要关键词糅合在这里面重要的一定写前面。

以下 Jackery 将 Title 和 Bullet Points 的细节做到了极致。Bullet Points 包含了各个重要的关键词，如图 10－1 所示。

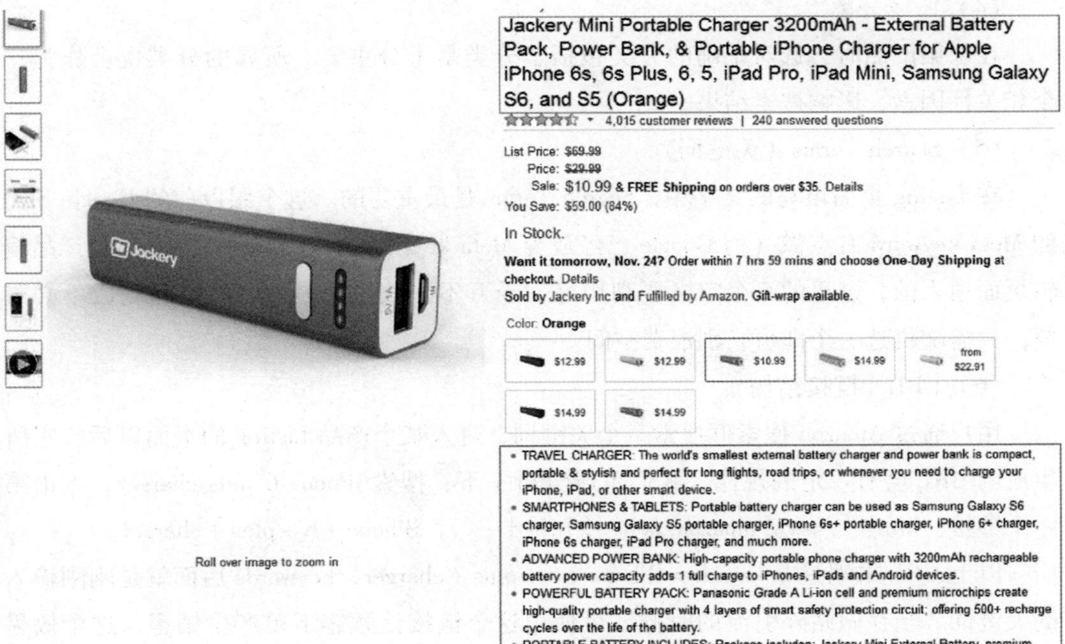


图 10－1　卖点 Bullet Points

（3）Product Description（长描述）。

长描述作为短描述的延伸或补充，有更大的灵活性和自由度去撰写包括关键词的空间，没必要堆砌，也不必与上面两个位置的关键词重复。长描述的长度并非越长越好，与产品类型有关系，功能性越强或复杂的产品，更需要在长描述板块做足功夫，这是一个可灵活摆放长尾词的地方，以下这个案例将长描述位置利用得十分完美，如图 10－2 所示。

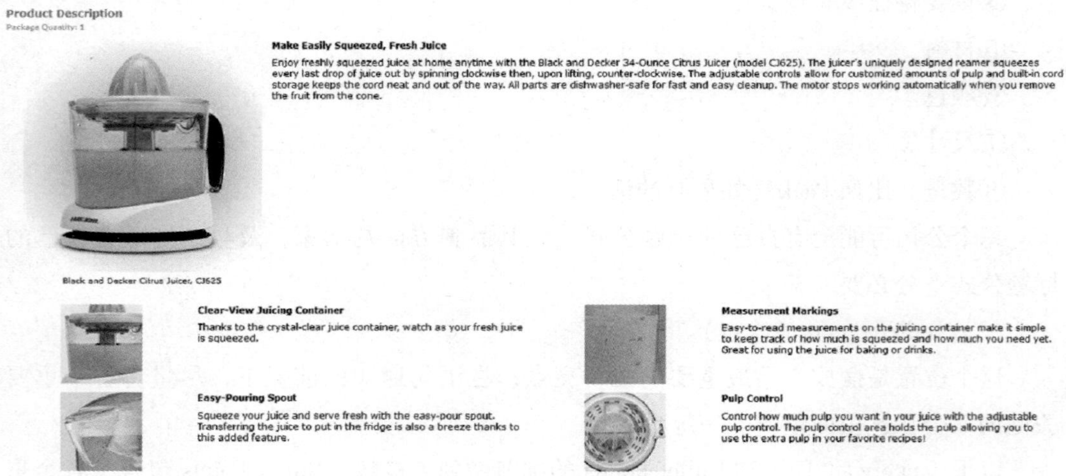


**图 10－2　产品的长描述**

（4）所属分类。

在上架产品时，选对正确的分类包括子分类是十分重要。所属的分类也会作为一个相关性因素，影响搜索结果。

（5）Search Terms（关键词）。

在 Listing 页面填写的文字中，Search Terms 是最重要的。这个跟以前的 Google SEO 的 Meta keyword 有点像（但 Google 已经放弃 Meta keyword 了），关键词是在后台产品编辑页面填入的，这里的 5 个空格要利用好，千万不要放过。另外，单数和复数不必重复，只需随机选一个即可，别浪费空间。

（6）URL（链接结构）。

用户通过 Amazon 搜索框搜索某个关键词，进入某个产品 Listing 的页面以后，它所生成的 URL 会有一定的规律，我们可以分析一下，搜索 iPhone 6 plus charger，点击第一个链接：http：//www. amazon. com/Certified－ ... iPhone＋6＋plus＋charger。

以上 URL 末端是 keywords＝iPhone＋6＋plus＋charger，keywords 后面就是刚刚输入的关键词。当在做站外引流的时候，可使用这个链接让顾客下单产生销售，这个效果相当于请这些顾客在 Amazon 执行了一次搜索（搜索 iPhone 6 plus charger）找到卖家的产品并实现转化。这也相当于告诉 Amazon，这个 Listing 和 iPhone 6 plus charger 是相关的，有利于 Listing 对应此关键词的排名。

在这里介绍一款小工具“关键词 URL 生成器”，浏览 fanzle. com. 可用于批量生成包含关键词的 Listing URL，步骤如下：

①打开网址点击 URL GENERATOR 标签，在打开的页面中再选择 bulk（批量的意思）选项。

②选择 Amazon 站点，默认是 Amazon. com（目前除了日本和中国的站点不支持，其他国家都支持）。

③输入 ASIN 码和对应要优化的关键词，中间用逗号隔开，每一对都需要换行。

④点击 GENERATE 按钮，直接显示结果，如图 10－3 所示。也可以下载 Excel 表格，点击 Download CSV 按钮即可。

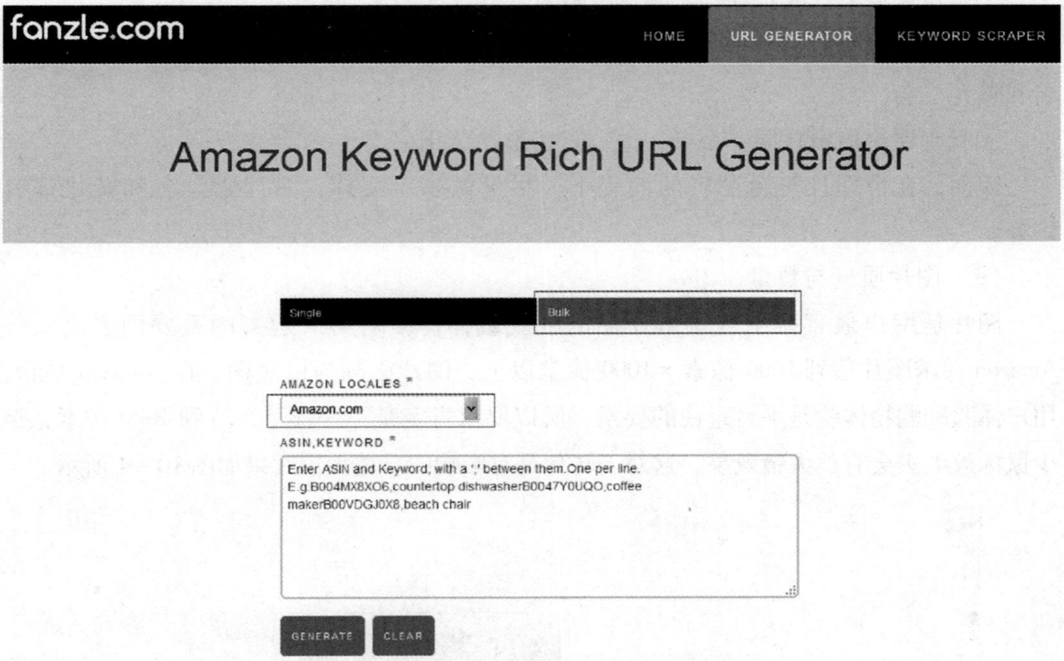


**图 10－3　fanzle. com 页面**

（7）定价。

定价在商业活动中是一门永恒的学问，顾客购物时对价格是比较敏感的，它很大程度上影响了转化率，也会影响搜索排名。如果定价高于平均水平，Amazon 算法会预先假设你的转化率相对较低，从而在价格这一项的因素降低排名，直到证明它是错的，也就是转化率很好了，才会有更好的排名。所以，这就是定价直接影响搜索排名的原因。

对于中国大部分卖家，中低端的定价比较合理，销售对象是美国的中产阶层。如果要定高端，难度很明显，美国人如果要买相对高档一点或高价的产品，就搜索知名品牌（知名品牌不代表上流社会才能享受的奢侈品牌，美国当地存在很多知名或流行但还未知名到国际上的垂直小品牌，那些品牌识别已经深入人心了），所以对于陌生牌子而又高价的产品，美国人是不会轻易信任。

（8）多属性变体。

对于同一个产品在某个属性有多种选择的，尽量使用多变体的方式建立 Listing，比如同一条数据线，有 1 米的、3 米的、5 米的；同一个款式的手机壳，有多个颜色的。虽然用户只选择某一个，而且也只有某一个选项是最多人购买，但这提高了用户的转化率，这个也是搜索排名因素之一。

做多变体的原因如下：

①Amazon 在其他因素同等情况下，赋予了有多变体 Listing 更高的权重。

②用户有更丰富的选择性和体验，有利于转化。

③多变体产生的多个子 ASIN 码，相当于多个独立的 Listing，有利于获得更多的排名和曝光机会。

④所有评论集中在同一个 Listing，直接影响转化率。

因而，在合理且符合逻辑的前提下，尽量做多个变体，对搜索排名和转化都有好处。

（9）图片质量与数量。

图片是用户最直截了当了解产品的视觉载体，影响用户购买的重要因素之一，Amazon 要求图片达到 1000 像素 ×1000 像素以上，图片必须为白底图。在 Amazon 平台，用户体验和购物体验是平台重视的要素，所以要求肯定是不一样了，达到 1000 像素，至少鼠标放上去会有放大镜效果，这对于转化是有影响的。放大镜效果如图 10 – 4 所示。

**图 10 – 4　图片放大镜效果**

至于图片数量，未必越多越好，只要能把产品的各个角度、功能及亮点呈现出来，就足够了，而那些角度接近或重复的图片，就没必要上传了，毕竟不是国内平台。欧美人的思维：用最简洁的语言表达最多的东西。一般来讲，至少有两张图片或以上比较合理。有些 Listing 可能只有一张图片，但照样卖得好，也许它的其他排名因素的分数加强了。排名因素和转化因素是多方面的，能做到的细节为何不去做呢？

（10）Answered Questions（问题回答板块）。

问题回答板块，对于功能性较强或复杂的产品，这块数据很重要，亚马逊会读取到这个数据，从而将其计算到搜索引擎算法里面。另外一个角度，它是影响转化率的一个要素，从图 10－5 中可知这个数据直接放在评论的同一行。所以做好 Answered Questions 的板块，会影响搜索排名。

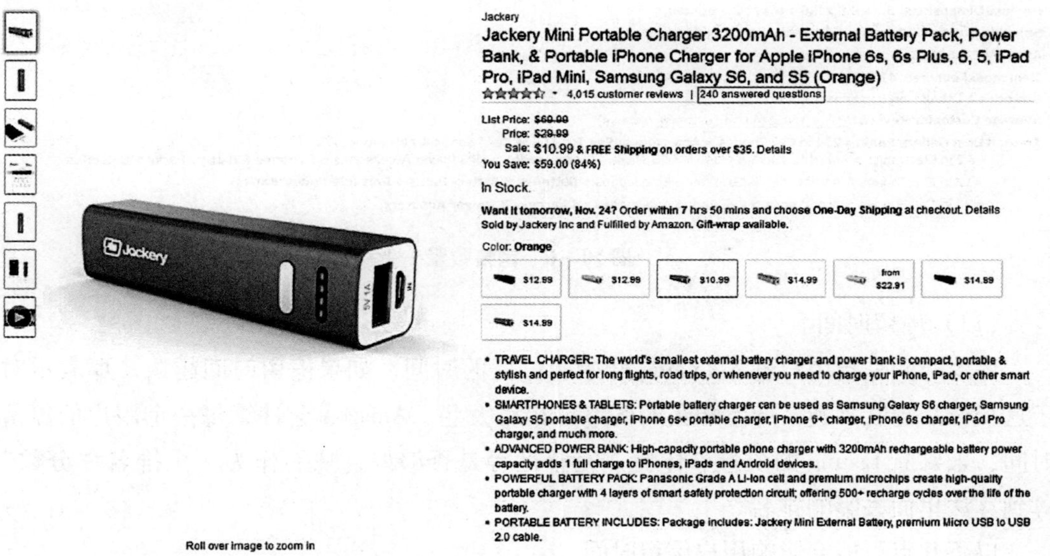


**图 10－5　Answered Questions**

（11）Review（评论）。

Review 数量与质量的问题。数量多固然重要，在亚马逊平台，更重要的是 Review 的质量。所以，如果 Review 数量既多且质量高，那就是最完美的。有些卖家会认为 Review 并不影响排名，从技术层面上可能是对的，但是，其他因素都合格的一个 Listing，好的 Review 表现有利于提高转化率，好的转化率影响搜索排名。所以这是 Review 会影响搜索排名的原因。

可能有些卖家会人为地去追求 Review 数量，更直观地讲，就是通常说的做 Review 现象，假设增加 Review 数量的过程很幸运地没被 Amazon 检测到，但如果产品本身不好，或其他细节做不到位，那再多的 Review 照样不会对转化产生多大的帮助，对搜索排名也没意义。

所以，同一个产品，其他因素到位的情况下，好的 Review 表现，会对排名有积极作用的。前一段时间美国站严查 Review 数量和质量，删除了很多无效的 Review。

（12）销售排名。

销售排名，即是 Best Sales Rank，这个数字可以用于比较某个同类目下面产品的销量，数字越小，表明销售量越多，亚马逊会将这个数值作为搜索算法里面的一个因素。因为亚马逊相信，卖得越多，说明产品是受欢迎和被接受的，所以亚马逊在计算分析的时候，会结合这个数字来影响你的搜索排名。如图 10－6 所示。

**Product Details**

Color: Orange

**Product Dimensions:** 3.7 x 0.9 x 0.8 inches ; 2.7 ounces
**Shipping Weight:** 8.3 ounces (View shipping rates and policies)
**ASIN:** B00AA6CS86
**Item model number:** 4122600A
**Batteries** 1 Lithium ion batteries required.
**Average Customer Review:** ☆☆☆☆☆ (4,014 customer reviews)
**Amazon Best Sellers Rank:** #254 in Cell Phones & Accessories (See Top 100 in Cell Phones & Accessories)
#2 in Electronics > Portable Audio & Video > MP3 Players & Accessories > MP3 Player Accessories > Batteries & Battery Packs > **Batteries**
#12 in Cell Phones & Accessories > Cell Phone Accessories > Batteries & Battery Packs > **Portable Power Banks**
#35 in Cell Phones & Accessories > Cell Phone Accessories > **Chargers & Power Adapters**

**图 10－6 销售数量**

（13）停留时间。

停留时间是指用户进入 Listing 开始所停留的时间，如果停留时间越久，那表示对于这个产品越有兴趣，产生购买的概率也相对大些。Amazon 会计算每一个用户的停留时间，来判断 Listing 的质量、体验、完整性等是否够好，从而作为一个排名“分数”算到算法里面去影响排名。

以下几点可能会影响用户停留时间：

①图片的丰富程度。

②短描述和长描述的丰富程度。

③Answered Questions 板块问题的广泛性以及相应的答案。

④Review 板块的分数、一二星的 Review，以及其他用户上传图片或视频。

需要注意：丰富不代表多，而是全面而简约。

（14）跳出率。

跳出率是指当用户点击某个亚马逊搜索结果的 Listing，进到页面后马上点击返回搜索列表页面的行为。Amazon 跳出率与 Google 跳出率的概念是一样的，都是作为重要的算法之一，来判断搜索结果是否是用户所需要的。

举个反面例子，我们假设通过“黑帽”手法，把某个 Listing 排到某个毫无关系的关键词的搜索结果列表第一页，然后其他因素和动作完全不动，这个排名越来越靠后，最后消失在这个关键词的搜索结果，因为用户发现这个 Listing 并非他们想要的产品，马上返回，久而久之，Amazon 会计算到这个跳出率，从而判断这是错误的排名结果。

在 Google 中，大部分电商跳出率能控制在 20% ~30%，这是比较健康的，但 Amazon 由于不公开这个数据也不支持任何第三方数据工具，我们也只能靠感觉尽量去降低跳出率，以下几方面是我们能控制的范围：

①产品图片和标题本身的关键词必须是一致的。

②价格正常水平，不能太过高于市场水平或与用户心理预期相差太远。

③Review 总分不能太低。

（15）库存状态。

有些卖家可能运营比较粗糙，对于库存没有系统地去做监测工作，导致出现库存断货问题，是给用户产生了不好的购物体验。库存状态有两种情况：

①本来有良好搜索排名的产品 Listing，会因产品卖光库存数为 0 而消失在排名结果中，当 FBA 补货的几天之后，你会发现排名已经产生变化，需要一段时间之后才可能恢复正常。

②库存数量很低，因为复杂的 Reserved 过程，导致顾客加入购物车以后发现无法购买。

所以库存数量的最新情况，需要系统化追踪和监测，以免产生不良购物体验而影响搜索排名。

（16）Order Defect Rate（订单缺陷率）。

亚马逊是出了名的具备判断用户购物体验的能力（比起 Google，它在某些细节和技术方面也许更智能），所以用户购物体验是我们在运营过程中始终需要注意的一个要素。而订单缺陷率这个数值，恰恰是亚马逊合理、科学地来数据化卖家的表现，也是一个会被计算到亚马逊搜索排名算法里面去的一个因素。订单缺陷率主要包含以下三个方面：

Feedback 差评率（Negative Feedback Rate）。对于只做国内发货且使用低价物流渠道的中国卖家，这个 Feedback 的差评是很常见的事情，当然还有其他原因。从搜索排名方面来讲，这个差评是直接拉低“分数”的原因之一，所以很有必要重视这个 Feedback。当然，如果顾客最后愿意删除差评，则差评率分数会在 48 小时内恢复正常。

A - to - Z 投诉率（Filed A - to - Z Claim Rate）。A - to - Z 是跟产品本身相关的投诉，这个数据也是要引起重视的，一拉低又会间接地影响搜索结果排名。所以，要认真对待产品质量。

信用卡拒付率（Service Chargeback Rate）。信用卡拒付的现象，相信大部分运营独立站的都会碰到。亚马逊顾客的信用卡拒付现象相对比较少，但也是订单缺陷率的三个维度表现之一。

信用卡拒付一般而言其分为两种情况。第一，顾客的信用卡被盗，向银行提出拒付要求。第二，顾客没收到货或者产品有一质量问题等原因，向银行提出拒付。关于产品质量的原因，与 A - to - Z 投诉不一样的地方是，A - to - Z 是顾客向 Amazon 投诉，而这个信用卡拒付是信用卡持卡人向银行提出拒付要求。但是这种信用卡拒付你不用担心，出现的概率非常小。

Feedback 和 A - to - Z 的问题只要做好了，账号有良好的表现，这个订单缺陷率的搜索排名因素也就自然做到位了。

## 10.2 PPC 广告（点击付费广告）

PPC 广告就是根据点击扣费的一种付费广告。如果希望排名升得快一点可以用这个 PPC 广告，先来看看 PPC 广告展现的位置。

有 Sponsored（赞助）标志的商品的就是我们要做的 PPC 广告。

PPC 广告会分布在页面的顶部、中间、底部、页面右侧和详情底部。如图 10 - 7 至图 10 - 11 所示。

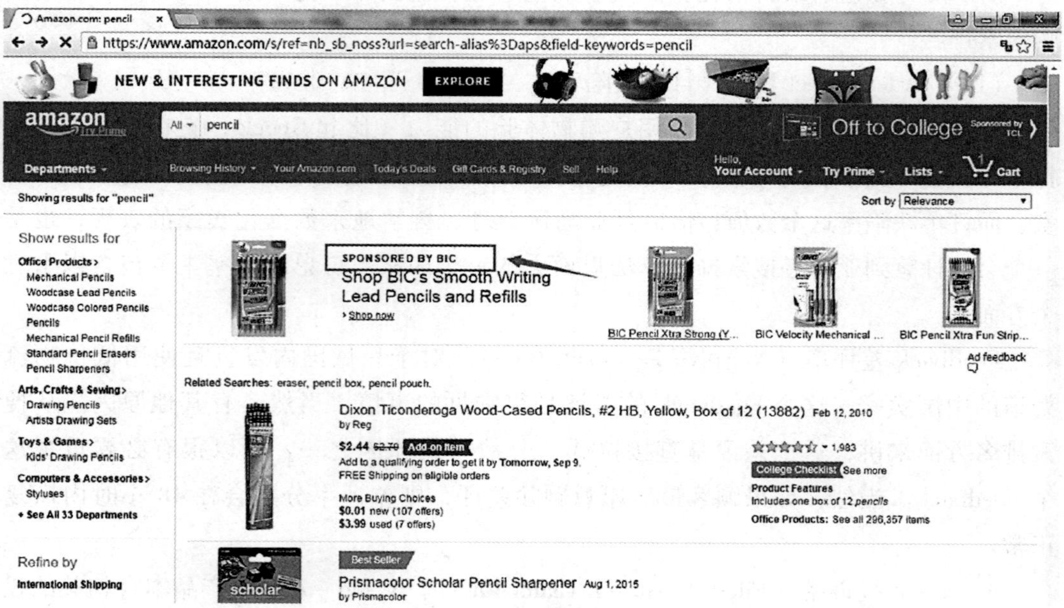


**图 10 - 7　PPC 广告在页面顶部**

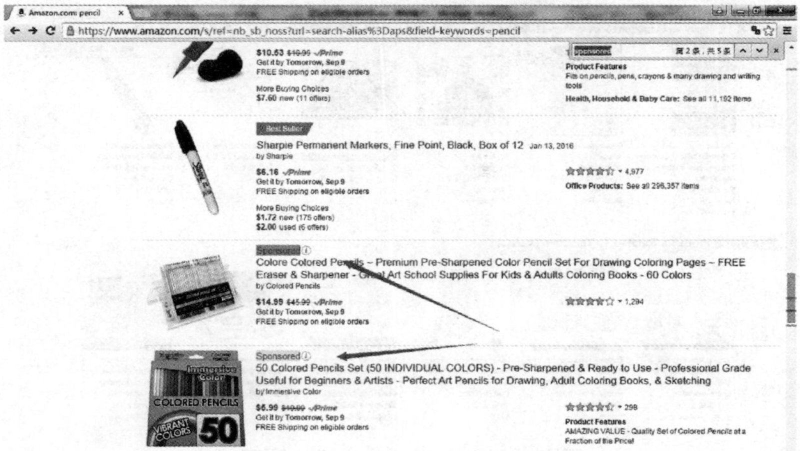


图 10 -8 PPC 广告在页面中间

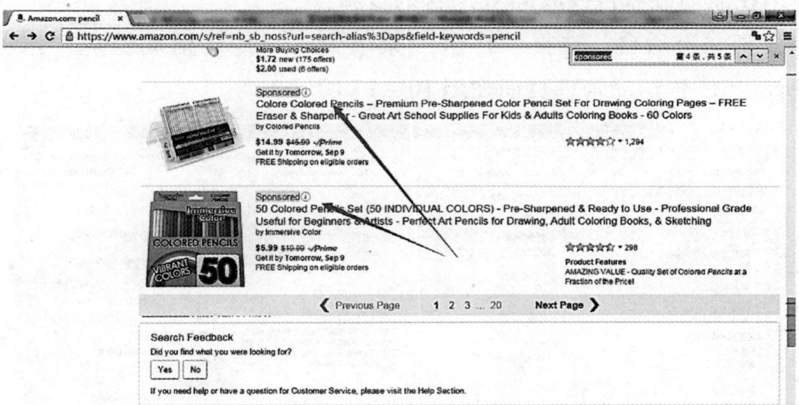


图 10 -9 PPC 广告在页面底部

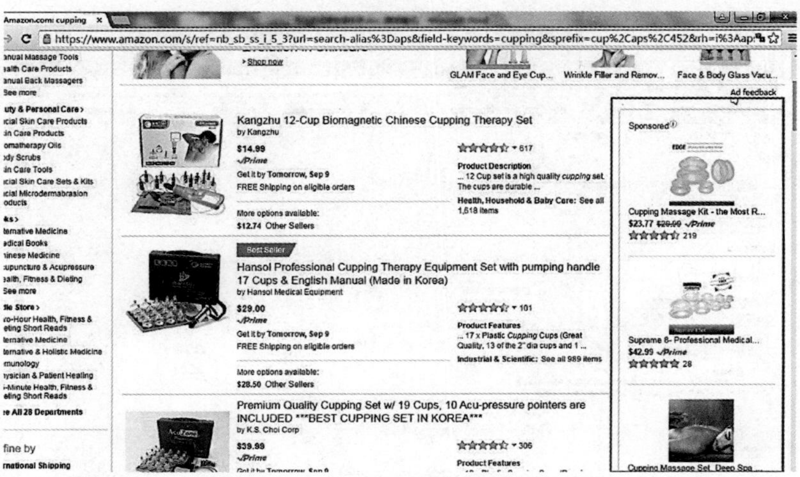


图 10 -10 PPC 广告在页面右侧

图 10－11　PPC 广告在详情页底部

下面介绍在亚马逊后台投放 PPC 广告的步骤：

（1）进入亚马逊后台，选择“广告”菜单中的“广告活动管理”选项，菜单如图 10－12 所示，广告活动管理页面如图 10－13 所示。

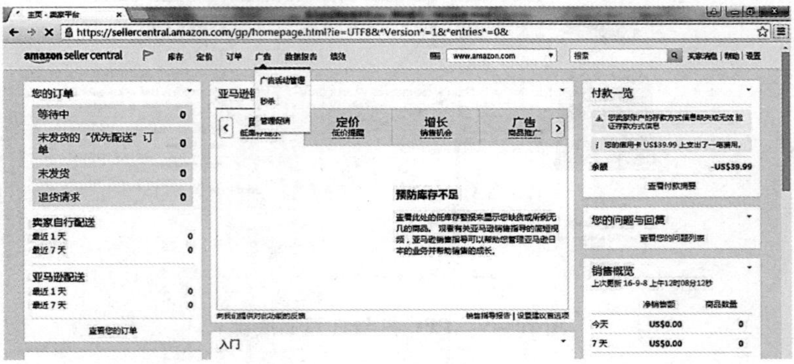


图 10－12　“广告”菜单

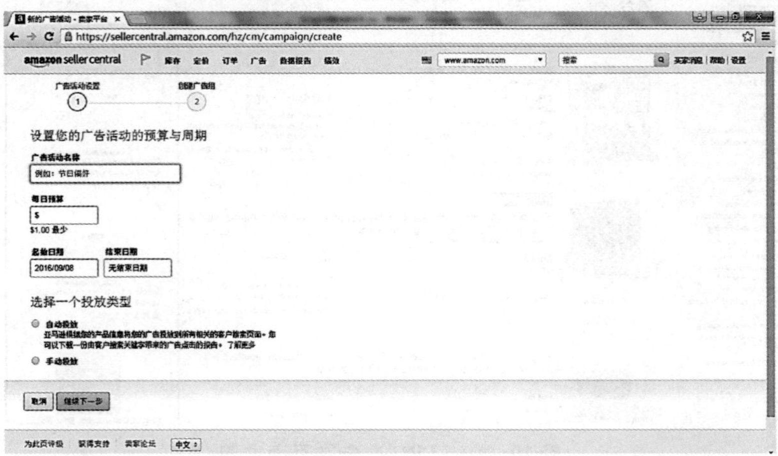


图 10－13　广告活动管理页面

（2）在图 10－13 中填写“广告活动名称”，每日预算，最少 1 美元，这是亚马逊的规定。可以选择一个投放期限，如果无结束日期钱花完了就会停止。选择投放类型分两种，如果完全不懂首次接触付费点击广告，那么只能选择自动投放，这样将由亚马逊来判断怎么投放，投放什么关键词。还有一种为“手动投放”，重点讲解手动投放。

（3）点击“继续下一步”按钮，跳转到新的页面，如图 10－14 所示。

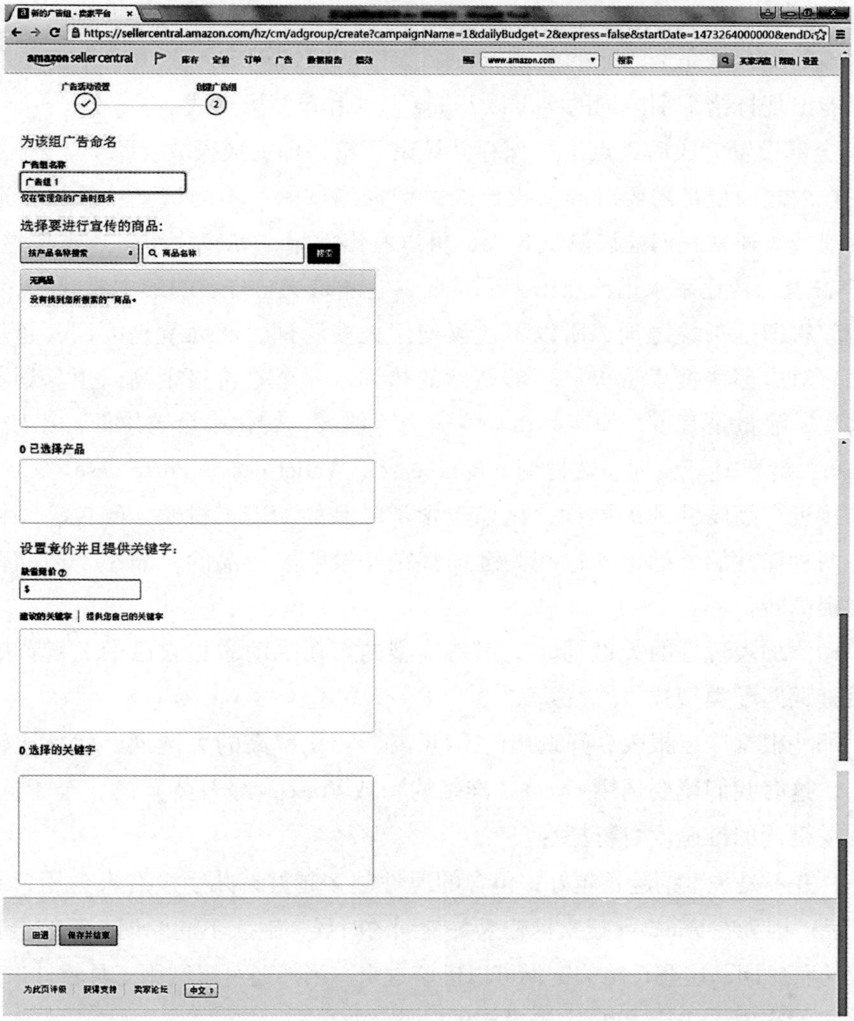


**图 10－14　手动投放产品**

在图中要设置一个广告组的名字。选择推广的商品，可以按不同的方式找到商品，如商品名称、ASIN 码等。设置单次点击的价格，默认价格最低是 0.02 美元，设置完关键词以后，每个关键词后面都会有一个关键词竞价，在关键词竞价文本框中就可以修改价格了，这里有三种匹配模式，即广泛匹配、词组匹配、精确匹配。

● 广泛匹配：只要包含了关键词，不考虑顺序前后，以及由两个单词以上组成的词组，不管在两个单词前面、后面，还是中间加单词，再或者单词的 ing 形式和单复数，全部都展现出来。写和不写是一样的，该关键词都可以被展现出来，即便打错了一个单词也会展现，比如把 pig 打成了 piig。

• 词组匹配：如果是两个单词及以上组成的关键词，那么只能在前后加单词，不能加在中间，关键词顺序不能被改变，当然也包含打错个别单词的字母以及 ing 和单复数形式。

• 精确匹配：是完全匹配的关键词，卖家搜的关键词多一个少一个都不会被展现出来，只能出现打错个别单词的字母以及 ing 形式和单复数形式。

（4）全部设置完成后，点击“保存并结束”按钮即完成投放。

当然投放之前也是需要对准备投放的关键词测试的，不测试直接投放会造成不必要的资金浪费，通常我们建议测试 3 天，可以看出效果，如转化率，点击率这些数据。在 PPC 广告里，转化率永远比点击率更重要，它才是决定排名的最主要因素。

付费广告即是买关键词，所以不建议使用太多泛词。泛词就是大词、超热词，不是精准词。对应那些搜索量大、不够精确的热词，一个是价格很高，预算划不来；二是竞争太大，流量是有了，但产品市场竞争力不够大，转化率会被拉低，比如 iPhone 6 Wallet Case，就要避开大词、热搜词 iPhone case，Wallet case，Purse case。

①选接近产品属性的关键词，比如包含了产品的功能、材质、颜色、风格、使用场所等一两种属性的关键词。这些关键词都是比较匹配产品的，缩小了产品范围，能够大幅度提高转化率。

②手动添加表现好的关键词时选用精确型的。在手动添加自己的关键词时，右边有一个关键词匹配类型选项。

对于那些根据广告报表，筛选出的 CTR 高、转化率高的关键词，就是比较准确的关键词了，这时我们就要选用 Exact（准确的）或 Prase（绿石英）的，至于选哪一种，就要根据关键词的准确度自行把握。

但是，并不是关键词越长越好，包含的属性越多越好，几乎没有人会用一句话去搜索这个产品。因为在 Amazon 搜索框输入关键词的时候，输入不同的词，系统会自动下拉输出相应的联想词，这些长尾关键词可以借鉴过来，当然还可以利用工具软件来选词。

现在我们来看看关于 PPC 广告投放的一些误区：

误区一：

觉得出价越高，展示就越靠前，而忽视了表现。其实广告展位和搜索展位类似，都有自己的排名体系，搜索位的排名是由销量、转化率等因素决定的；PPC 广告位的排名规则，是由表现以及出价决定的。但是，表现的权重往往要大于出价，亚马逊的所做所为都是为了给平台带来更多的转化，更多的销售额。亚马逊绝不会不顾产品的质量与否就把您的产品排在首页，谁的转化率高，谁能带来更多的销售，谁就有优先权。

误区二：

认为做了 PPC 广告就能提高转化率，大量出单。PPC 广告仅是一种辅助功能，它只是增加产品的曝光量，引进流量，并不能改变产品本身的竞争力，也就是转化率。销量的主要决定因素为产品、转换率和流量。流量有了，关键看产品的转化率。一切的提升取决于产品本身的竞争力。

误区三：

认为做 PPC 广告，设置一个自动付费，点击 Automatic 就可以了，后面也基本不看报表，放任自流；偶尔看看数据，也不关注销量，这是一种不负责任的行为。付费报告也是需要下载付费广告报表、分析数据，不断调整、优化关键词，优化产品的。

影响亚马逊 PPC 站内广告的排名因素主要有以下几方面：

（1）在一定范围内，出价越高，排在前面的可能性会越大，但是是有一个限度的。出价竞价只是次要因素，永远不会是主流。任何搜索引擎与平台，它只会将对消费者最有利的产品首先展示出来。所谓花钱购买的流量，永远排在次位。从后台广告促销管理中可以查看到每个关键词的预测竞价与每次点击费用，出价比每次点击费用高 0.2 ~0.5 美元，就已经有优势了，但你高出 1 美元以上就没什么意义了。

（2）看转化率和销量，它的权重是远远重于竞价的。转化率可以从两个方面看，一个是 CTR 点击转化率（点击量除以展示量），另一个是 ACOS 广告销售转化率，这个是最重要的，这些指标都可以在广告报表里看到，也可以在后台看到。这两个指标表现的越好，产品的竞争力也就越强，对买家越有吸引力。转化率永远是自然搜索排名与广告搜索排名的第一决定因素。如果转化率不高，那么自然排名或广告排名一定也是不行的。任何电商都一样，转化永远是第一位。一切都是为了给平台带来更多的效益，不断的删选表现好的关键词，不断的优化 Listing，就能不断地提升转化率，广告的表现也就越来越好了。只有好的表现才会随着时间不断地积累权重。

下面介绍分析广告报表：

（1）CTR：这是一个比较重要的概念。有多少的展示量，有多少人点击，CTR 是一个很好的反映指标。查看报表，如果 CTR 过低，对于广告展位竞争力来说，是一个非常不好的现象，相应广告的效果和展位又会大打折扣。如 Amazon 觉得给予了卖家机会，若没有好好把握，平台将不会给予第二次机会。CTR 过低解决的方案是修改或更换 Listing 图片或者 Listing 的标题。

（2）订单转化率：转化率永远是自然搜索排名与广告搜索排名的核心因素。在产生了点击之后，会有多少人购买产品，其决定因素就是产品的详情页面。需要检查两个基本要素：第一，Listing 优化，如果没有几张图片或者视频，评论不到十条，总体四星以下，用户体验可能较差，这时要么立刻改进，要么不要轻易做广告。第二，浏览业务报告查看自身的转化率情况，如果转化率偏低，则需要优化。优化 Listing，从图片、标题、卖点、评论自身等方面，全面优化 Listing 页面的信息。

## 10.3 Promotion（促销）

Promotion 在这里指的是亚马逊的促销，点击“广告”菜单中的“管理促销”选项，打开如图 10－15 所示的页面。

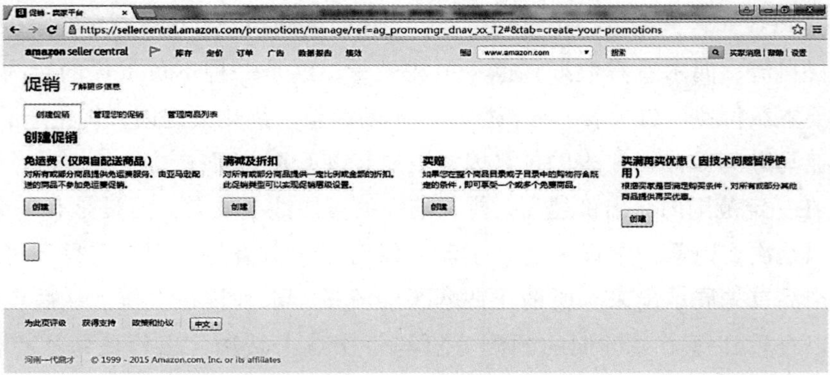


图 10－15 “促销”页面

我们通常使用的是包邮和满减，在图中“免运费”功能区点击“创建”按钮来创建一个包邮的促销，页面如图 10－16 所示。

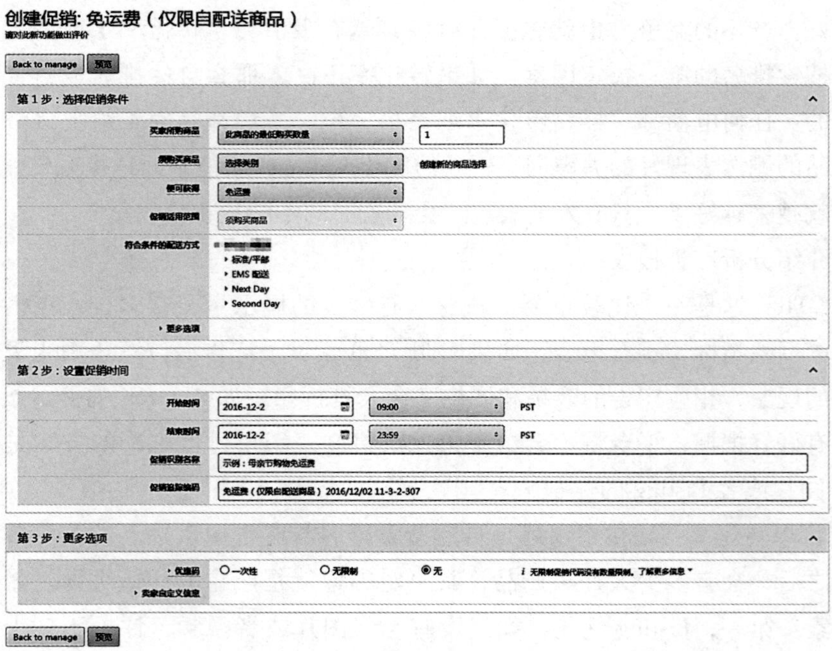


图 10－16 免运费商品信息的填写

买家所购买的商品，这里可以选择最低购买多少钱就可以包邮，或者最低购买这个商品的数量。在这里选择默认选项。接下来就要选一个、多个或全部商品是否参加包邮了。通过点击“创建新的商品选择”选择要参加包邮的商品即可。“便可获得”选项默认就是包邮，也没有其他选项。另外，我们还可以设置配送的物流方式，选择设置的物流配送方式才会包邮，再设置促销的起止时间及名称。

在“第3步：更多选择”区域，可以选择优惠码属性，比如“一次性”“无限制”“无”。另外，我们可以附上有关促销的说明信息，在条款和条件里说明详细即可。这里有一点是不得不注意的，如果是为了做测评，一定不要选择“把商品详情页面显示文本”选项，不然所有的买家都能看见会来使用。

点击“预览”按钮，注意这里没有提交按钮，预览后的界面如图10－17所示。如果确定无误点击“提交”按钮，几个小时后即可设置成功。

下面介绍满减促销的操作，点击“满减及折扣”功能区“创建”按钮，如图10－18所示。

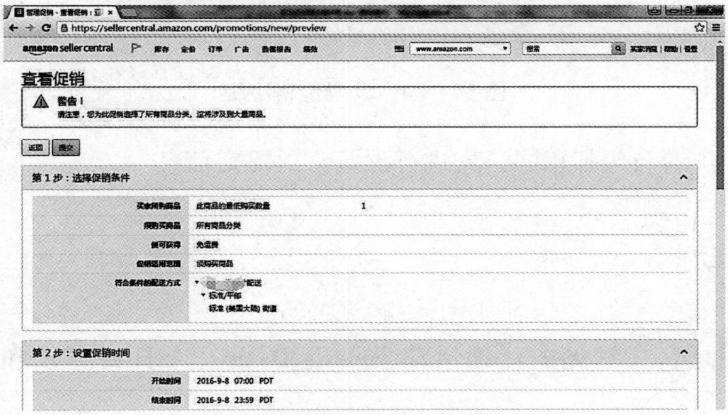


图10－17　预览效果图

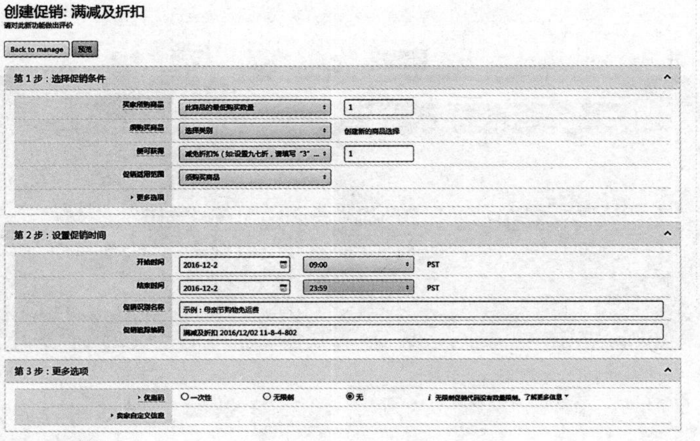


图10－18　“满减及折扣”页面

在图中我们可以看到，除了促销的方式和包邮促销不同以外，其他都基本相同。这里要说明的是，填写折扣的时候一定要填写减去的折扣，如卖家想打 8 折，千万不要填 80，而应该填写 20。

在“第 1 步：选择促销条件”区域，点击“更多选项”按钮，会弹出更多的设置内容，如图 10－19 所示。

图 10－19　“更多选项”设置内容

在这一步设置的是层级，也就是买一个商品打 9 折，2 个打 85 折，3 个打 75 折，填写好后，如图 10－20 所示。

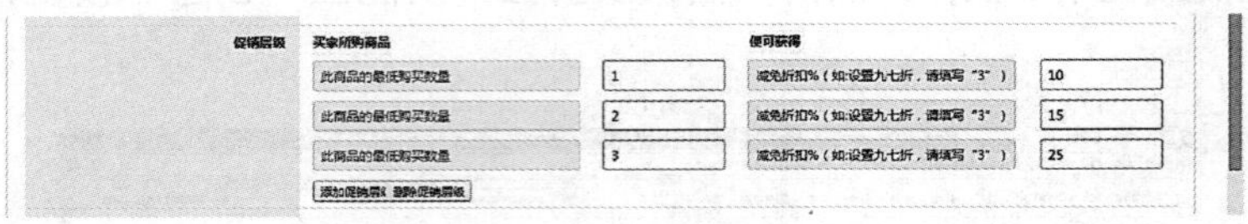


图 10－20　设置价格层级

后面的操作步骤与包邮相同，先进行预览，再提交信息。

## 10.4　促销活动

本小节讲的是官方常见的促销活动 Today's Deals（今日特惠）和 Lightning Deals（秒杀）。

登录亚马逊美国站网页，导航栏中有 Today's Deals，如图 10－21 所示。

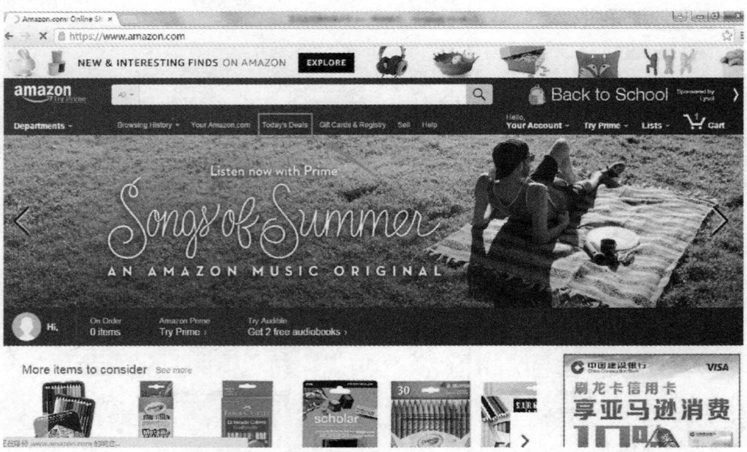


图 10－21　导航栏中的 Today's Deals

点击 Today's Deals 链接，打开如图 10－22 所示的页面。

图 10－22　Today's Deals 页面

图中包含了很多卖家的商品，那么是不是我们只要报名就能参加？答案是否定的，我们达到一定的要求才能参加此活动，具体要求如下：

（1）商品必须是全新品。

（2）商品的评价不低于 4 星，有 5 个以上 Reviews。

（3）主图要纯白底。

（4）秒杀价格不高于 28 天内均价的 80%。

（5）FBA 仓库，库存 50 以上。

（6）秒杀单价不低于 10 美元。

（7）Jewelry 目前不能参加秒杀，不推荐 Apparel，Shoes 申请秒杀。

（8）店内尽量没有跟卖产品。

卖家可以通过商务经理申请秒杀的促销活动，近期关闭了后台申请，但是我们可以通过后台界面中“广告”菜单中的“秒杀功能”选项，也可申请 Today's Deals 和 Lightning Deals，“秒杀控制面板”页面如图 10－23 所示。

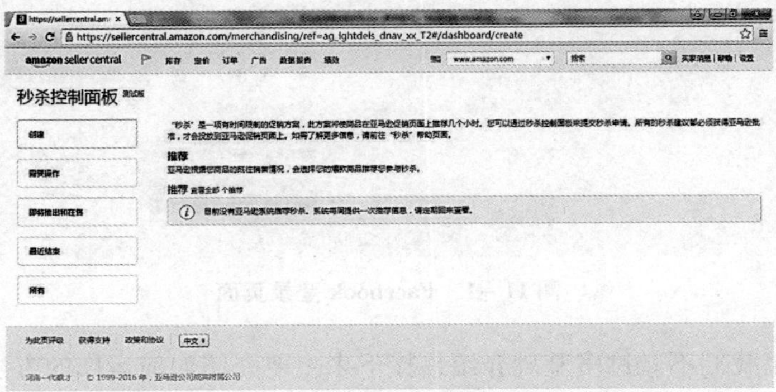

图 10－23　“秒杀控制面板”页面

# 11 海外图文社交网站推广

在本章将不会完全以亚马逊为中心讲解，而是以海外 SNS（社交网络服务）平台为中心进行讲解，笔者提供了更通用、更能发挥想象力的方法和思路来研究产品适合的方法。如果十分热衷于 SNS，即便没有任何电商平台的卖家账号也可以在海外的 SNS 平台上进行销售。

本章相对来说更适合喜欢 SNS 营销的卖家们学习，如果对这种社交网站并没有多大兴趣，并且对亚马逊完全是零基础，对亚马逊平台各功能、操作不熟练，那么笔者建议完全掌握亚马逊后学习这一章节效果更好。

本章将讲解 Facebook（脸书）、Instagram（照片墙）、Pinterest（拼趣）和 YouTube 的营销方法。

1. Facebook：www. facebook. com（见图 11－1）

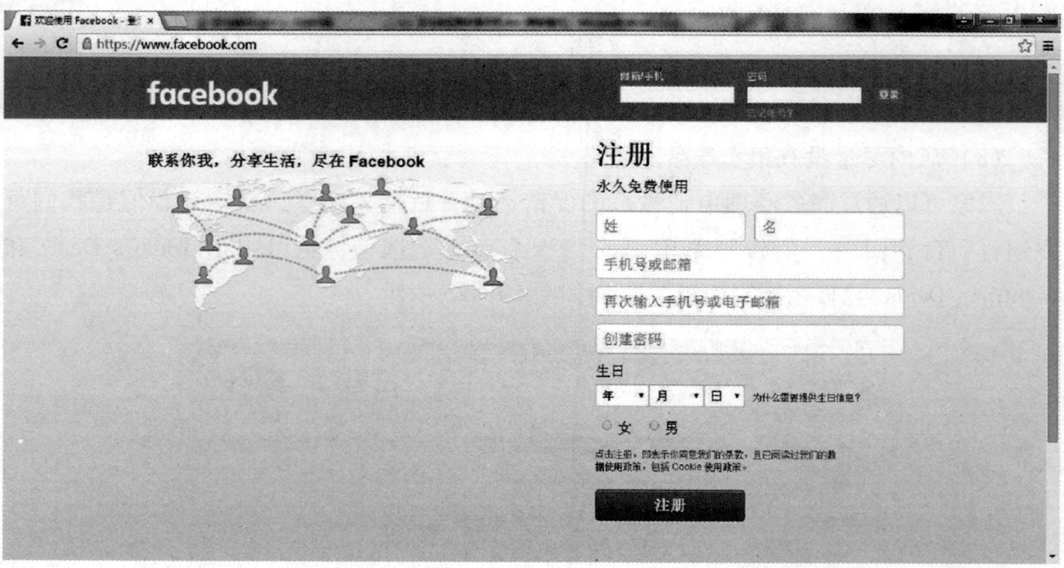


**图 11－1 Facebook 登录页面**

脸书，这里我们不做过多基础介绍，接下来主要介绍如何运作的方法。

（1）熟悉平台规则。

所有不懂平台规则，就想怎样马上增粉的运营人员都是不合格的。在任何一个平台都要遵守和了解这个平台的规则，比如，至少得知道在 Facebook 怎样的发言行为是被禁止的，哪些规则又是有利于营销的等。

（2）种子用户。

第一批种子用户是哪里来的？（第一批用户是可以帮助发展更多用户的人）他们是什么样的？（有没有做过用户画像）很多做 SNS 运营的人员都没有认真思考过这个问题，其实第一批用户非常重要。如我们熟知的小米手机，获得的第一批用户就成为其铁杆粉丝，手机发烧友。用户的质量比数量重要。很多新手包括所谓有经验的人，第一个想到增加粉丝的方法就是做活动。

一些读者可能会说，去 Facebook 群推广我的链接，这样总归可以吧？如果是通过加群推广得来的粉丝，这些粉丝其实是没有意义的，因为群里的粉丝决定粉丝的价值，以下我们举例来说：

Facebook 是一个强大的关系平台，它的所有算法都是基于关系链来思考，比如第一批好友加的是某国人，那 Facebook 潜意识地会判断为，好友圈是在某国那边的，以后系统会优先推荐给您好友。尽管可以不加他们，但是系统会把您推荐给某个人，一直这样循环下去，最后您的账号会变得毫无意义。

假如不加某国或者某个区域的人，直接选择需要的粉丝区域人群，这样可以吗？前提是不要对不需要的粉丝人群发内容进行点赞一类的操作，否则又会重复上述的结果。

现在举例说明此问题，有 A，B，C，D 四个人。A 和 B 是好友，C 和 D 是好友，B 和 C 是好友，A 和 C 不认识，A 和 B 不认识 D。假设 A 关注了 H Facebook 页面，而 B 没有关注，但是 A 和 B 是好友，那么 A 的点赞动作就会推送给 B，而 B 现在也觉得这条消息挺好笑的，也对这个帖子进行点赞，这个时候 C 就会收到 B 的点赞动作，然后这样一直循环…… 那么很明显，Facebook 可以根据平常的对话，加上上述对于这个例子的分析，很自然地通过系统来识别、来判断他们其实就是一个朋友圈。一旦这层关系被 Facebook 认定，那么 A 会收到 D 的推荐，D 也会收到 A 的系统推荐。如图 11 -2 所示。

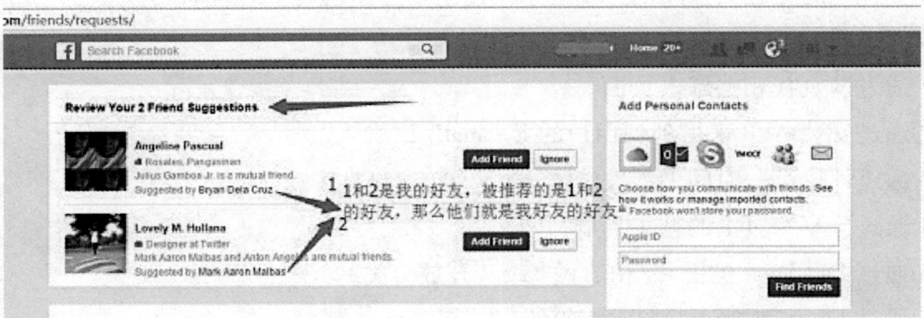


**图 11 -2　用户的推广**

（3）渠道配合。

不要立即全渠道地做，但是也并不是说你非做 Facebook 不可。可以找两个和自己要分享的关系最大的平台来营销。比如，在做 Facebook 活动的时候，笔者会去做 YouTube（不是笔者去做 YouTube 视频，而是借助 YouTube 来配合 Facebook 营销），这个是很多人欠缺的，要么就是一股脑全渠道做，要么营销（比如 contest 活动）就局限在单一平台上。

营销是要讲究一级传播、二级传播，以及三级再配合传播的，不同渠道的传播效果是截然不同。

有一种方法是和别人换量。不是大家想的两人互相挂链接。比如，我的 Facebook 现在是40 万活跃粉丝，我会去找有 30 万的 YouTube 订阅量的播客，那么我会推这个人的 YouTube，他会帮我推 YouTube 的产品视频。如果他拒绝了，会与他沟通自己的情况，甚至物质的诱惑，如此成功率便会提高很多了。

（4）内容为王。

如果没有好的内容，再好的营销都是无用的。所以正确做法是一开始就做好内容，而不是一开始打广告增加粉丝。

作为一个运营人员，特别是在做社交图片的时候，要让美工充分参与进来，要给美工做培训、做指导。例如，给美工讲清楚需要什么样的图片，哪些是好的图片，如果美工不认同，就要通过图片的转发率很高，评论很多角度沟通。活动发出去后，效果如何，并做好每次活动的记录，美工逐渐就会有一个很明显的直观感受，这一块是做社交运营人士所缺失的。

（5）广告效应。

前面讲到没有好的内容，打广告是无用的。有了内容，不在做活动的时候做竞价广告，这不是在浪费自己的钱吗？竞价广告，让很多人心疼。广告有时候，只是添一把火，做配合的时候让它烧得更旺，效果会说明它是值得的，何况 Facebook 还有 Remarketing（评论）功能。

Facebook 的专题页如图 11 －3 所示。以下要介绍玩转 Facebook 专页上的一些技巧。

我们来看一下 Facebook 专页中有哪些功能。

①通过网页找相关红人页面。

②通过安装 APP 来得到到用户的 E － mail。

③通过评论第一时间做沙发。

④通过分享专页上的帖子到群。

⑤通过 Facebook 的图片/相册做 Tag（开放分类）。

⑥通过 Invite 来邀请好友成为粉丝。

⑦通过 Page 找相关红人的页面。

图 11－3 Facebook 专题页

通俗讲就是利用 Facebook 的强大推荐系统。这里的推荐的形式，不是 Facebook 的专利，Google 的 YouTube 有 Twitter，Pinterest 也有这个功能。只是 Facebook 是一个基于好友的强大关系平台，所以它在推荐这一块做得非常强大，包括 Facebook friends suggestion，以及 Like 系统的强大推荐，以及我们所说的页面推荐。推荐功能是 Facebook 的核心功能之一。

①Facebook friends suggestion 功能：

在这里透露一个技巧，在注册资料的时候就要与营销渠道结合起来。如国家、家乡，曾经的工作地点，初中、高中、大学的学习位置，这个都可以设置成营销所在的国家。若留学在加利福尼亚，这个 Facebook 是判断不到的，但是 Facebook 可以根据过往的经历推荐所在地区的好友，这个是没有问题的。

②Like 系统的推荐功能：

A Like B 这个页面，我和 A 是好朋友，那么系统就会把这个页面推荐给我，这个功能会出现在右上角，如图 11－4 所示。

上面所说的 Like 页面，其实和 Like 好友的帖子也是同一个道理。

Like 推荐功能的的意义在于每个人的声音都有可能被听见、被感知、被分享、被倾听、会满足用户的存在感。当然这个就属于产品功能范畴，感兴趣的读者可以思考，为什么这个产品需要这个功能，它有何存在价值，进而能更好地使用这个功能。

③页面推荐功能。这个功能有两个途径：

a. 通过对相关页面进行点赞（成为该页面的粉丝），Facebook 系统会自动给出

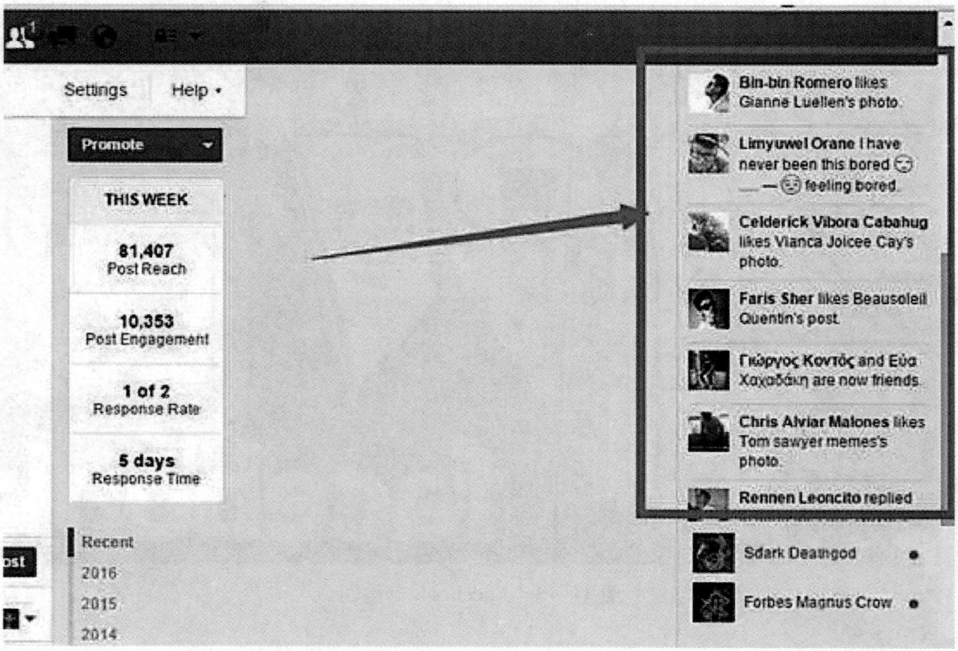


图 11－4　like 系统的推荐功能

其他的相关性的页面，而且所给的页面都是粉丝数和参与度很高的页面，我们可以利用这一块来找红人，通过这一途径可以找到很多相关性的红人，如图 11－5 所示。

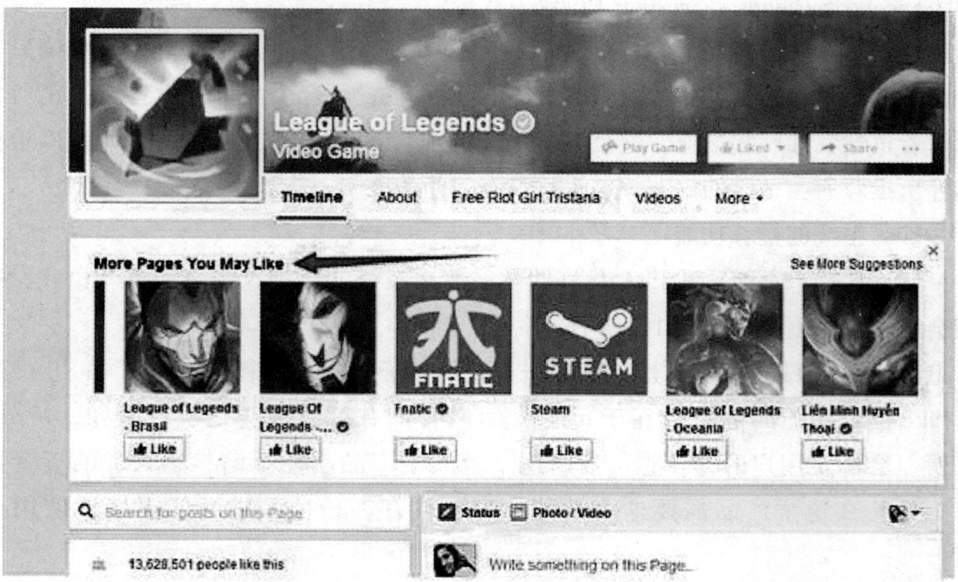


图 11－5　通过对相关页面点赞进行页面推荐

b. 查看相关页面关注了哪些 Page，这样也可以重复挖掘很多的 Page，如图 11－6 所示。

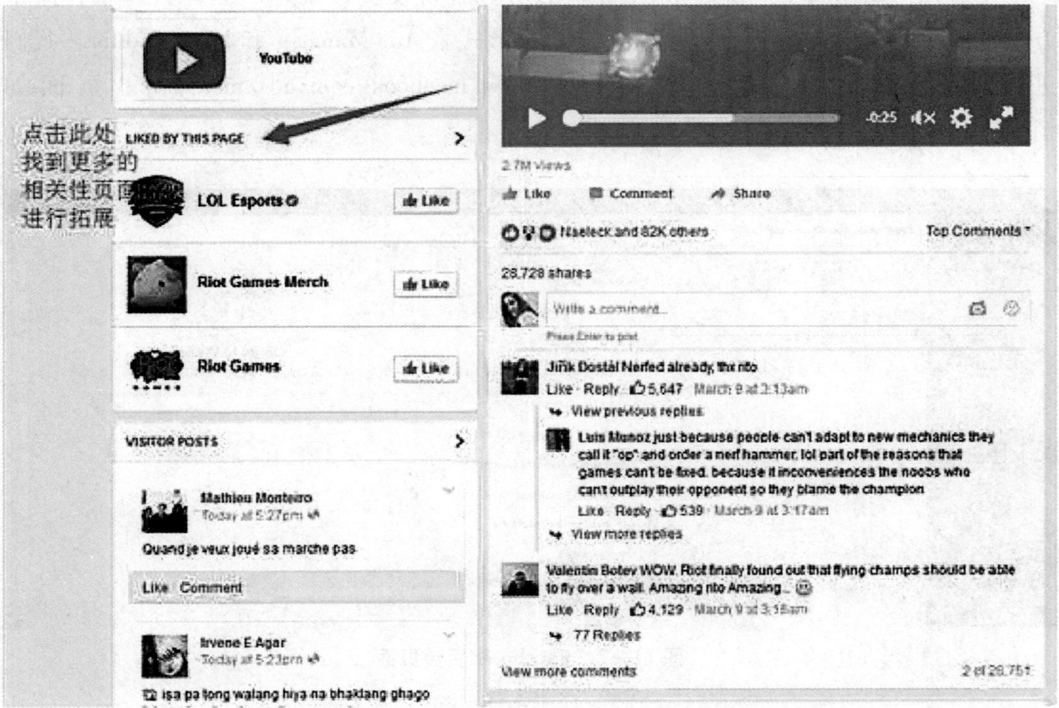


图 11－6　关注 Page 进行页面推荐

我们可以理解为如果你关注的这个页面，他还关注了其他的页面，一般这样的相关性很大。比如，体育人士关注体育人士的概率很大，减肥的页面关注瘦身的页面概率很大。

还有一点需要重点说明的是，为什么推荐功能很厉害，其中的一个原因是如果在搜索栏里面输入关键字找 Page 的话，是以关键字来输入，那么 Facebook 系统依照关键字来呈现的页面，但是不是任何人都会以关键字来命名页面的。

亚马逊有 PPC 点击广告，Facebook 也有付费点击广告，如果接触过 Facebook 的后台，会发现一大堆密密麻麻的选项和设置，如果不熟悉 Facebook，可能会看得一头雾水。

Facebook 的广告主要分为三块：广告系列、广告组、广告。其他的所有设置都围绕这三块进行。

创建 Facebook 广告的途径有三个：通过 Facebook 广告管理工具即 Ads Manager；通过 Power Editor；Boost Post。

Ads Manager 途径适合绝大部分公司，做 SOHO 的，这是最常用的。如果团队比较大，有能力在 Facebook 上操作，而且想要多批量地创建广告，那么可以直接从 Power Editor 入手。而 Boost Post 其实是最为简单的，就是直接对帖子进行打广告，用户不用进入 Ads Manager 和 Power Editor 的后台进行设置，就可以立即打广告，简单方便。最常用的创建广告方式就是通过两种形式来 Ads Manager 和 Power Editor。我们进入 Facebook 后台，地址为 https://www.facebook.com/ads/manager/，页面如图 11 –7 所示。

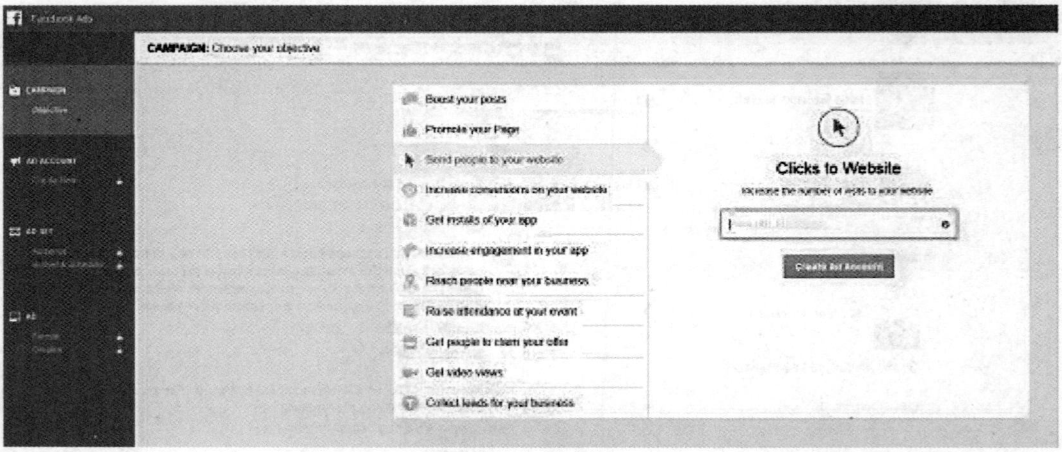


**图 11 –7　Facebook 后台页面**

图中有 11 个广告选项的目标，Facebook 包含了几乎能想到的项目。这 11 个广告选项分别是：Boost your posts、Promote your Page、Send people to your website、Increase conversions on your website、Get installs of your app、Increase engagement in your app、Reach people near your business、Raise attendance at your event、Get people to claim your offer、Get video views、Collect leads for your business。

若想增加网站的流量，可能会选择 Send people to your website，这个时候 Facebook 就会邀请输入网址，在这里建议把网址做成可追踪的，比如使用 Google URL builder（不建议使用 Bitly 等短链）。

虽说 Facebook 有提供 Facebook pixel（像素）追踪，但这并不妨碍把链接做成可追踪的，这样可以做双向的对比，有更多的数据做对比和优化。我们看看广告受众的群体怎么设置。选择广告目标之后，就是选择想定位的人群。可以直接在后台里面设置想要的用户，如图 11 –8 所示。

Facebook 的后台分为以下几类：Location（位置）、Age（年龄）、Gender（性别）、Languages（语种）、Detail Targeting（更多选择）、Connections（链接）。其中的 Detail Targeting 又可分为 Relationship（关系）、Education（教育程度）、Work（工作）、Financial（财务）、Home（住址）、Ethnic Affinity（民族）、Generation（产生）、Parents（父

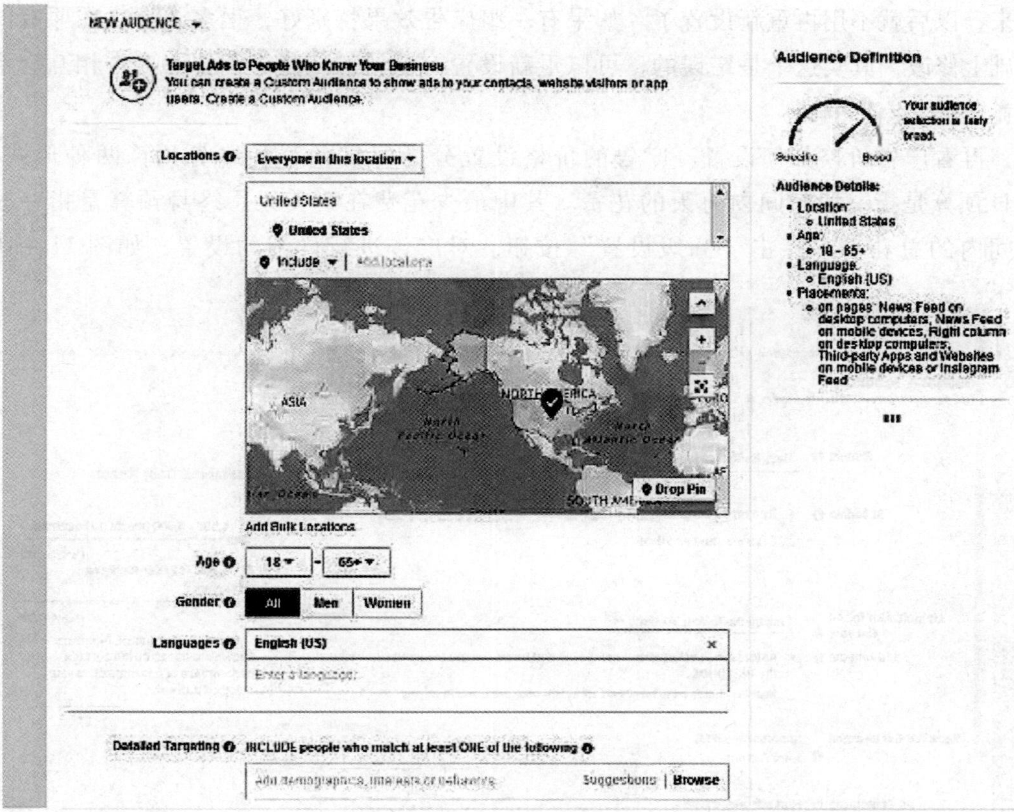


图 11－8　设置用户

母)、Politics（政治面貌)、Life Events（生活事件)、Interests（兴趣爱好）和 Behaviors（行为）选项，如图 11－9 所示。

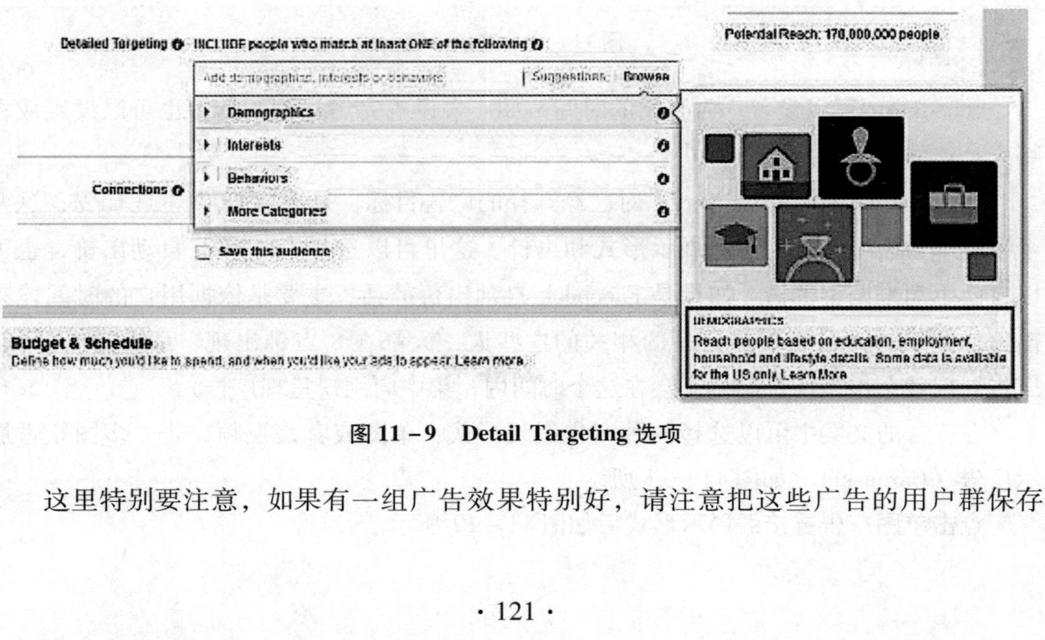


图 11－9　Detail Targeting 选项

这里特别要注意，如果有一组广告效果特别好，请注意把这些广告的用户群保存下来，以后就不用再重新设置了。如果有一组广告效果特别好，很多人喜欢在原有的基础上修改，其实这个是错误的。可以重新设置一个新的广告。别担心广告相互会形成竞争！

再看广告价格如何设置。广告的价格设置分为每日预算和终身预算两种形式。每日预算是指一段时间内每天的花费。其中最少花费在 5 美元。终身预算是指一段时间内的总花费。点击“高级设置”按钮，对广告进行详细的设置，如图 11－10 所示。

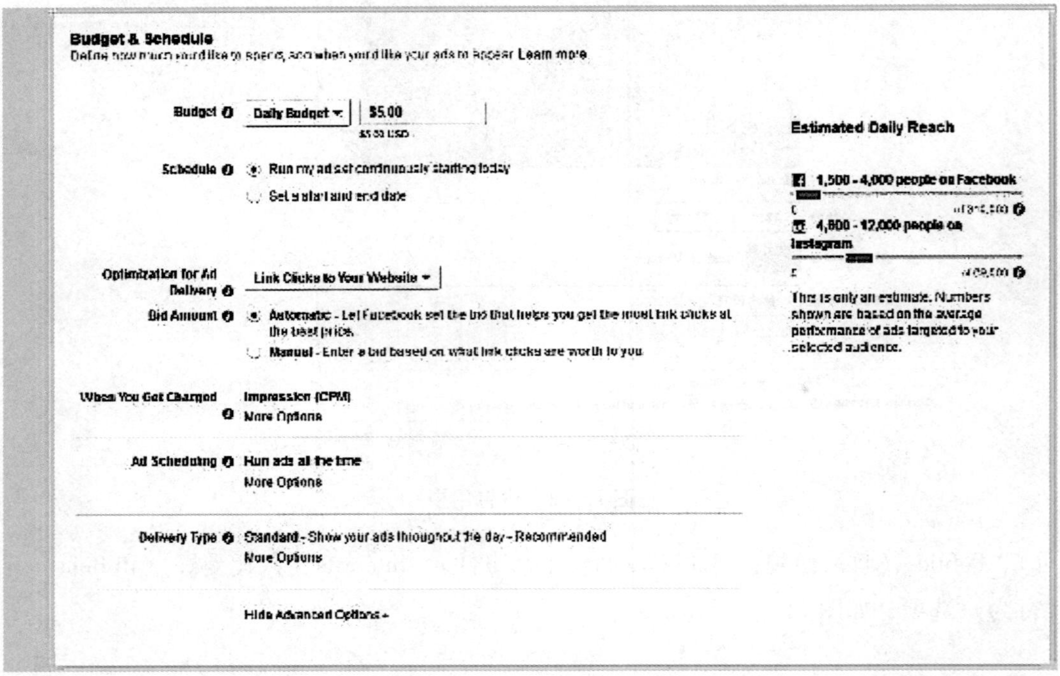


图 11－10　高级设置

Schedule：可以设置广告开始的时间，如广告设置完后立刻开始，也可以设置成在哪个具体的时间开始。

Optimization for Ad delivery：对已经选择的广告目标，是选择 CPC 还是 CPM，这两个设置都会影响广告的最终展示形式和出价。这里可以选择 Facebook 自动出价，也可以自己手动来调整价格。如果是 Facebook 自动出价的话，主要是依据用户的时间段来出价，如 Facebook 发现与产品的相关的这些人，大都在 8 点钟出现，那么这个时候，广告展现就会很多（Facebook 会在这个时间内，集中向用户呈现广告）。

在广告的文案中可以选择两种广告展现形式：单图或者是视频广告、多图轮番展示广告（Carousel）。如图 11－11 所示。

点击单图广告链接的展示形式后如图 11－12 所示。

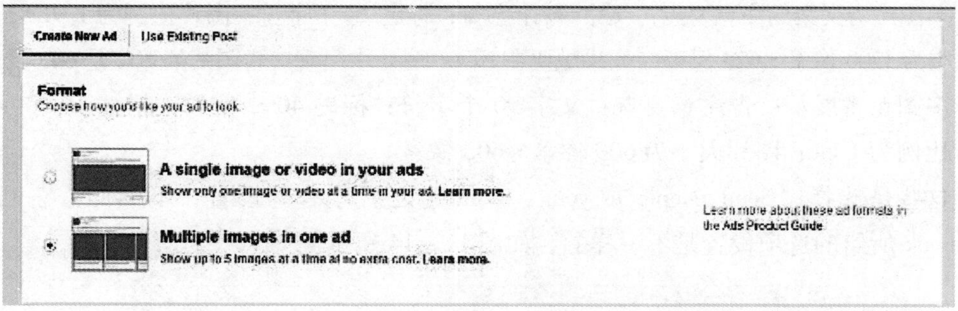


图 11 – 11　广告展现形式

图 11 – 12　单图广告展现形式

点击多图广告展现形式链接后如图 11 – 13 所示。

图 11 – 13　多图广告展现形式

单图广告文案的注意要点：文字 90 个字符；标题 25 个字符；图片比例为 1.91∶1；图片大小为 1200 像素 ×627 像素（如果想要在 News Feed 中呈现广告图片的宽度是 600 像素）。

多图轮番展示广告注意要点：文字 90 个字符；标题 40 个字符；描述 19 个字符；图片比例为 1∶1；图片大小为 600 像素 ×600 像素。

这些是选择“Send people to your website”之后才有的设置，不同的广告目标，Facebook 所给的选项设置是不一样的，如图 11－14 所示。

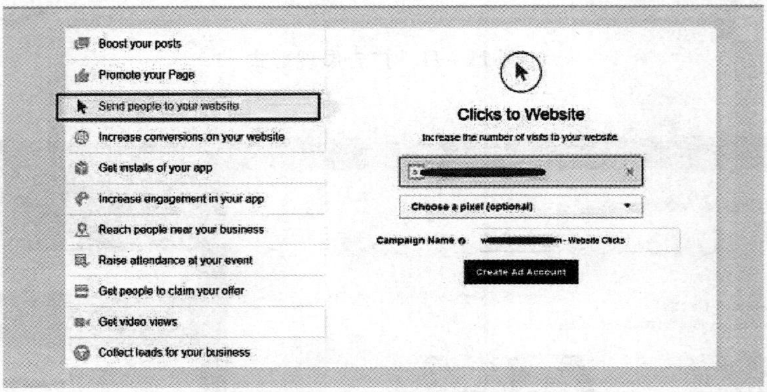


图 11－14　选项设置页面

广告设置之后，选择广告所展示的类型有桌面 News Feed 展示、手机广告展示、右侧广告展示。桌面 News Feed 展示如图 11－15 所示。

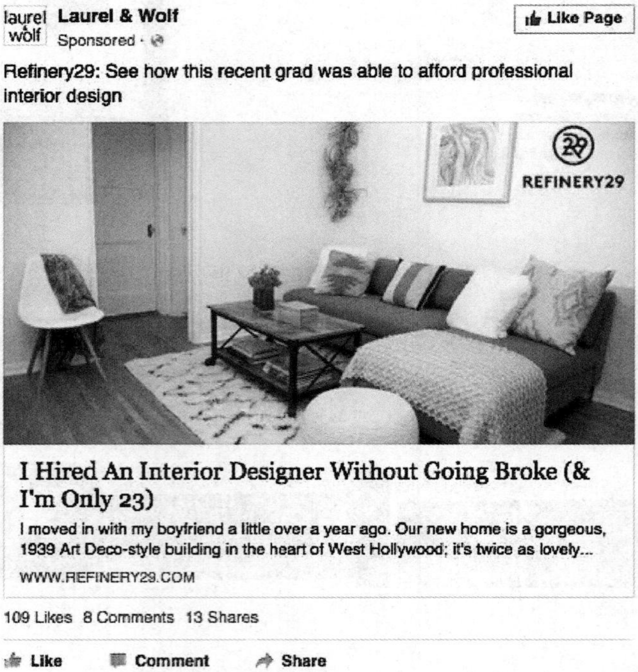


图 11－15　桌面 News Feed 展示

手机广告展示如图 11－16 所示。Facebook 右侧广告展示如图 11－17 所示。

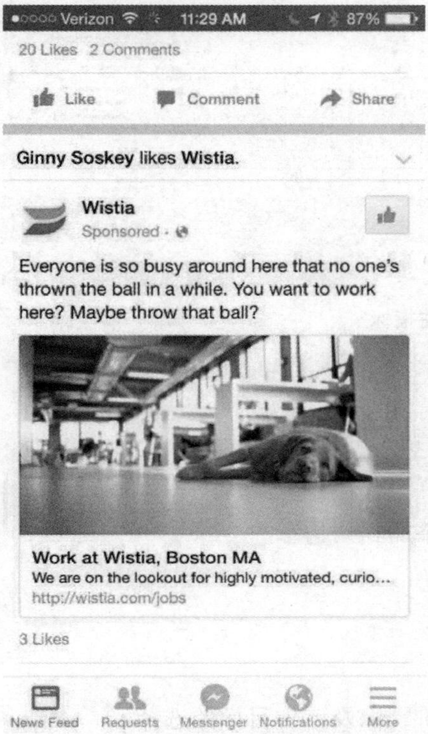


图 11－16　手机广告展示

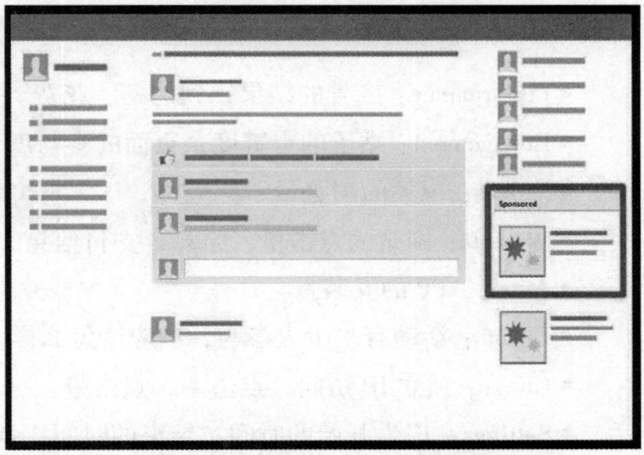

图 11－17　Facebook 广告展示

广告结果表现：可以通过 Facebook 的追踪像素查看 Facebook 的表现形式，也可以通过点击 Facebook 的 Ads Mamager，https：//www. facebook. com/ads/manager/查看，如图 11－18 所示。广告设置完成之后，还需关注其他一些指标，如图 11－19 所示。

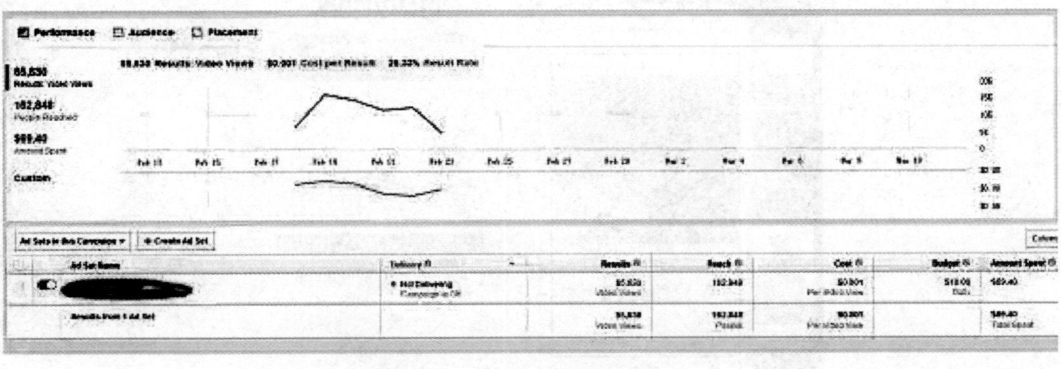

图 11－18　广告结果表现

在 Ads Manager 中点击 column，需要查看以下指标：

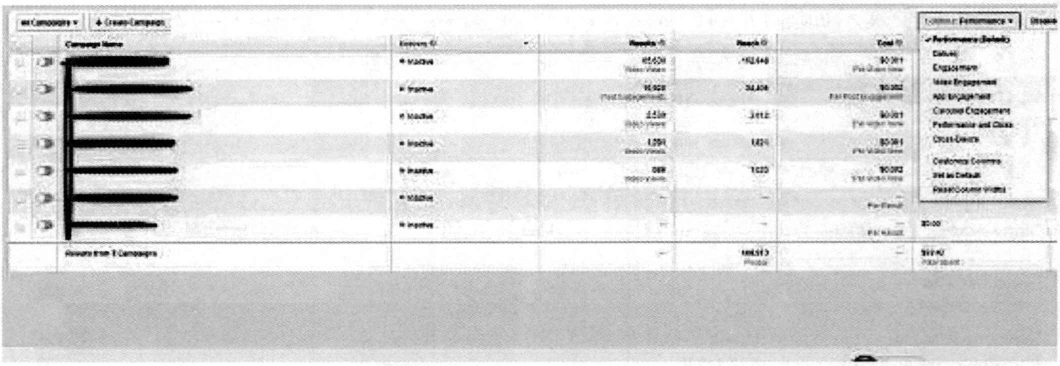

图 11－19　其他需要关注指标

- Performance：广告的结果，到达率，花费。
- Engagement：帖子的点赞度，页面的参与度，帖子的参与度。
- Videos：视频的浏览量。
- Website：网站的点击量，结算，支付信息，添加到购物车。
- Apps：APP 的安装量。
- Events：活动有多少人参与，响应度怎么样。
- Clicks：独立 IP 访问，点击率，点击量。
- Settings：广告开始的时间，结束的时间，竞价，以及广告目标的选择。

以上这几个广告指标需要重点关注。

2. Instagram

点击网址 https：//www. instagram. com/，如图 11－20 所示。

图 11－20　Instagram 页面

Instagram 是一款图片分享的社交工具，当然它是一款社交 APP，所以用电脑打开它的网站的时候显示如图 11－20 所示的页面。一个账号一个礼拜以 7000 人来算，一个月就是 28000 人，一年就是 336000 人。如果我能开 10 个账号，那不是就有百万名的粉丝？如果我能开 100 个呢？永远记住一句话，社交就是账号，就是粉丝，就是互动！

从大的范围来说，不管是 Facebook、Pinterest、Twitter 或是其他的社交平台也好，它总归只是引流的一个大渠道，是属于 SNS（社交网络服务）的。

这几年手机端的 APP 应用特别火爆，各种新闻报道、风投、数据也表明人们花费在手机上的时间明显要比在 Web 端的要高，而且移动端的流量已经超过了 Web 端的流量，Instagram 在 APP 的表现实在是太亮眼了，贾斯汀比伯开了一个 Instagram，居然给 Instagram 带来了 100 万名的粉丝，这个 APP 居然 10 亿美元被 Facebook 收购，所有的证据都证明，移动端的时代到了。

基于上面可以总结两点，第一，做事一定要有危机感，千万不能因为在一个领域取得了某种成就，就不思进取，这是不行的。第二，移动端的 APP 流量，一定是未来发展的趋势，早点布局对我们都会有好处。

Instagram 是以瀑布流来展示照片的，在 Ins 上面最引以为豪的就是 Ins 开发的滤镜功能，这个功能能拍出唯美的照片。上传到 Instagram 的照片比例，横向风景图片为 1.91∶1；人像（垂直）图片为 4∶5。把这个比例转化为像素，则最理想的情况是横向风景图片为 1080 像素 ×608 像素；人像图片为 864 像素 ×1080 像素。可以通过下面几张照片，都来感受一下照片的魅力。

这是不是做了无数次梦的旅游胜地？如图 11－21 所示。

**图 11－21　旅游胜地图片**

黄昏下，他和她的人物和景色如图 11 －22 所示。

**图 11 －22　人物和景色图**

以这样的早晨开始，以这样的早餐作为新的一天，心情怎么会不好呢？实物照片如图 11 －23 所示。

**图 11 －23　早餐照片**

抵达终点的那一刻，所有的努力都是值得的！励志照片如图 11 – 24 所示。

图 11 – 24　励志照片

是不是很有感觉啊？意境照片如图 11 – 25 所示。

图 11 – 25　意境照片

只要加对了滤镜，每个人都是摄影师。加了滤镜后效果如图 11 – 26 所示。

**图 11 – 26　加滤镜后效果图**

如果卖童装，建议如图 11 – 27 所示。

**图 11 – 27　童装展示图**

如果是卖手机壳，建议如图 11－28 所示。

图 11－28　手机壳效果图

如果是卖女装的，这种感觉还不错吧，如图 11－29 所示。

图 11－29　女装效果图

如果是卖饰品，这样怎么样，如图 11 - 30 所示。

**图 11 - 30　饰品效果图**

不建议账号中图片更新的杂乱无章，只有一张照片好看，是没有用的，粉丝进入到账号中，首先要看的是账号中图片风格怎么样，杂乱无章会让粉丝流失的。所以更新的照片最好要有线性，风格要尽量统一，并且有格调。

我们再来看一些增加粉丝的方法。一定要充分了解 Instagram 平台，Instagram 是一个移动端的类似于 Pinterest 的图片网站。时下非常受年轻人喜欢。它是视觉系社交社区，女性用户居多，年轻人多，是个要求美学修养的、讲求调调儿的平台。

（1）快速建立自己粉丝的方法如下：

①不断完善自己的资料。头像和自我介绍部分非常重要。这个是第一感官，头像要做的高大上一点，描述要让人印象深刻。

②高质量的内容，也就是高质量的图片。所谓内容为王，好的内容别人看了会赏心悦目，会有感触，会点赞，会评论，甚至还会让（网络中通知别人消息在结尾会用@形式）他的好友帮忙扩散。好的 Description 要配上好的图，如图 11 - 31 所示。

其实国外有很多很好的图片社区，包括国内的都是可以用的，笔者经常用的 500px. com 和 Flickr. com，还有 imgur. com，都是比较好的图库。关于描述部分，肯定要和产品或者要上传的图片相关。内容和图片要同时更新，风格尽量保持一致。若内容和图片不一致，或者不同时更新，就会使页面效果降低。

图 11－31 配文字的图片

③想方设法让他们帮助扩散粉丝，例如使用 Tag（开放分类）和#功能。Tag 能增加更多的粉丝，而#可以创造热度。

Tag three friends who would love this this page. And tag your ××× pictures with #tom（例如：你的 instagram 的 usename 叫 tom）to be featured！If you like our pictures plz follow the amazing accounts on Instagram，double tap and tag your Bestie.

④巧妙地使用#。在 Instagram 上面这些标签都是很常用到的，如#shoutout，#TagsForLikes，#ilovemyfollowers 和#follow。可以使用一些关于行业相关的主题标签来为图片取得更多关注，这也可以产生更多的互动。比如，排名前十的主题标签是：#love，#instagood，#me；#like，#follow，#cute，#photooftheday，#tbt，#followme，and #tagsforlikes. 但是# 不要使用太多，太多了容易让人产生厌烦。

⑤内容要有互动性。尽量能创造提问的方式，这不仅能够增加关注度，还可以增加讨论。

⑥Follow（跟随）和 Unfollow（不跟随）。有了高质量的内容之后，现在可能会去 Follow 更多的人，然后得到他们 Follow，过一段时间你们可能会去 Unfollow 他们。笔者曾经在一个月用这种方法粉丝增长了 1.3 万人左右，都是真实的粉丝，但是太累了。

⑦使用 Instagram 的滤镜。Instagram 一个受人欢迎的特点就是它强大的滤镜功能，效果很不错，拍出来的照片很漂亮！同时也保持了同一种风格。

⑧不要让 Instagram 成为孤岛。可以把 Instagram 分享到 Facebook，Twitter，Flickr，

甚至可以用 http：//pinsta. me/ 来同步到 QQ 空间、微博，让更多的人看到。这一点很重要，一定要增加自己账号的曝光率，也可以在 Facebook 的 custom tab（自定义标题）直接安装 Instagram，然后用 Facebook 的好友直接去访问。

⑨更新的时间点。如做外贸的更新图片的时间点一定要找对，一般是早上起来 6 点半更新一次，下午 17 点 30 分更新一次，晚上 20 点更新一次。更新不要太频繁，一天 2 ~ 3 张就可以了。

⑩贵在坚持。无论我们做什么事贵在坚持，要坚信坚持的力量，到时候一定是能够得到收获的。

上面都是一些常规的办法。现在可以用工具实现了，比如做外贸真的没有那么多的时间，现在都是用工具了，找高质量的内容，上传图片、描述，然后用工具去 Follow 和 Unfollow，再批量的 Tag，批量的建账号，推主账号，这样就简单多了，而且效率也大大提高了。

（2）增加粉丝的一些技巧：

①当我们注册好 Instagram 账号的时候，可以在网页版上登录可以修改这个账号的资料，如图 11 – 32 所示。

**图 11 – 32　网页版 Instagram**

Instagram 也是依靠关键字搜索账号的。这个关键字可以用在姓名或者用户名上面。用户名要简洁好记又专业，最好能用上关键字。

- 简洁好记：用户名越短越好。
- 专业：不要搞得像 Spam 账号一样。比如 123fashion_ 或者 fashionabcdedkdh。

• 关键字：有利于搜索。

如果用户名同时满足上面的所有条件，最困难的应该是在第三点，添加特定关键字，然后又要满足简洁好记、专业，这个就需要花时间去试。但是，不必同时在姓名和用户名上面都用上关键字，因为用户名很多都被别人注册过了，而类似用户名英文名加数字或者_ 又或者小点（.）都不是最好的选择，因为那看起来很不专业，比如 fashion123_ 或者是 fashion. love. 123。姓名添加关键字是不限制的。

②Hastag。Hastag 不要放在注释里面，而是应该放在 comment 下面，这样就不会显得很不专业，而且让人看得会心情很好，如果底下没有足够的评论覆盖掉 Hastag，即使是放在注释下面也是很糟糕的。Hastag 可以增加自己图片的曝光度，大家可以用这上面的热词。http：//www. tagsforlikes. com/。这个网站分类很齐全，可以拷贝对应的账号类型的热词。

③一天发几张图片合适。每天 2 ~3 张图片更新即可，重点做好图片和文案那才是关键。

④写好文案。在 Instagram，图片的质量一定要很好。最好风格一致，除了销售商品，还可以附加相关的产品介绍，比如做婚纱，可以发一下美甲、头发、时尚的东西进行适当穿插。

⑤举办活动。举两个例子，注意看例子上的每个细节，如图 11 -33 和图 11 -34 所示。

图 11 -33 案例一

在 Instagram 通过账号找客户非常简单，而且也很容易得到对方的邮箱。举一个例子：在 Instagram 网页（https：//instagram. com/）搜索框中输入关键字 fashion，可以看到搜索出来的所有关于 fashion 的账号，我们来看第一屏的账号，以箭头所示为例子，如图 11 -35 所示。

图 11－34　案例二

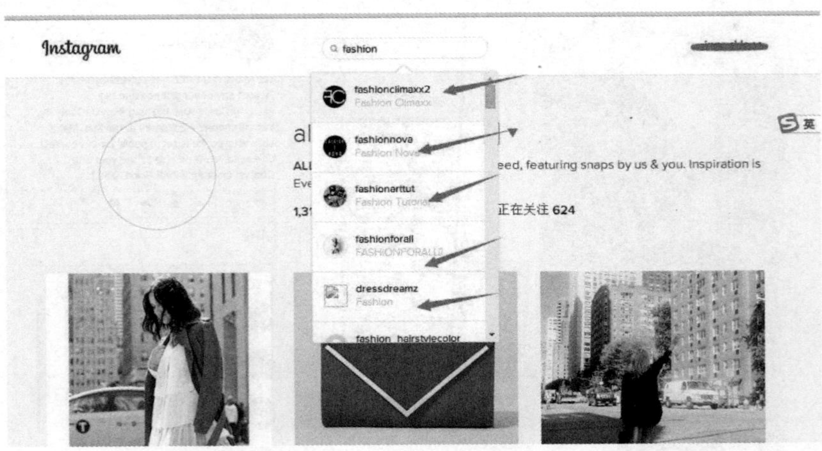


图 11－35　账号搜索

搜索 5 个账号，里面有 4 个账号都链接着邮箱。Instagram 账号大部分带自己的邮箱。其他的关键字都可以去试，大部分是直接放了自己的邮箱，而且都是非常精准的。若没有邮箱，可以通过 Instagram 的 direct message 接收的消息，但是这个得通过手机端不通过手机端的直接发送私信是可以通过软件发送的。这样到时候对方就会显示在 Instagram 主屏右上角，如图 11－36 所示。

图 11－36 账号显示

从大的意义上来讲，如果要增加流量，大范围的 spend Instagram message（使用照片信息）是一个可行的方法。记得这个时候不是 Instagram 最严的时候，可以好好利用。下面介绍利用 Instagram 举办活动增加粉丝的步骤及方法：

（1）开始之前要想好奖品。

不是所有的奖品都能让用户喜欢，选品的好坏，直接关系到活动的参与度。实用的产品，和产品契合的产品作为奖品（如 3C 产品），甚至是电子书，关于建议（如何减肥）的电子书，都是不错的选择。因为这些粉丝后续可以再开发，如果是以不同的奖品作为奖励，有些人可能就是冲着奖励去的，活动结束，就会取消关注。当然可以使用电子券来作为奖励，以便购买产品。在外国人看来关于提示的建议书，也是一个很不错的奖品，我们国人注重实际的，外国人则不然，即使能获得一个小小的奖品也很开心，当然奖品的名额数量及价值，也会直接影响参与度。

（2）标语要写清楚。

用户可以通过 Like to win、Follow to win、Enter to win、Comment to win、Repost 来参与。Like to win 和 Follow to win 的这种形式是很常见的，粉丝执行的动作也很简单，只要一个点赞，再如一个关注就好。在制订规则的时候也要遵循越简单越好，如图 11－37 所示。

Comment to win：这个步骤是要求所有用户必须先评论然后才有机会获得奖品，这个是最直接的能让用户参与的好方法，越多的用户评论就能获得越高的反馈，这个对监控用户的行为很有帮助。

**图 11－37　规则展示页面**

Enter to win：这个规则需要用户的进一步参与，可以让活动产生大量的原创内容（UGC）。比如，一个叫“ABCD”的生产商，想让所有的用户拍一个和他们产品相关的，或者有创意的视频和图片，那么可以要求用户拍完视频或者图片后做一个 Hastag 即#ABCD，可以通过这个 Hastag 追踪到所有关于这个品牌的视频和图片，最后再从中筛选出中意的用户。

Repost（转发）：这个要求用户“转发”帖子，用户不管是直接截屏还是用其他软件把卖家这个活动直接发到他的账号上都算是转发。

（3）设定获奖名额和活动截止日期。

这里特别要说明一下，事先一定要告诉用户，获奖者是随机挑选的。粉丝多的用户概率更大，他们就会很开心地晒在他们的页面上，然后他们会说“Awesome prize, thank you @ ABCD for the gift”。

一定要收集获奖人的名单和地址（绝大部分人会分享在他们的 Instagram 账户上），以后可以把这些人放在博客或者网站上，做一个 Why choose me 或者做一个产品的 Review。

用户的所有信息可以展示在其他的社交平台上，如 Facebook，Twitter，Pinterest，甚至直接展示在 Instagram 账号上，一切越真实越好，记得要做的是一个能够被感知的、可触摸的品牌，而不是高高在上的品牌。

（4）通过各种方法得到更好的效果。

当上面的一切都做得很好，那么不能把产品单纯的挂在自己的账号上，特别是对那些刚刚建立起来的账号，千万不要以为只是放一个广告，就能获得很多的粉丝。现在即使是做活动，也要为活动做营销。

我们做的每一个步骤都要营销，整体是一个营销活动，每一个步骤也要对它进行营销。奖品、文案准备好，时间、获奖名单也预计好了，不能单纯地展示在自己的账号上，让更多的人喜欢和参与到营销中，双方面说好，这个营销才能好。若没有粉丝，要想办法让更多的人看到这个活动。活动的机制、文案有要求粉丝去参与甚至是跟随，这时再引入外部的流量，增加活动的曝光度，最终的结果才会更好。除此之外，红人（即具有一定粉丝的网络名人）可以大量增加曝光外部引流。若直接在红人那边做活动，利用他的影响力，直接引入粉丝到自己的账号，同时在自己的账号上也有一个相同的活动，两者相互配合，这样效果会更好。平常要多看、多想。好的素材，好的文案一定要记录一下进行积累，平常要多注意收集，慢慢就会有一种感觉，到活动时就可以信手拈来。

在 Instagram 中举办一个成功的活动，在前面在 Instagram 上举办活动的四个有效步骤有提到过，现在讲解一下整体的框架，在举办 Instagram 活动的时，必须要考虑以下几方面：

（1）活动的目标。

做任何事情都要有目标，在 Instagram 上面举办活动，要想清楚活动的目标是什么，是如何快速地在 Instagram 上面获得粉丝，为了增加网站的销售，还是为了品牌的曝光度？

（2）设置活动步骤。

这一点是最重要的，有时候要花一点时间，要注意一些细则：

①举办活动的时间期限。

②谁有资格参赛。

③如何参与，参与方式与方法如何。必须 Follow 卖家；必须 Repost 活动图片；必须 Tag 品牌名；使用何种 Hastag 去参赛；获奖者如何去挑选；图片的主题是什么；奖品是什么；有其他的活动要求吗，等等。其中，奖品是最为关键的，需要获奖人数多一点的，但是产品价格比较小的，这样就能吸引大规模的用户。奖品展示如图 11－38 所示。

（3）推广活动。

现在要对每一个步骤进行营销，要学会对活动进行推广：

①利用已经有的社交渠道来增加曝光，这包括 Facebook、Pinterest、Twitter、Linkedin、Google＋，等等，当然也包括利用平台本身的机制如 Facebook 广告机制。

②EDM（电子邮件）营销。

③在网站上挂链接的活动。

图 11－38　奖品展示

④时刻提醒粉丝在举办活动，可以在 Facebook 上每更新一条消息就带一下 Instagram 的活动链接，同样在 Instagram 上每更新一条新的图片，都要提醒粉丝有活动在举办中。

⑤上传热门的 Hastag（#号标点）与活动相结合。

⑥是否可以考虑在 Facebook 或者其他拥有较多粉丝的页面上举办活动，也就是对活动再活动。

⑦利用红人 shoutout（主题标点）来增加曝光。

（4）监控活动效果。应该实时监控数据，利用工具 Iconosquare（Instagram 网页版），可以监测使用指定的 hastag 的人数，以及这张图片包含的喜欢及分享的数量。

（5）公布获奖名单。在公布获奖名单的时候，除了获奖名单，还可以在文案里面对下一次的活动进行说明，让粉丝有期待感。比如，下次活动奖品为 100 部手机等。

配合营销工具，可以让 Instagram 玩得更好。Instagram 是一个高速发展的平台，一直到目前为止还处在大量圈用户的阶段，所以这个平台本身是鼓励用户多进行互动的。现在看看你的账号运营得如何，是不是每个图片都有很多的赞和评论呢?

现在介绍几个有效提高 Instagram 营销效果的方法，只要用心做到这些，相信 Instagram 营销一定会上一个大大的台阶。

（1）用一个短链去 track Instagram 流量来源。

到目前为止，所有的第三方销售平台，比如 eBay、Amazon 都无法查看流量的来源，Google analytics 也追踪不到 Instagram 的流量来源，所以这里给大家推荐一个工具叫作 Bitly 网站，把链接放到个人资料中，流量就可以查看到了。

（2）更好地利用你的简介位置。

简介的位置是有字数限制的，怎么用好至关重要，很多的大品牌都没有把其真正地用好，但是不用担心，作为小品牌的我们可以把这里用好，如图 11－39 所示。

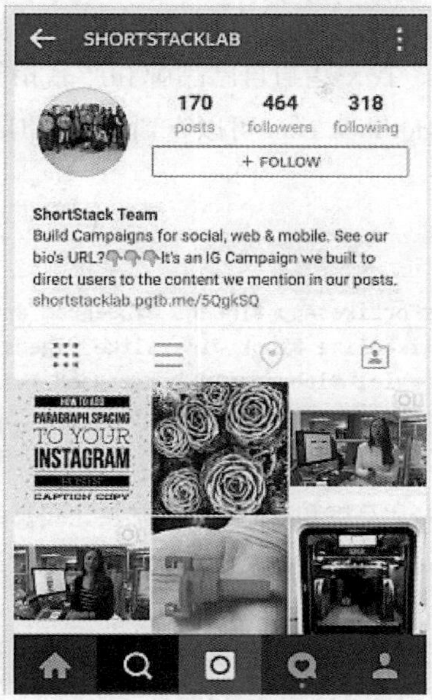


图 11－39　简介位置

每次更新帖子之后，就把简介里面的地址换成 Landing page（登录页）的地址，这样用户就可以顺利找到卖家，为 Giveaway（有奖问答）做一个入口等都可以。

（3）与一些账号做交叉推广。

多找一些机会跟其他的品牌做交叉推广。如果开啤酒厂的，就可以去跟一些酒吧做一些交叉推广，试着去联系与自己等级相当的账号，如图 11－40 所示为等级相当的账号。

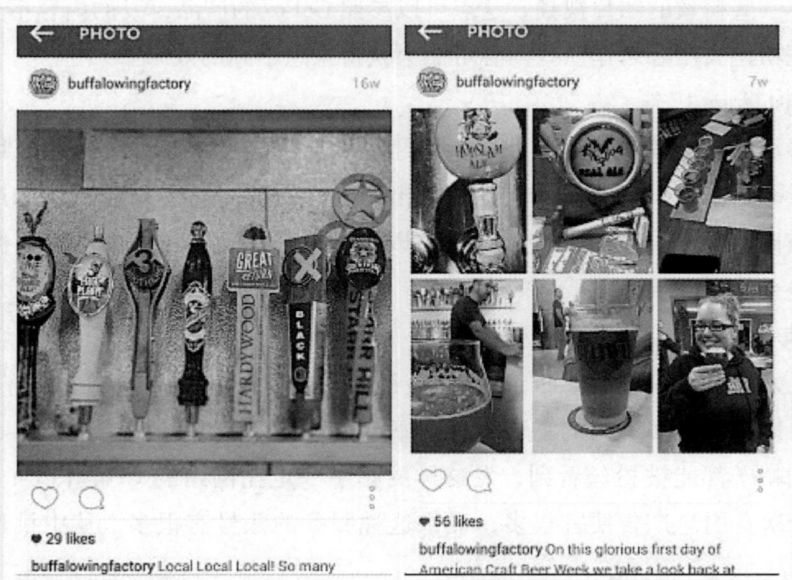


图 11－40　等级相当的账号

（4）用好 Hastag。

Hastag 不代表加越多越好，找一些与自己品牌和产品相关的热度比较高的 Hastag 加到贴文中，top - hastags. com，tagforlikes. com 可以查到最热的 Hastag，如图 11 - 41 所示。

**图 11 - 41　品牌和产品相关的热度比较高的 hastag**

（5）把用户带到销售漏斗中。

获得更多人的喜爱只是玩 Instagram 的第一步，然后对这些跟随的粉丝进行转化才是至关重要的，获得粉丝的邮箱就是一个有效的方法。

可以通过以下几个简要的步骤获得粉丝的邮箱：

①制作一个 Landingpage，对所有订阅网站的粉丝进行 Contest 或者 Giveaway。

②制作一个链接把 Landingpage 的链接放到你的 Instagram 的简介里。

③做一个帖子告诉粉丝到简介的帖子中找到×××产品的 Giveaway。

这个过程怎么做就完全看自己，做法不一，要充分发挥自己的想象力。

（6）把图片和小视频混合起来发。

多收集一些粉丝的图片视频，这点可以参照 GoPro 的产品，发的内容不要总是围绕产品，围绕粉丝去用心制作一些内容可能会获得意想不到的效果。

（7）Instagram 广告。

现在移动支付变得越来越方便了，已经可以把广告打到 Instagram 上，Instagram 广告和 Facebook 广告一样可以选择受众，抓出产品的受众，现在 Instagram 的广告效果总的来说应该比 Facebook 要好一些，这个可以类比微信，现在在朋友圈刷出微信广告有时候觉得是一件蛮好玩的事情。Instagram 广告效果如图 11 - 42 所示。

（8）找一些热门广告平台帮忙发帖。

找红人发帖可以说是 Instagram 发帖最简便的方式了，Instagram 根据不同的 niche 搜索你都可以找到很多不同的平台，很多平台的拥有者都是同一个人，Instagram 到目前为止发的帖子都能被粉丝看到，发这样的帖子一定比网站的 CPM（Cost Per Impressions，每千次费用）广告便宜很多，提供这种服务的账号有很多，从中挑选适合你的那一个。

做这些工作之前，首先要保证账号有一些吸引人的内容，就可以开始去找红人了，

**图 11－42　Instagram 广告效果**

发现了类似的账号，关注他的账号后 Instagram 就会推荐一些类似的账号，一般愿意做广告的账号都会放一个 E-mail 地址在他们的简介里，直接发邮件他们，很快他们就会回复你。打算与一个账号合作的时候，仔细观察一下他过去发的帖子，根据发布的时间和图片，看看哪些获得的赞最多，就可以考虑合作的内容、发布时间。让用户关注自己的 Instagram 页面，不要把网址放到帖文里，粉丝在 Instagram 上是不能在帖文里直接点网址进去的。

品牌的建立是一个长期的过程，这个过程是艰难的。接下来介绍怎样移除假粉丝关于 Instagram 和 Twitter 的。

假粉丝没有实际的作用，假粉丝只是一个数量，既不能购买产品，也不能增加产品的曝光度。而且现在随着平台的完善，大量的假粉丝反而对账号有危险，所以不提倡买假粉丝。下面讨论的如何移除 Twitter 或者 Instagram 上面的假粉丝。

Twitter 假粉丝移除工具：

Follow APP：这个 APP 可以检查账号上有多少假粉丝和关注的空账号，如图 11－43 所示。

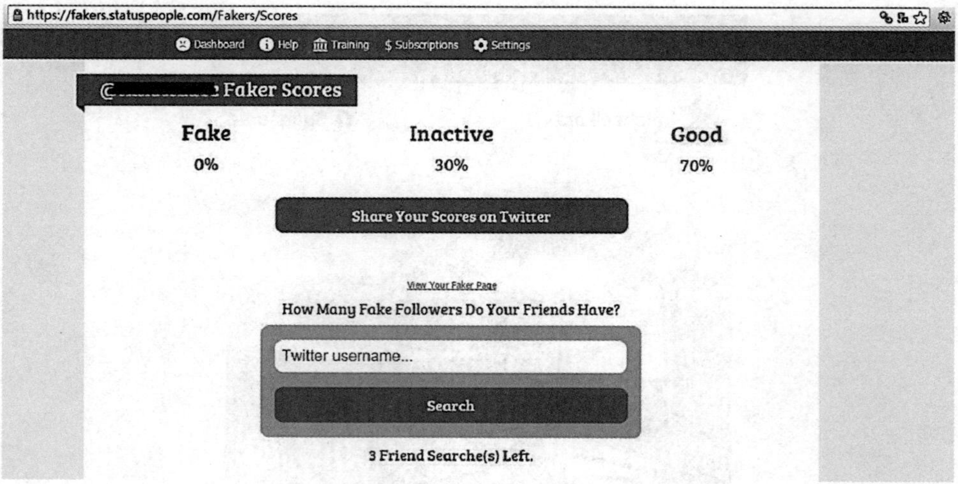


图 11－43　Follow up 工具

根据上面的数据大家可以看到的粉丝基本是真实的，但是有 30% 是不活跃用户，70% 是活跃用户。这个 Twitter 分析工具，还可以分析这个账号的一些其他信息，如图 11－44 所示。

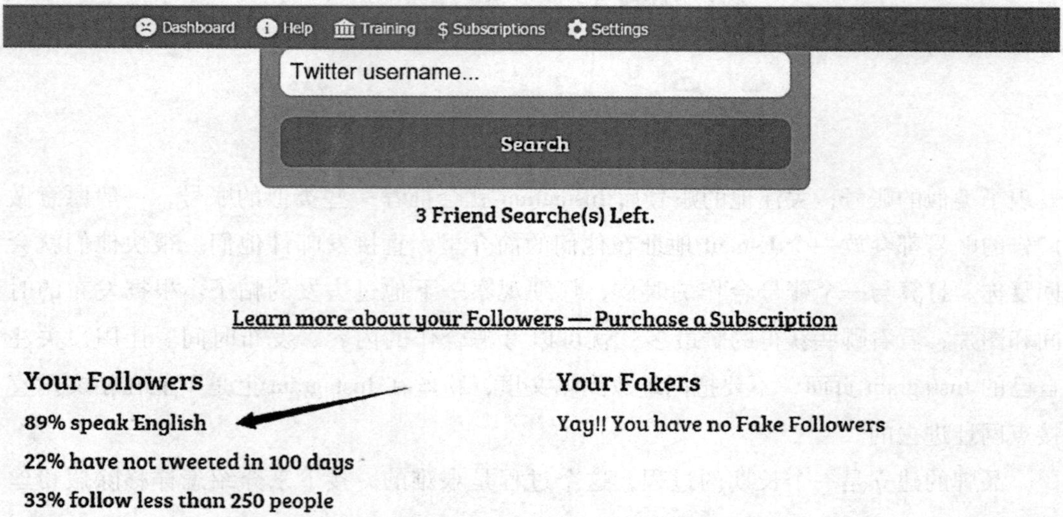


图 11－44　分析账号的信息

在图中，这个工具分析出，有 89% 的用户是讲英语的，22% 的用户已经 100 天没有发表过 Twitter 了，33% 的用户的粉丝数少于 250 个。

这个账号提供了三种收费工具：

• 免费的：无限制地查询账户情况（在国外有些东西如果是免费的话，会限制每天查询的次数，或者要求注册他们的账号之后，才会给予更多的查询功能）；有 3 次机会查询想要查询的对象，比如查询竞争对手以及上面提到过的一些功能。

• 基本付费版本：无限制查询和进行高级分析；可以手动对假粉丝进行 Block（阻止）；有 5 次机会可以查询想要查询的对象。

• 高级付费版本：自动的 Block 假粉丝；有 15 次机会查询想要查询的对象。

Fake followers：这是一款免费工具。这个工具可以随机选择账号上的 100 个好友，可以分析 Follow 和 Following 人数，一些他们经常会用到的高频词，分析哪些帖子是被 Retweet 多次，可以分析出哪些账号在过去的 90 天之内都没有发表过帖子，或者在几天中发表过的帖子低于 3 个都会被抓取得到，如图 11 –45 所示。

其他的几个数据都是和上面差不多的，这个工具还会分析哪些账号是空账号（没发过帖子的账号），这样可以对这些用户一键阻止掉。

TwitterAudit：这是一款免费工具，可以一次性随机地对账号的 5000 个粉丝进行分析，同样可以分析这项 Twitter 账号的 Follow 和 Followers 人数，Twitter 上发过的帖子数量，以及这些账号上最近一次发表帖子的日期。

IGExorcist：这个工具是适用在 Instagram 中使用，也是一款免费工具。它的功能是自动查询有多少不活跃的粉丝。

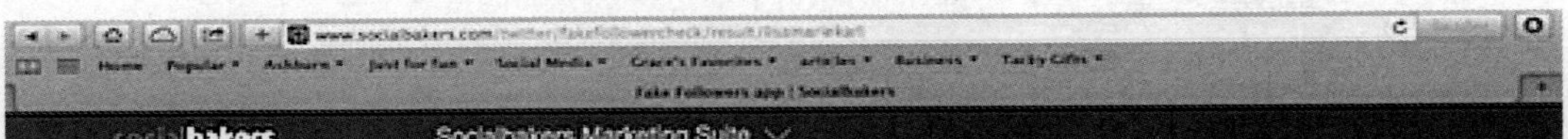


**图 11 –45　Fake followers 工具首页**

此工具和 Instagram 账号绑定，然后点击 Request Build 链接，如图 11 –46 和图 11 –47

所示。数据在网页关闭的情况下，也会不断更新，稍等一会儿，它就会自动出效果。

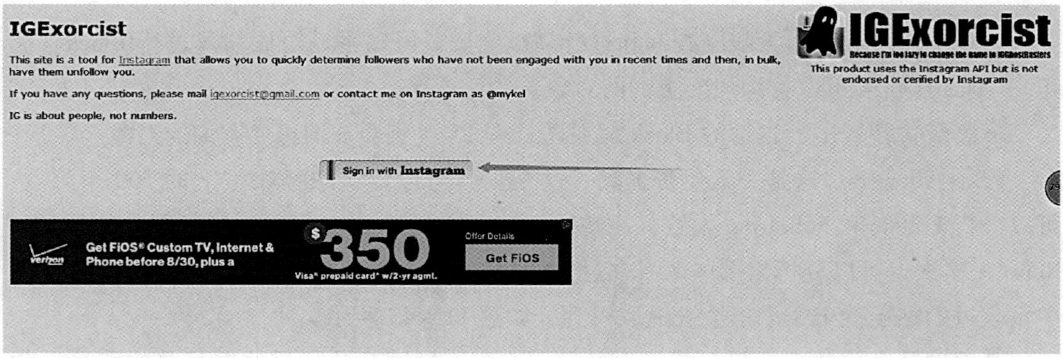


图 11－46　ICExorcist 页面

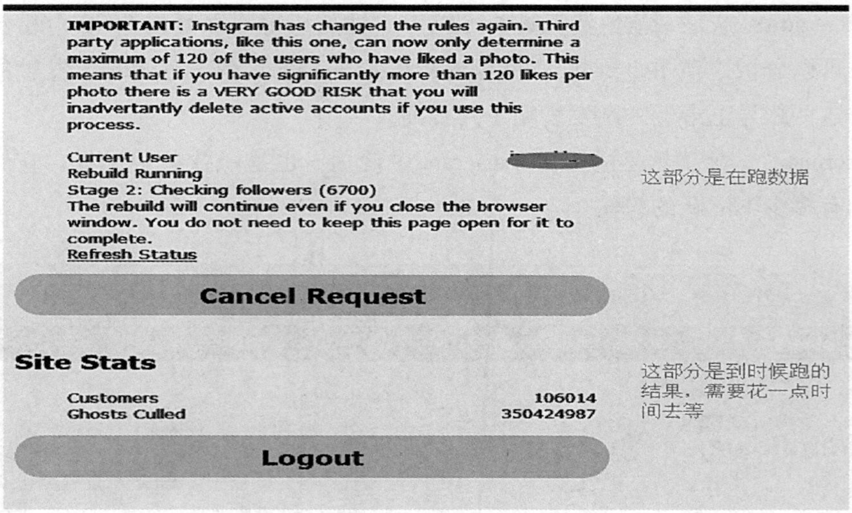


图 11－47　数据更新页面

移除的主要标准和依据是：双方没有互相关注，在过去的 300 天粉丝既没有点赞你的图片，也没有评论过你的图片，这个时候这个软件就会自动移除 Instagram 上面的假粉丝，如图 11－48 所示。

得到一份数据可以查看谁是不活跃的用户，同时可以批量移除 Instagram 上面的不活跃用户，每隔 2～3 秒移除一个。特别要指出的是，IGExorcist 软件并不知道用户关注的时间，若一个新的好友刚刚关注了你，你又没有和他建立互动，比如好友没有对你的图片进行点赞或者评论的话，好友则会被视为不活跃用户。

3. Pinterest

打开网址 https://www.pinterest.com/，进入 Pinterest（品趣志）页面，如图 11－49 所示。

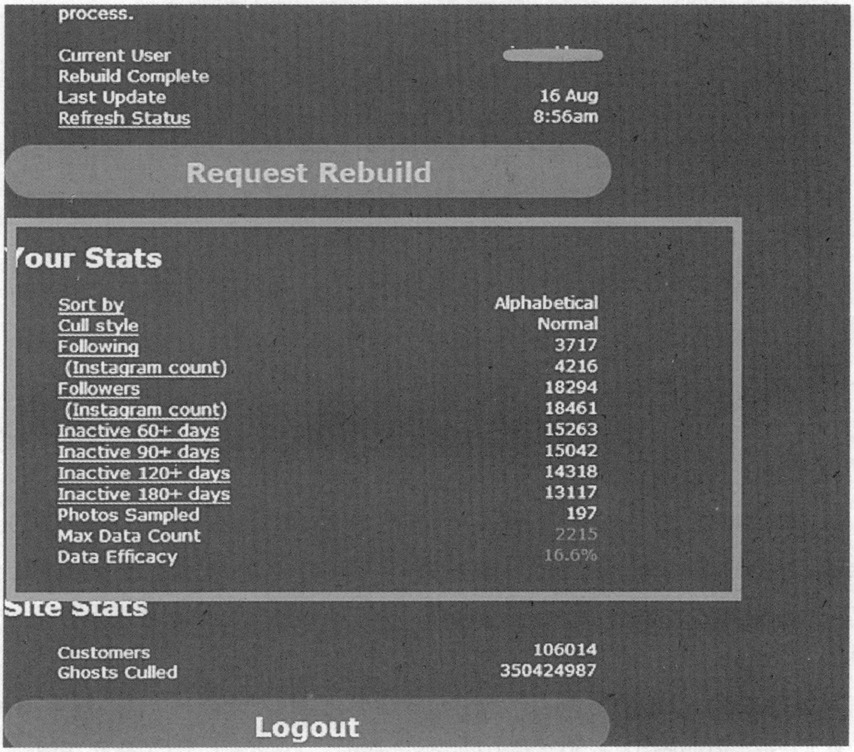


图 11－48 移除假粉丝页面

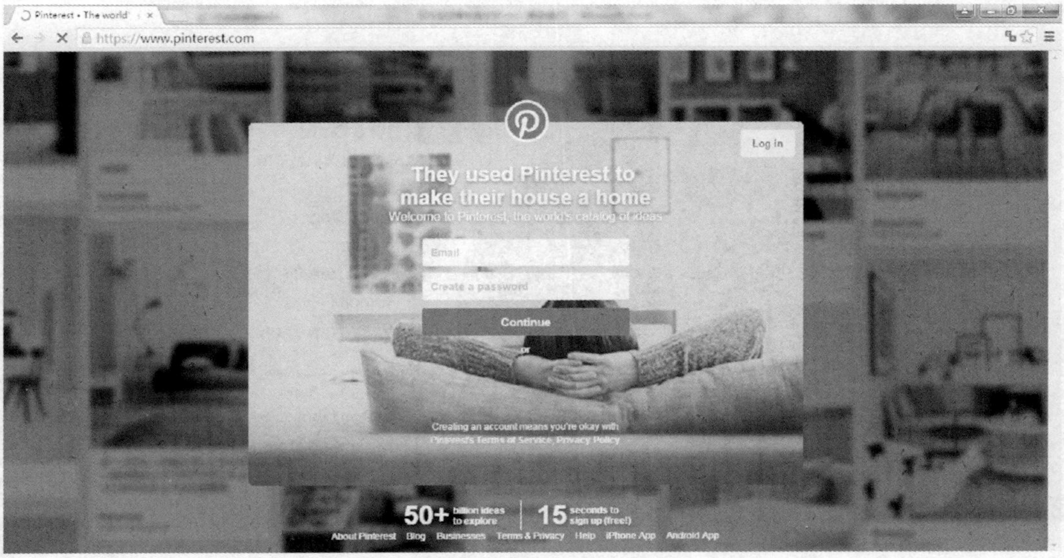


图 11－49 Pinterest 页面

Pinterest 采用的是瀑布流的形式展现图片内容，无须用户翻页，新的图片会不断自动加载在页面底端，让用户不断地发现新的图片。Pinterest 堪称图片版的 Instagram、

Twitter，网民可以将感兴趣的图片在 Pinterest 保存，其他网友可以关注，也可以转发。索尼等许多公司也在 Pinterest 建立了主页，用图片营销旗下的产品和服务。

有多家机构称，在移动互联网时代，网民在移动设备上更喜欢观看图片，Pinterest、Snapchat、Instagram 等图片社交平台受到用户热捧，目前市场估值也明显高于其他“文本”社交网络。

Pinterest 社交网站操作步骤如下：

（1）注册账户。

（2）新建一个话题板块，上传一个钉图，从电脑中选取一张高清产品图，加上产品简单介绍和自己的产品链接，上传完成。

（3）定期查看自己及别人的图片，产品图片转发、喜欢、评论次数越高的，说明产品越受欢迎，之前行业经理与卖家都有成功的案例。

Pinterest 推广秘籍：

Pinterest 社会化分享影响力虽然排名第一，平均点击每条链接产生的收益高出 Facebook27%，但并不代表该平台就适合所有的产品推广。Pinterest 是个性鲜明的平台，其原因是 Pinterest 有 80% 的用户是女性。受众人群特点十分明显。只有运营内容牢牢抓住女性的兴趣关注点，才能出现惊人的运营效果。Pinterest 中，各个项目所占比例及最受欢迎的类别如图 11－50 和图 11－51 所示。Pinterest 上的图片在爆发式增长，也有越来越多的人尝试新的题材和玩法。

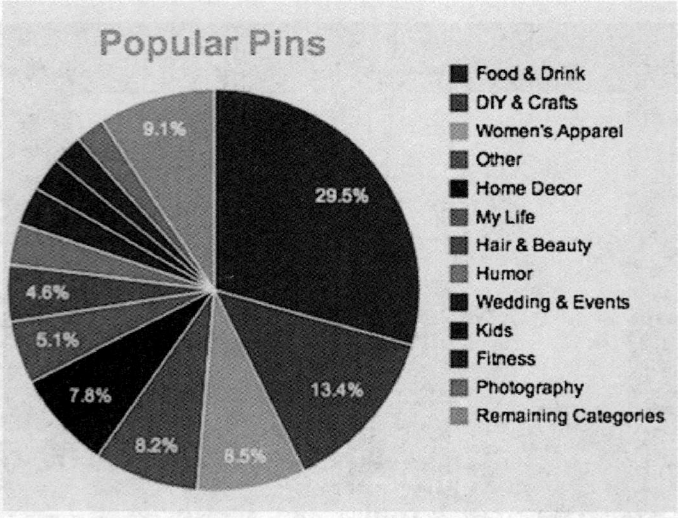


**图 11－50　各个项目所占比例**

高明的 Pinterest 玩家都具有以下特点：主题明确；分类有致；风格跨度小；内容多、精美、持续更新；邀请同兴趣的人一同编辑；最重要的是向女性的兴趣靠拢。

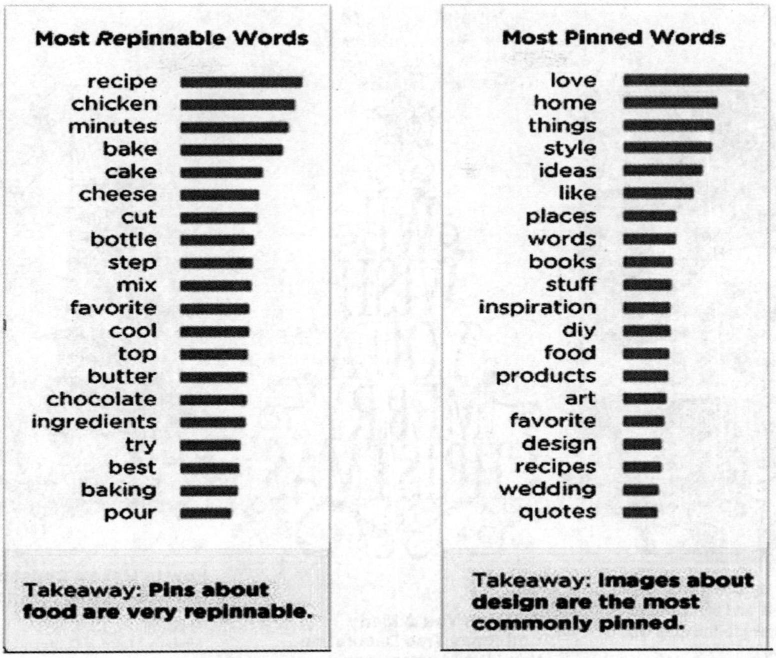


图 11－51 最受欢迎的类别

Pinterest 作为一个社交媒体平台，存在很多的商业价值，只是等待用户去挖掘，今天笔者就来深入地跟大家讲解一下如何高效地在 Pinterest 上推广产品。Pintererst 已经对商业页面以及条款进行了更新，这次的更新更加有利于商业化的推广。在全新的 Pinterest 上可以放心推广产品、销售产品并进行一系列的商业活动。下面介绍一下如何更好地利用全新的 Pinterest 来提升业务的几个技巧：

（1）增加旅游产品。

节假日在每个国家都是消费的高峰期。可以是圣诞节、万圣节、感恩节、母亲节等具有销售潜力的节日，也可以根据不同的国家不同的宗教信仰来推广销售不同的产品。在节假日即将来临的时候要让自己的粉丝知道你有他们节假日需要的产品，在 Pinterest 上面我们就可以通过创建一个关于节假日的 board（板面）来上传节假日的专属产品。卖家认真详细地填写产品描述，而且还要具有吸引力，附带上价格和购买链接。这样可以让自己的粉丝第一时间了解卖家的最新节日产品，如图 11－52 所示。

在不同的节日来临的时候可以把相关节日的 Boards（模块）放在板面的最前面，这样才能让相关的产品得到最大的曝光。定期观察并分析一下你的 Boards 上面的访问量并适当地做一些调整，对受欢迎的产品加大推广力度。

（2）发展同一主题的周边产品。

使用同一个主题来推广产品，是在 Pinterest 上面推广产品的另外一个很有效的方法，这个主题可以包括相关的颜色、图案、材质、成分等方面。选择了一个主题后就

图 11 – 52　节日产品

可以先创建几个跟主题相关的 Boards。例如，选择颜色分类为主题，就可以根据不同的颜色来划分不同的 Boards，然后分别写上不同的标签依次排列，方便用户直观地了解你的 Boards。

一旦正确地添加了 Boards，就可以开始按照颜色上传产品图片，并且写好产品的描述（包括颜色）。这对于业务拓展来说是具有创造性的，因为人们可以更加容易地找到自己想要颜色的产品，如图 11 – 53 所示。

图 11 – 53　使用同一主题推广产品

当然除了颜色之外，还可以从其他方面对同一主题进行分类，前提是要保证在同一个主题之下，比如可以通过不同尺寸、不同材质进行分类。要尝试创建不同的Boards，如果某些Boards没有效果的话也可以直接删除掉，换上其他的Boards。

（3）把重点放在畅销产品上。

用户都会喜欢一些流行的产品，当他们看见别人都在购买某些产品时，自己一定也会心动的，所以流行的产品更容易让人产生消费的欲望。一旦用户在排行榜上看到了卖家有流行的商品，就会有冲动到卖家的网站购买相应的产品。这就是为何像亚马逊这样的购物网站都有一个畅销排行的选项，因为消费者都有从众心理。因此可以在Pinterest上面运用同样的方法，重点突出最畅销的产品。首先，创造一个板面，标题和描述一定要写好，要让用户第一眼就觉得这就是他想要的产品。其次，上传一些优质的产品图片并添加产品描述。

要确保产品的信息都是正确的，购买链接网站也是有效的，且定期更新产品，删除下架产品，上传新的热门产品，如图11－54所示。也可以看一下Pinterest中最畅销的产品排行，包括最受欢迎的品牌、种类等。做好了上述的这几个准备后就有可能快速地提升产品的曝光度，从而提升产品的销量。

**图11－54　畅销产品**

（4）创造商机。

自己去创造商机，是Pinterest另外一种高效的推广方法，可以从Pinterest网站本身获取线索，创造一些高质量的内容（如带电子书、白皮书、报告、研究案例等），这是登录界面的展示内容。再加入一个有吸引力的形象，这就是店铺的门面，附带上简短的说明，在此之后，共享优质的内容Boards，这将增加目标网页的流量，将有助于产生更多的线索，同时拉动销售。这其实会更进一步地帮卖家筛选出潜在的客户，让他们更加容易购买到卖家的产品。

(5) 建立自己的粉丝群。

广告活动的最终目的是要创造商机销售产品，实际上当把品牌打响之后就是一个良好的开端，接下来就是在 Pinterest 上面花时间去发展自己的粉丝群体。当获得了足够量的粉丝之后就可以开始产品推广，若一开始就推广自己的产品，用户会很反感，这样不利于粉丝群体的顺利成长。

在 Facebook 和 Twitter 上每天可以分享一次产品，但是在 Pinterest 上就不同了，在 Pinterest 上最好的方法就是专门创建一个产品专用的板面，Pin（钉住）想要销售的产品上去。请务必记住产品只能上传一次，不能多次上传同一个产品，板面上面就会重复，粉丝看到也会反感的，这样就达不到想要的效果了。

当第一次上传产品的时候都希望得到更加多的赞，Repins（再次钉位），还有评论。这会让粉丝认同并喜欢自己的产品，为以后的产品推广作出重要的贡献，最重要的是不要让用户第一次就反感卖家分享的内容。建议定期分享产品，如图 11－55 所示，慢慢地添加网站链接。

**图 11－55　分享产品**

下面介绍可以利用一些工具最大效率应用 Pinterest。

(1) Pinterest 群工具——Pingroupie。

Pinterest 也是有群的，只是这个群不能被搜索到，官方没有提供一个搜索群的渠道。只要加进群，就可以 Pin 图到群，接着群成员就可以邮件收到××××添加了一张图片到群里（前提条件他没有关掉群设置的话），在他的个人消息里面也都可以，如图 11－56所示。利用 Pingroupie 可以依据目录、关键字找到相关的群，如图 11－57 所示。

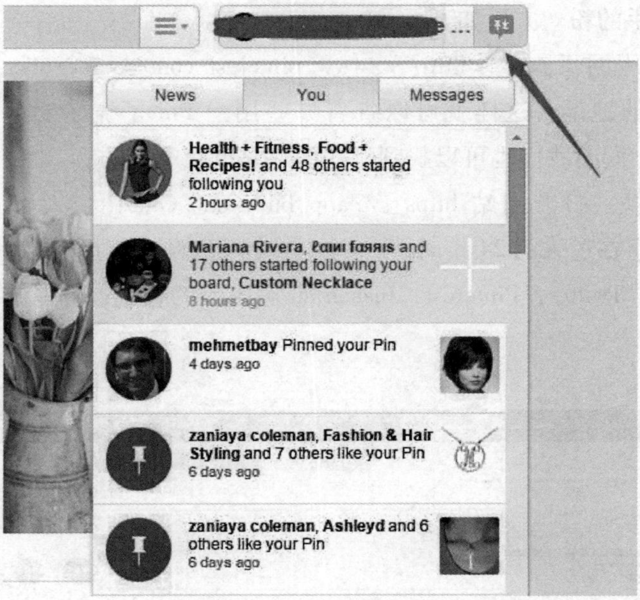

图 11－56 消息显示其他成员发的信息页面

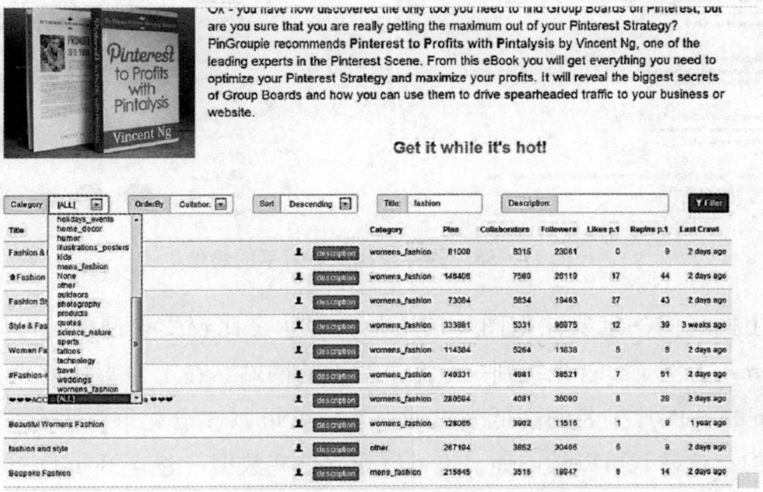

图 11－57 通过关键字找相关的群

笔者一般是依据 Repin 或者 Like 的人数来选择群，这两个参数越高，就代表这个群越活跃，同时这两个参数也是笔者平时用来找红人用的。

（2）查找竞争对手的粉丝。

很多做外贸的朋友都喜欢关注别人的 Follow，来希望对方回粉。最简单的就是找到竞争对手，然后 Follow 他的粉丝数，进行 Follow！然而如果我们可以用一下值针对哪些用户 Pin 了我们的竞争对手那是不是会更精准？在玩任何 SNS 平台的时候，都要记得针对我们的粉丝要做到精准营销。

查找竞争对手的粉丝方法如下：

①打开网站用网页查找。http：//www. pinterest. com/source/abc. com，把 abc. com 替换成竞争对手的地址，这样就可以查看哪些用户 Pin 了竞争对手，再对他们进行 Follow 会更精准，同时我们也可以找到哪些图片是最受欢迎的。

②用软件查找。打开网站 https：//app. buzzsumo. com/，这个工具可以依据关键字，查看哪些文字在过去的 24 小时，一周、一个月以及一年里表现的最好。这个方法适用于 Facebook，Twitter，Pinterest，Instagram 对内容的查找，非常有用，如图 11 – 58 所示。

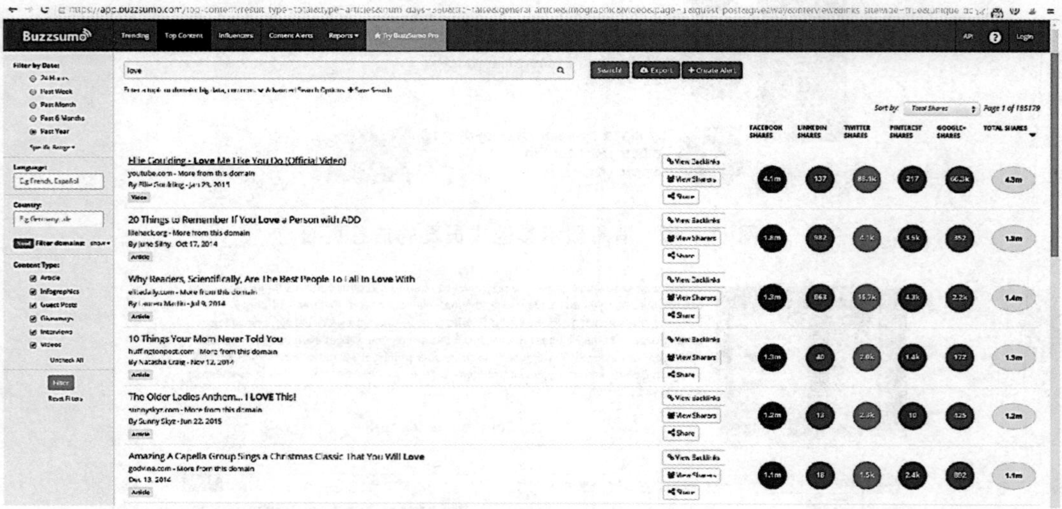

**图 11 – 58　软件查找竞争对手的粉丝**

在社交上面我们一定要注重图片的质量，哪些是比较受欢迎的，可以直接引用。本文以 Pinterest 为例子，首先找到一个竞争对手的网站，在上面直接输入完整的域名，然后按照 Pinterest 图片排名的高低来过滤，这样就可以知道竞争对手有哪些图片是表现得非常好的，这样就可以学习他，也可以建立这些数据（建立 Board）和上传受欢迎的图片。

（3）找 Pinterest 的红人。

在 Pinterest 上面营销找到对的红人非常重要，快速找到红人的方法如下：

①使用 SimilarWeb 的付费功能（一个月 99 美元）可以查看竞争对手最好的 Pinterest 帖子，以及每个帖子占据的流量来源。SimilarWeb 这个软件功能很强大，一个月 99 美元，价格实惠。

②使用 Repinned. net，找到 Pinterest 上的大账号，通过这个工具你可以找到很多 Pinterest 的大 Board 和大的账号，如图 11 – 59 所示。

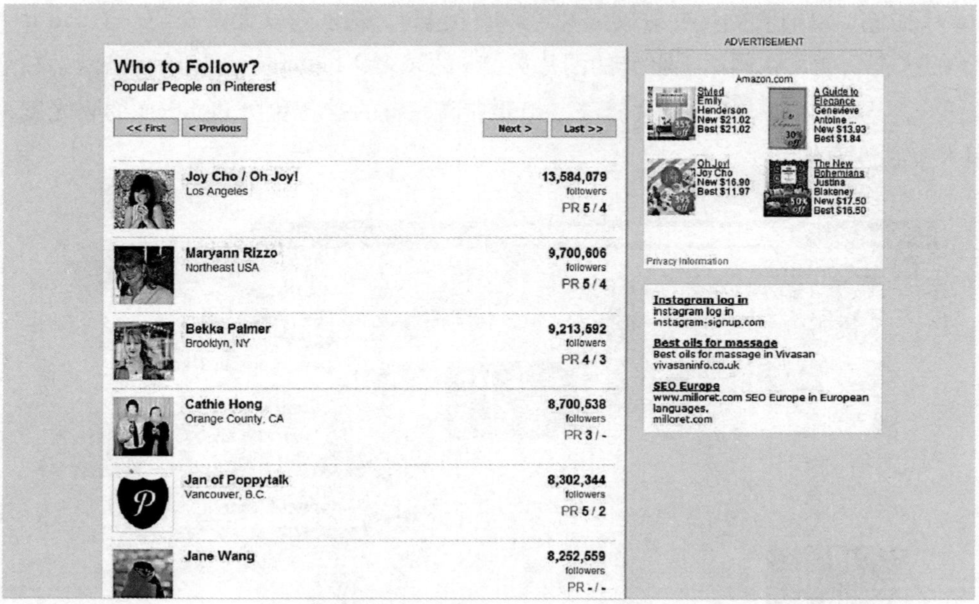


图 11－59　查找大账号和大 Board

（4）Pinterest 检查工具。

打开网站 https：//www. tailwindapp. com/，可以用 Pinterest 账号直接登录，如图 11－60 所示。

图 11－60　Pinterest 检查工具

这个软件可以分析出很多东西来，比如多少个 Board，有多少张图片，每个 Board 有多少个追随者，这个账号 Follow 的人数以及分布数，甚至还可以预设 Pinterest 的发布时间，还可以和 Instagram 连接使用，功能很强大，而且可以直接在谷歌浏览器上面安装插件，以后看到好的图片可以直接预设时间然后发布。

（5）Pin to Pinterest 或者是 Pinterest Pro。

可以在谷歌浏览器上面去搜索 Pin to Pinterest（见图 11－61）和 Pinterest Pro 两个

Pinterest 插件，以后看到哪些好的图片可以直接 Pin，特别建议大家安装一下 Pin to Pinterest 的这个功能，在网站上自己的图片被 Pin 的越多，Pinterest 会越给自己网站权重和曝光度。这只是 Pinterest 的一个算法，想要提高完整的排名和在 Pinterest 的曝光度，还有很多个维度要做。

**图 11－61　Pin to Pinterest 选项**

这里需要注意利用 Pinterest 营销容易犯的错误：

（1）没有与自己的其他社交媒体平台链接起来。

很多社交平台都是互联互通的，这样才能有更广的发展空间，不要把粉丝仅仅局限在 Pinterest 上面，可以把 Facebook 好友粉丝转移到 Pinterest 上面。这样每个平台上面的资源都可以共享，尽量让用户知道自己的其他社交平台，让他们可以更加全面地了解自己，这是培养忠实粉丝很重要的一点。社交平台互通设置如图 11－62 所示。

（2）没有填写 Pin 的描述。

微博上面的字数限制是在 140 字以内的，但是 Pinterest 上面的的描述字数可以多达 500 个字，这其中可以写很多相关的、有趣的文字。当然为了能让更多的人关注 Pins，还要添加一些关键词、短语、热门话题，等等。还可以把网站的链接和其他社交媒体的网页一起添加，如图 11－63 所示。

（3）Boards 里面不要只有产品图片。

不要把 Pinterest 上面的所有 Boards 都弄成自己的产品，这样用户看到会反感的，尽量运用多样化的 Pins 来填充 Boards。当用户在浏览 Boards 的时候可以看多样化的东西，要是他不喜欢你的产品有可能会喜欢上其他 Board，这样用户还是会去关注你。比如，产品是女士首饰，可以上传一些女士包等这个群体用户都喜欢的东西，如图 11－64 所示。

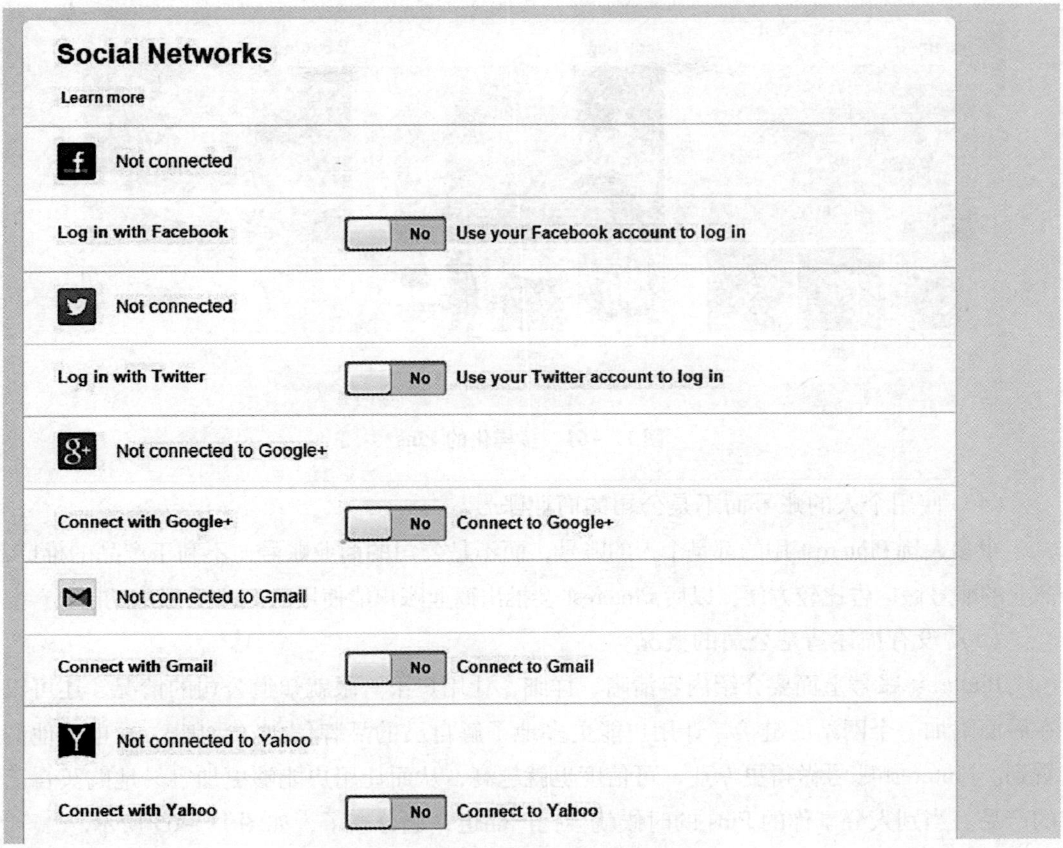


图 11－62　与基他社交平台互通

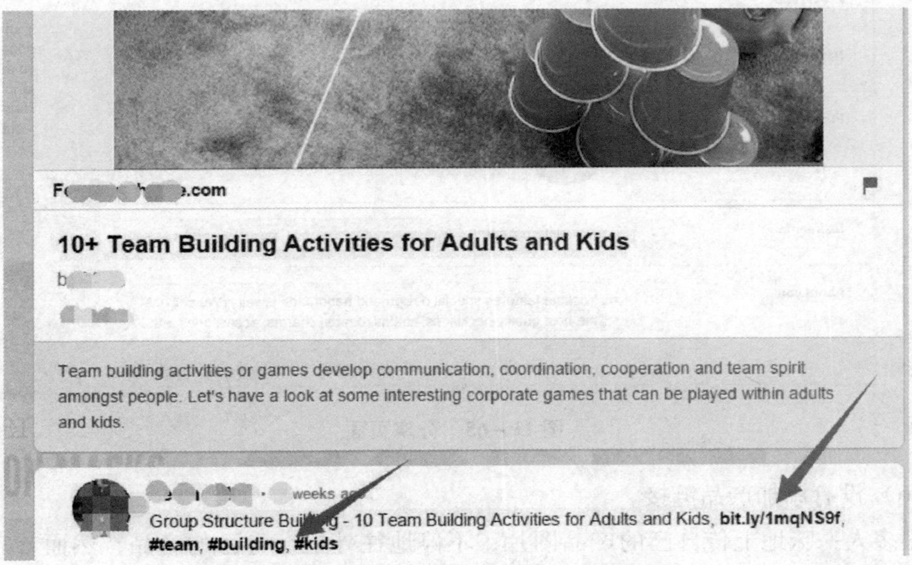


图 11－63　链接与网页一起添加页面

图 11-64　多样化的 Pins

（4）使用个人的账号而不是公司的商业账号。

很多人玩 Pinterest 用的都是个人的账号，而不是公司的商业账号，不利于产品的推广，商业的账号做广告比较方便，以后 Pinterest 会推出商业账户能使用的 Pins 升级的功能。

（5）没有描述清楚公司的概况。

Pinterest 账号上面要介绍内容清晰、详细，让用户第一眼就知道公司的情况。还可以在后面附加一个网站的链接，让用户能更多地了解自己的品牌信息。品牌 Logo 也让他们看到。Pinterest 账号做得更专业，可信度也就越高，从而让用户能够更加容易地购买自己的产品。当别人分享你的 Pins 的时候就会把产品也一起分享了，如图 11-65 所示。

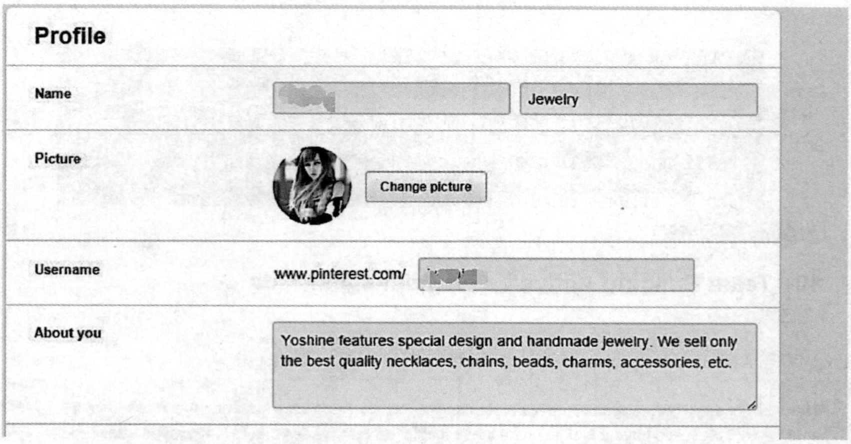


图 11-65　分享页面

（6）没有添加产品链接。

很多人一味地上传自己的产品图片，不停地往外推广自己的产品，然而却忘记了把购买自己产品的链接附加上，这样就算用户看到了产品也对产品感兴趣，但是却没有办法购买，这是最可惜的事情了。其实很多用户是很懒的，他不可能去记住产品名称品牌，然后去每个购物网站搜索，直接提供一个链接，这样大家就都方便了，这是一举两得的事情。

还有一个技巧：到 Bitly 网站把产品修改链接，将它变成一个短的链接，这样又好看又直观，如图 11－66 所示。

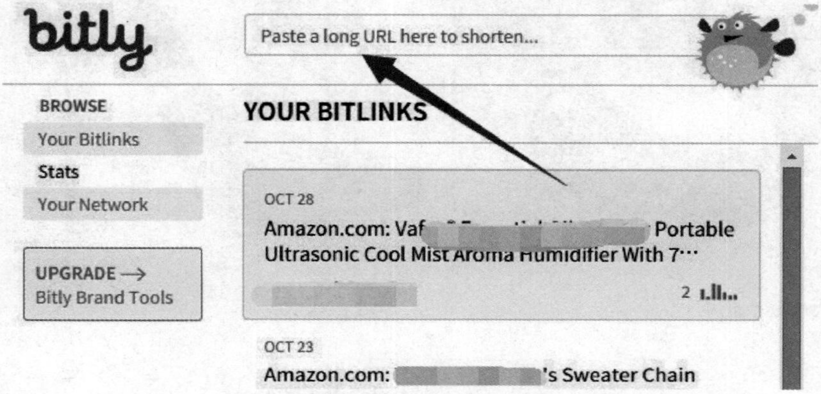


**图 11－66　提供短链接**

（7）不要在 Pinterest 上使用质量很差的图片。

很多人为了简单方便就直接从别人那里抄袭一些图片，完全不经过筛选就上传。我们选择图片要注意图片不能过大也不能过小，要让自己的品牌看起来更专业。对于一些小细节也要把控好，这样用户才能喜欢上你的产品。Pinterest 上面的图片最大宽度是 235 像素，高度是没有限制的。

（8）不要有空的和没有完成的 Boards。

如果 Pinterest 账号上面有空的或者没有完成的 Boards，对账号是有非常大的影响的，这不光是不好看，而且别人会认为非常不专业。为了避免这种情况，在每一次创建 Boards 的时候都要先准备好几张质量好的图片上传，在缩略图中也能让别人看着很舒服。如果 Boards 还没有完全准备好，可以先设为私密账户，然后等编辑好了就可以设置为大家都能看见的 Boards。

（9）抛弃品牌。

选择正确的 SNS 平台去推广品牌是非常重要的，一旦选定了，就要坚持做下去，认真地做好产品。很不专业的账号不如不做这个平台。

（10）图片质量太差。

Pinterest 平台最注重的就是视觉体验，如果上传的产品图片质量很差，那么用户的体验也会很差，Pinterest 上面大多数的图片都是从互联网上收集的高质量图片，如果产品图片质量不高的话，基本上会被埋没在图潮中。上传高质量的图片，然后好好整理

Boards，慢慢地账号就会看起来越来越丰富，如图 11－67 所示。

**图 11－67　图片展示**

这些产品的图片要求简洁直观，产品清晰突出，就是这样的图片才能让用户有点击欲。必要的时候用一些图片美化工具能获得更好的效果！同样产品的描述也要写得有吸引力，要用最简单的语言全面地描述产品。

（11）没有在产品 Pin 上面标价。

Pinterest 大多都是一些购买力强、热爱生活的女性，她们一般都比较喜欢做一个 Board 类似 Wish list（收藏类）一样，标注一个清晰的价格，购买的成功率会提高 36%，把价格藏起来一定不是一个好的选择，如图 11－68 所示。

（12）没有验证网址。

很容易忘记验证网址。验证账户可以帮助用户查看到他们对应的网页链接。其实 Pinterest 上面有很多假冒的网址链接，验证了就可以确保用户看到的 Pinterest 页面是合法的品牌。

当验证后就可以访问 Pinterest 的网站免费分析平台，可以使用上面的数据进行分析，更好地进行 Pinterest 营销。

（13）忘记了跟粉丝互动。

做 SNS 的时候，一定要与粉丝多进行互动，不要总是一味地分享和输出内容，当任何用户有所回应，都要积极地跟他互动，粉丝若与自己的交互太少，就要想想原因，否则营销就意义不大了，如图 11－69 所示。

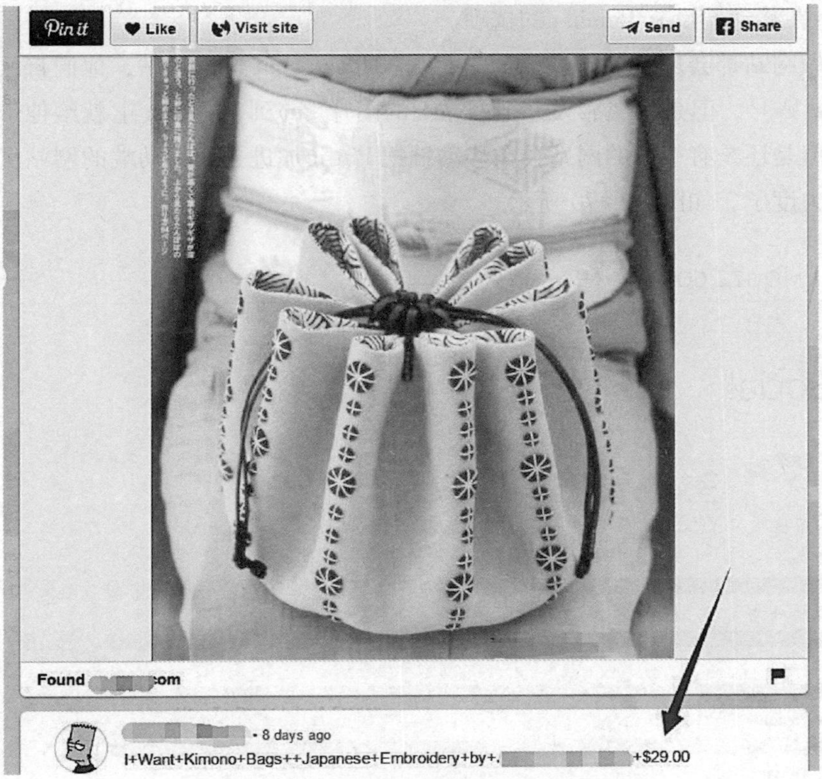


图 11－68　标注价格

图 11－69　与粉丝互动

（14）在移动端没有 Pinning 的选项。

现在做网站都会加上 Pin it 按钮，可以去 Houzz. com 这个网站，他们自己都没有开通 Pinterest 账号，但是单纯靠大家把网站上的图片 Pin 到 Pinterest 上就给他带来了大量的流量，但是还是有很少的网站会在移动端把 Pin it 加进去，移动端的网站优化大家一定要加大力度了，如图 11－70 所示。

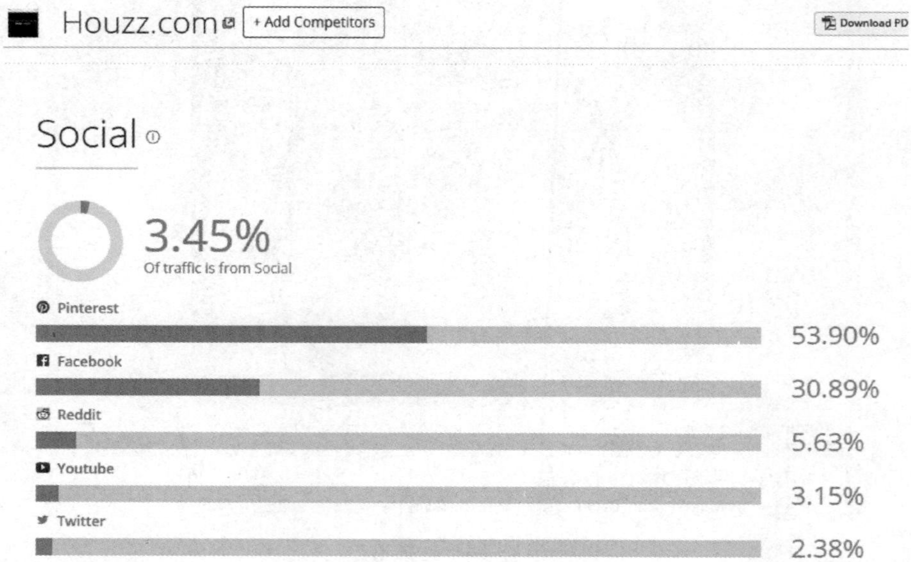


图 11－70　移动端占比情况

4. YouTube

YouTube：打开网站 https：//www. youtube. com/，如图 11－71 所示。

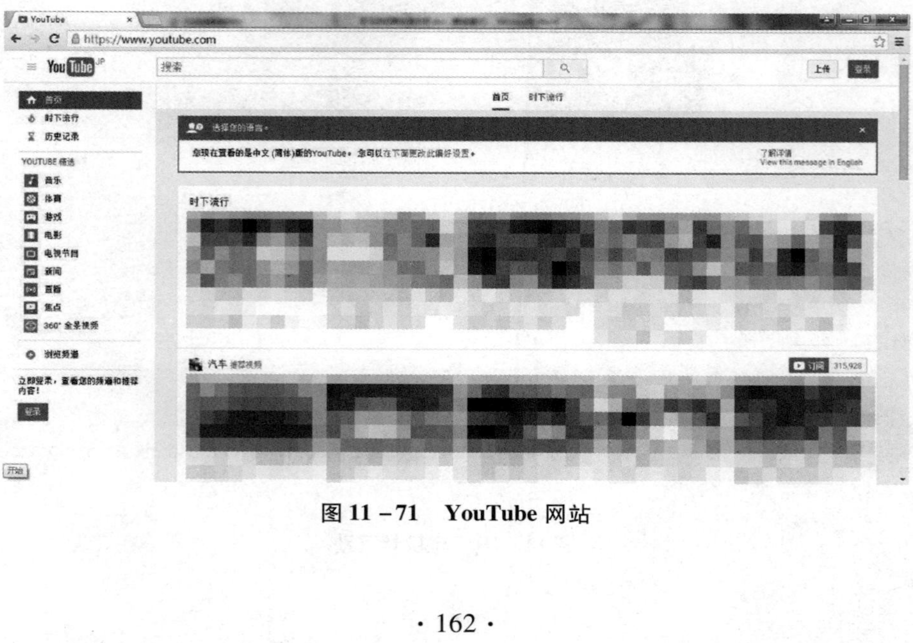


图 11－71　YouTube 网站

YouTube 是一个国外的视频网站视频也是可以优化的，我们来看看如何优化视频，如图 11 – 72 所示。

**图 11 – 72 优化视频页面**

在谷歌的 SEO 算法里面，YouTube 占据了一个非常重要的位置，谷歌对 YouTube 的视频给予了一个非常高的权重。我们可以从平常搜索关键字的时候直观的感受到，高权重的 YouTube 视频经常是排在搜索的第一位。

基于以下几点的优势：

①SEO 是搜索的入口。

②谷歌是 YouTube 的母公司。

③每月都有超过 60 亿小时的视频观看。

④每分钟有 100 个小时长的视频被上传。

⑤每天在 YouTube 上的活跃用户保持在 10 亿人次。

与其他的视频网站 dailymotion、Vimeo 相比，YouTube 的浏览地位是不可撼动的，图 11 – 73 所示为各个网站的占有率。

谷歌对于视频出现在搜索结果位置的算法与纯文字的排名算法略有不同，它要看这个视频是否符合具体的搜索条件，具有多大的相关性，算法中的决定因素可能会有好几百个，我们不可能从谷歌获得全部的因素清单，但是笔者认为下面几个因素应该重点考虑：

（1）视频标题中的关键词。

关键词与搜索条件匹配越高，排名越在前面，比如，在 YouTube 中我们输入手机

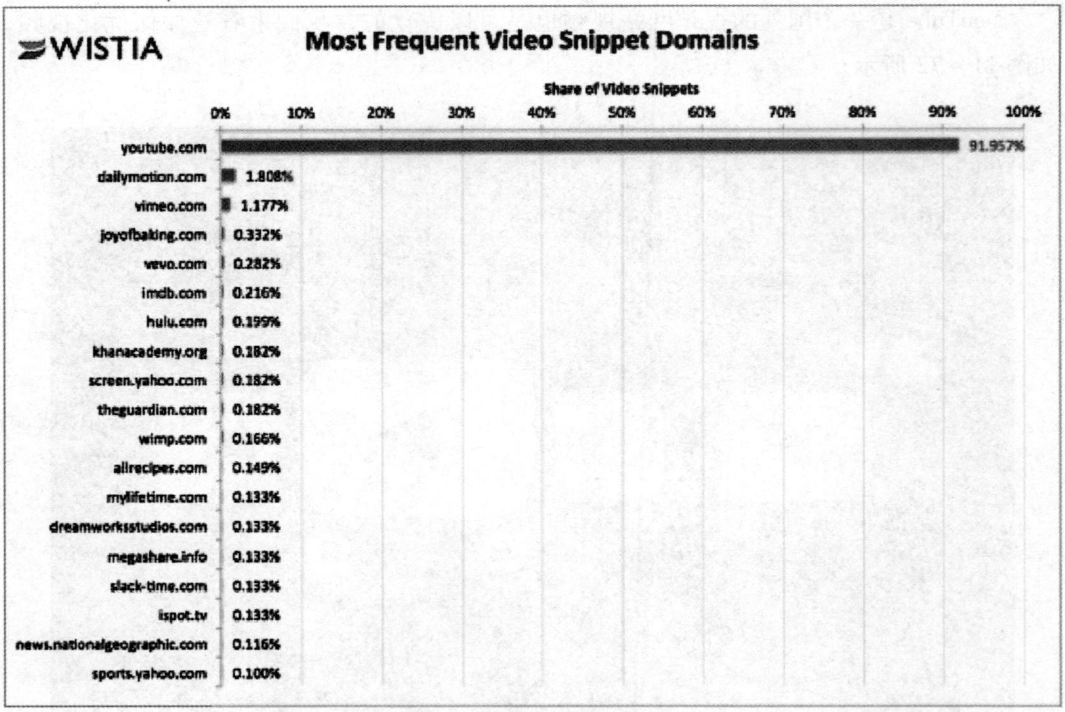


图 11－73 视频网站占有率对比

(Cell Phone)，结果如图 11－74 所示，除去广告外前 20 的视频中有 16 个标题都带有 Cell Phone。

从图 11－74 中可以发现：

①标题的关键字占据非常重要的地位。

②YouTube 支持变体关键字，比如你搜索 Cell Phone 时会出现 Mobile Phone，说明上传视频的时候主关键字可以适当的用变体来代替。

③在第 1 个视频的标题 Drake-Hotline Bling？中没包含搜索的关键词排到了第一位，这是因为另外一个决定排名的因素——浏览量起到了作用。

(2) 视频的浏览量。

视频的浏览量是以独立 IP 的浏览量来计算的。独立 IP 的浏览量越高，这个视频越容易靠前，上面提到的这个视频虽然连关键词都没有放在标题里，但是因为有相关性且有远超其他视频的浏览量（430，022，409），从而获得了前十的排名。切记：不要在浏览量上作弊，比如花钱购买浏览量，一旦被抓到，视频和账号及里面的其他视频都会被封。浏览量并非决定因素，有时候我们可以看到排在前面的浏览量并不都比后面的视频浏览量要高，这里又是另外一个因素在起作用即浏览量的增长速度。

(3) 浏览量的增长速度和视频的新鲜度。

比如，现在有 A、B 两段视频，A 视频上传于 5 年前，浏览量为 60 万，最近一年

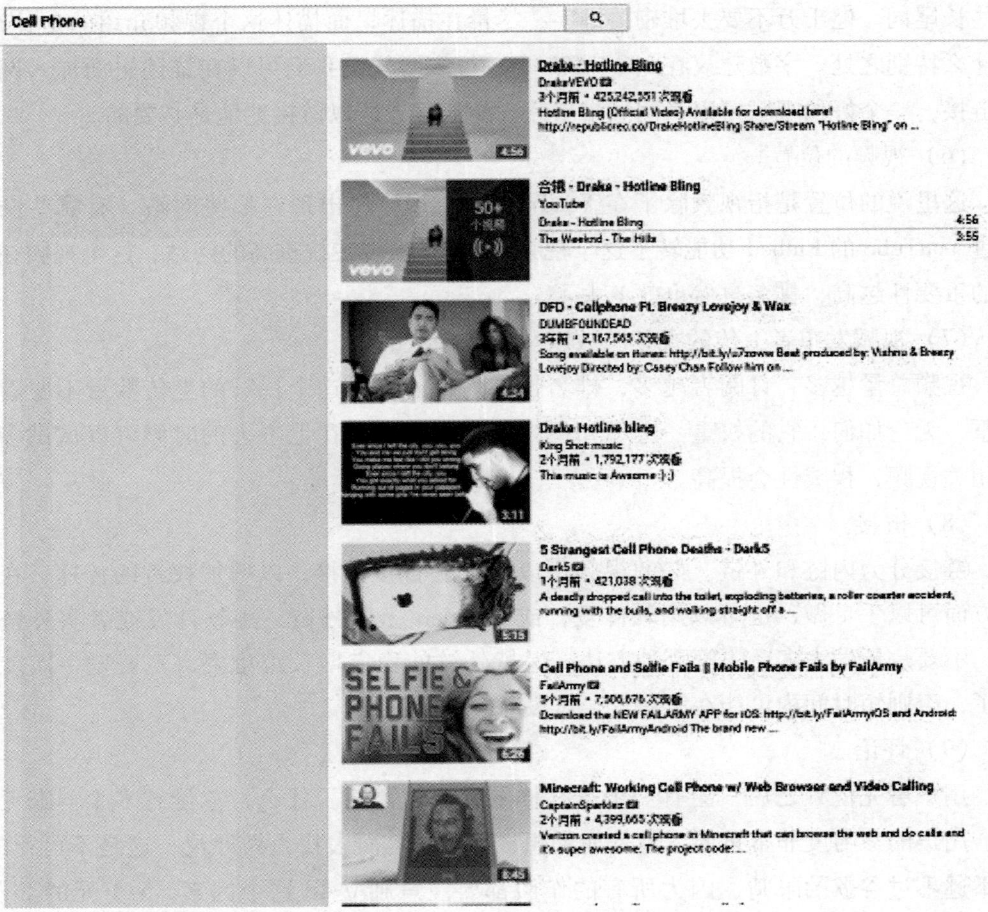


**图 11－74　手机搜索结果**

平均每月的浏览量有 1000 左右；B 视频上传于 1 年前，浏览量 20 万，且每月的浏览量都比上个月增加 10%，那么，即使 B 视频的总浏览量低于 A 视频，YouTube 会因为 B 视频较快的浏览量增长速度和新鲜度而判定 B 视频更能满足当前搜索用户的需求，从而将其在搜索结果中排在 A 视频的前面。

（4）视频浏览的质量。

每一个访客都认真看了视频吗；平均看了多久，是看几秒就关掉还是完整地看完了；他们看完视频之后是一个什么样的反应；是对其进行点赞吗；是否分享给他的朋友，或者分享到其他的社交平台，这些因素都非常的重要。这些因素决定了视频浏览的质量。用户的行动，是谷歌对这个视频的评判依据，谷歌是重视用户体验度的，其显然不会漏掉这个因素。

（5）视频描述里的关键词。

这是一个非常重要的因素，在描述的过程中适当地融合 SEO 关键字元素，特别是一些长尾词。但千万不要去堆砌关键字，尽量在描述里面描述这个视频介绍的是什么，有什么特别之处。字数建议在300~500个。很多时候，我们可以在描述里面加入网站的链接，一个好的视频可以为网站带来巨大的流量，所以链接地址是必要的。

（6）视频的位置。

这里说的位置是指视频除了在YouTube上出现，还出现在哪些网站（有哪些网站通过YouTube的Embed功能转了这个视频），越是出现在权重高的网站，这个视频在谷歌的重要性越高，排名自然也就上去了。

（7）视频发布者上传的视频总数以及订阅者数量。

视频总量越多，订阅者越多，排名越靠前，读者对这个视频的上传数量不要看得过重，无论如何，它的权重一定不如视频的订阅人数，在上不去的时候可以试试多传点相关视频，权威性会提高。

（8）链接。

链接分为内链和外链。好的视频可以相互并直接链接，以增加权重的传递。在外链方面可以手工做，也可以用软件发，或者Fiverr上买外链，用软件发或者买外链的话，不要一天发太多。不管哪种方法，保持外链的稳定增长很重要，不要发一次就不管了，否则短时间内可能在第一页，过段时间就消失了。

（9）评论。

用户看完视频之后，会有一个什么样的反应？评论了什么，总量有多少？毫无疑问，用户的参与度非常重要，但是如果想在Fiverr上面去找人做评论，这是不可行的。此举逃不过谷歌的眼睛，因为所有的作假都要注意独立IP这个因素，5美元的Fiverr不会去寻找不同的IP去评论。

（10）视频的质量。

我们常常在浏览YouTube的时候，可以看到HD这两个字，这就是高清的英文缩写。若视频为一个具备糟糕视频画质的黑白电影，还会有人看下去吗？用户还会把他看完吗？所以好的画质的视频，谷歌是有基于权重的，如图11－75所示。

最后推荐一下常用的作为YouTube关键字搜索的工具：

①Google分析工具。

②Keywordtool.io：打开网址http：//keywordtool.io/youtube，使用此工具如图11－76所示。

这些工具很受用户欢迎，可以结合谷歌分析工具给出的关键字，然后搜集长尾词，放在YouTube的视频描述里面，以增加视频的搜索概率。

可以通过YouTube Card（YouTube卡片）增加流量。YouTube也有很多和Twitter类似的YouTube Card。YouTube页面如图11－77所示。YouTube Card官方解释：通过卡片，可以为视频添加一些新的互动。这些卡片可以应用到单个的视频中，并能呈现

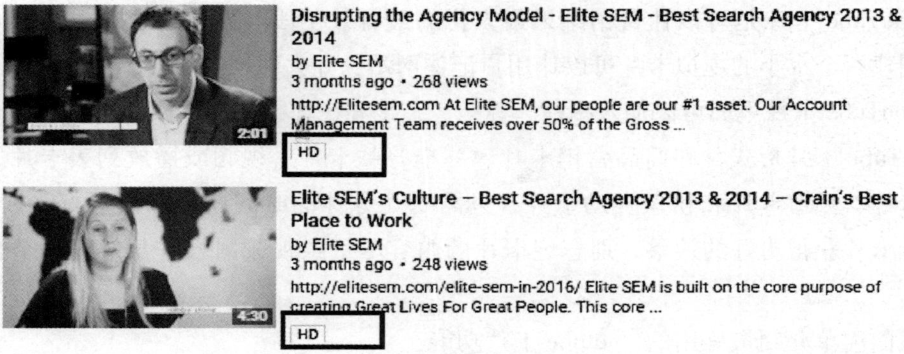


图 11－75　高清视频

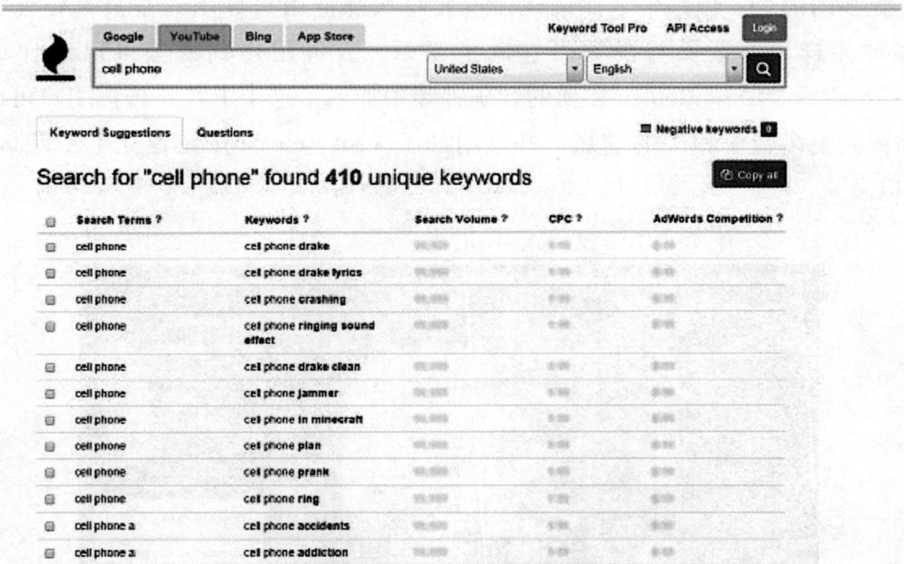


图 11－76　Keyword Tool Pro 页面

在桌面设备和移动设备上。可以从符合条件的网站列表中选择目标网址，并根据卡片类型自行设置图片、标题和号召性用语。

图 11－77　YouTube 页面

YouTube 卡片是可以让营销结果最大化的最有效手段，用户在观看 YouTube 视频时，创建一个小小的虚拟卡片可以让用户记住网站，并去看视频简介。

YouTube 卡片里面可以加入图片、标题、链接和任何想要用户做的行动号召。有六种 YouTube 卡片形式，即商品营销卡片、募捐筹款卡片、视频或播放列表卡片、关联网站卡片、频道卡片和粉丝资助卡片，只需要几分钟的时间就可以设置好一个卡片。要想让卡片获得更好的效果，别忘记卡片的内容尽量跟视频内容本身形成一个合理的组合。

下面简单介绍最好用的 Youtube 卡片功能：

①给网站带来更多流量。营销人员可以利用 YouTube 卡片引导用户到自己的网站浏览更多的内容。但是一定要记住，不要每次都把用户导流到主页，导流的终点可以多种多样，尽量要与视频内容产生联系，告诉用户到哪里可以做什么。如图 11－78 所示，Chris Robley 在他的音乐视频中加入了这个卡片，告诉用户可以去他的网站读到更多音乐相关的信息，并且增加了 Visit website 按钮建立了 Call to action（激励口号）。

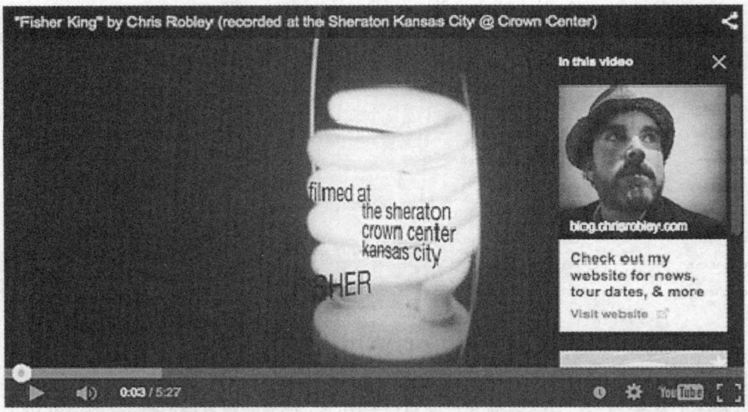


**图 11－78　卡片引导作用**

②获取更多用户的 E－mail 地址。营销人员都知道获得更多的 E－mail 地址意味着什么，老用户的二次营销的转化比获得的初始用户高出了不止一个量级，先让用户知道和熟悉品牌，下次再找到他们的时候 E－mail 地址就可以派上用场了。如图 11－79 所示，视频结尾使用了 Subscribe 的卡片。

③直接推广产品。在视频中对产品进行展示，尽可能多维度地展示产品的专业性、产品的性能、使用方法、注意事项，等等，这些有助于用户对产品产生信任感，这时候加入一个引导用户去购买的 Card，就会发现之前做的一系列的工作都会得到回报。YouTube 视频是很好地与用户沟通的有效方法，YouTube 卡片可以更好地帮助你维系与

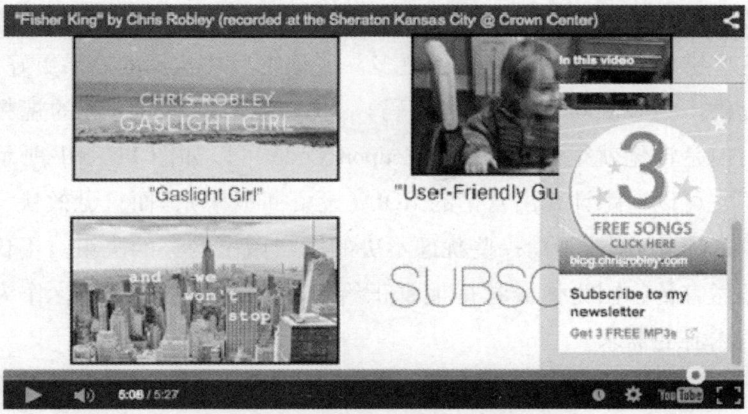


图 11－79　带有 E-mail 的视频地址

用户之间的关系，发展新的用户以及促进真正的销售。同样地，YouTube 也是可以跟红人合作的，我们来看看应该注意些什么的要点。

首先，不能单纯看红人的 Followers 人数，而且要看红人适用的产品。找红人可以宣传的 Niche 一定要与产品或者品牌高度契合，一些用户找红人的时候可能更多地会关注粉丝数和视频浏览量，理论上来说这样并没有错，但是，如果找到的红人不适合宣传自己的产品，可能效果就会大打折扣。

如果与产品契合的话，一些中小红人的宣传可能会带来意想不到的惊喜！找到合适红人的两个要素就是粉丝参与度和恰当的时机。

其次，追踪视频带来的效果。观看人数是追踪红人的视频带来的真正效果比较重要的指标，但更重要的是要看用户是不是真的对这个视频感兴趣，用 Bitly 网站制作一个可以追踪流量和来源的链接，就可以更好地判断每一位红人推广带来的效果，如图 11－80 所示。

图 11－80　追踪视频的效果

把链接放在视频的前几行，这样客户可以更容易、方便地找到产品的链接，尽量要直接显示这些链接，会比点击“显示更多”按钮之后才找到的效果更好。

④可以提供一些 Coupon Code（优惠码）。我们能通过 YouTube 的视频链接查到链接的点击量，但是转化就很难衡量了，Coupon Code 可以如图 11 - 81 所示，很好地解决这个问题，它可以追踪计算出营销的 ROI（投资回报率），而且见效快，如果品牌不是很出名，Coupon Code 能帮助一些犹豫不决的客户做出购买的决策。不仅如此，红人也会更卖力地做宣传，因为他会觉得他真正给粉丝谋到了一些福利，作为营销人员要善于挖掘人们内心的需求。

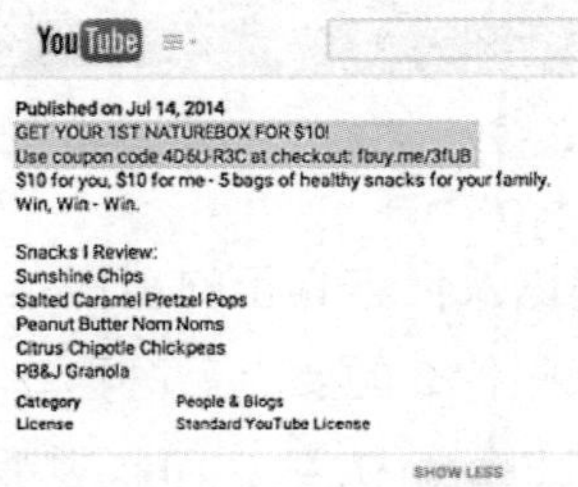


图 11 - 81　Coupon Code 示例图

⑤给视频命名一个好的标题。

标题命名时要遵循几个小技巧：把品牌名带进标题；标题不能看起来太“广告”；要把产品的主关键词带进去。

⑥优化视频的 SEO。

YouTube 是识别不了视频的内容，它主要是通过标题、描述、简介来获取关键字的，好的视频 SEO 占了很大的比例，因此 SEO 在这里就显得异常重要了。

在 YouTube 里面也能找到客户，登录 https：//www. youtube. com/，在搜索框页面搜索关键字，这里以 wedding 为例，搜索结果如图 11 - 82 所示。

图 11 - 82　wedding 搜索结果

在搜索结果中，点击某一个链接，打开如图 11－83 所示的页面，在页面中点击 Channel（来源）链接。

**图 11－83 点击“Alexandrea Graza”链接**

在打开的页面中点击“简介”标签，我们可以看到对方的邮箱，如图 11－84 所示。通过邮件可以联系客户。

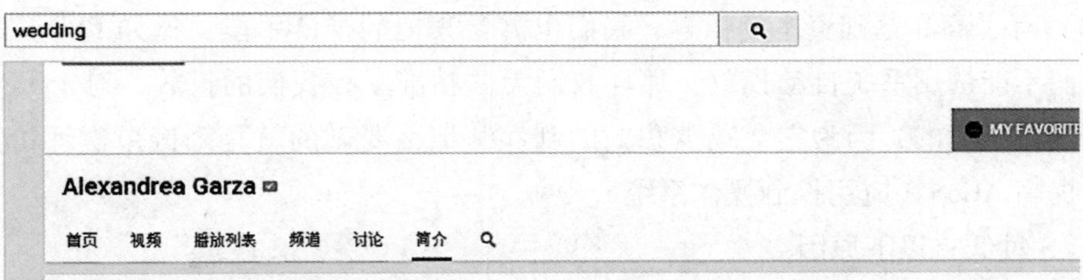


**图 11－84 简介页面**

# 12 爆款打造

爆款打造是增加产品销量的一种运营方式，也是最常见的一种手法，在前面章节中已经学会了众多手法后，就可以为自己的店铺打造爆款了。

但是打造爆款不是做 PPC 广告或者参加秒杀活动那样简单。我们需要做一个尽可能细致的计划，周期为 1 ~3 个月，这个时间段要取决于行业情况、商品情况以及运营手法，还有预期效果以及成本费用，这些都是要包含在计划之内的，具体步骤参考如下：

（1）需要一些销量和评价，在这里可以用测评和人为这两种方式增加销量，人为地增加销量不用多说，主要是为了增加 Listing 排名；测评就是有专业做测评的买家评价商品，被他们评价后，产品权重会更高，买家也会更信任他们的评价，但他们不是免费的，通常卖家要做的是把商品免费送给测评师或者以很低的价格卖给测评师以换取高权重、高质量内容的评价。Top reviewer 每天都会收到很多邮件，所以邮件标题是重中之重，一定要记得差异化，只有这样 Top reviewer 才会增加看你邮件的机会帮你评价。

（2）有了商品基础资本的积累，我们也需要其他的推广手段，比如 PPC 广告。在这里我们不能选用系统自动投放，那样我们无法精准掌控我们的投放。对于 PPC 的投入也不是无止境的，因为它会减少我们的利润，那么要做的就是降低单次评价点击的费用，提高 ACoS（应用控制操作系统）。

ACoS 过低有以下原因：

图片质量不能让买家感兴趣，标题没有把重点写在最前面。由于亚马逊 Listing 页面上没有过多的图片和视频的展示，尤其是在做 PPC 的时候就要在页面上多下功夫了。页面上增加评论和变体，PPC 广告上增加商品的变体是提高 ACoS 的好办法，关于评论在第一步我们已经说过。

同样，促销也是吸引买家的好方法，对于促销平台是很乐意卖家这样做的，因为这样会让买家欢喜的，对买家对平台欢喜的事情，在不严重损害我们利益的情况下，一定要尽量做。第一次就给出一个最大力度的促销不一定是最好的，如果排名很靠后，如果在普通的日期不是在重大的节日，比如黑五设置大幅度的促销，那绝对是一种浪费而且几乎没有什么效果，这是要注意的地方。

（3）可以利用站外的SNS平台的网红账号来为我们推广商品，同样是打造爆款的好方法，前面章节已经介绍了关于SNS的推广方法，在此要再次说明，这步也是要在Listing页面把基础都做完才适合做SNS的爆款打造。

（4）参加亚马逊的Lightning deals促销活动以及国外其他网站的促销活动，更多的国外促销活动网站在本书的附录会有显示，可以通过邮件联络这些网站并了解具体怎么参加他们的促销活动。

（5）这些方法实施后，要每天关注它的爆款打造效果，出现问题时可以及时调整，早日实现爆款计划。

上述这些方法是比较常见的，最好的做法是卖家使用最擅长的方法整理出一套完美的方案来打造爆款。

# 13 亚马逊实用工具讲解

## 13.1 Amz Tracker（抓客）

如图 13－1～图 13－12 所示为抓客界面。

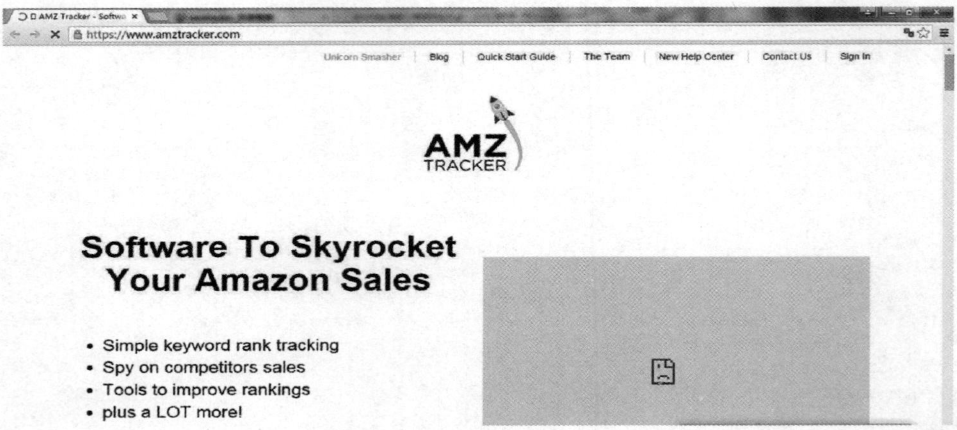


图 13－1 抓客（1）

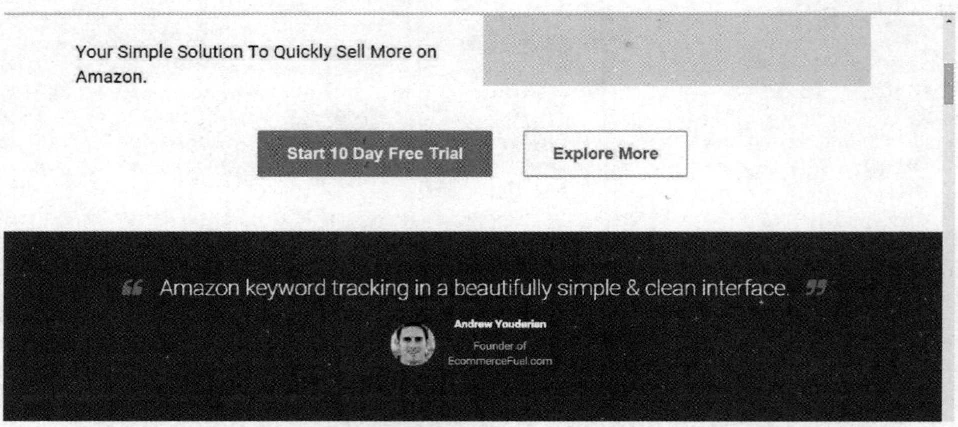


图 13－2 抓客（2）

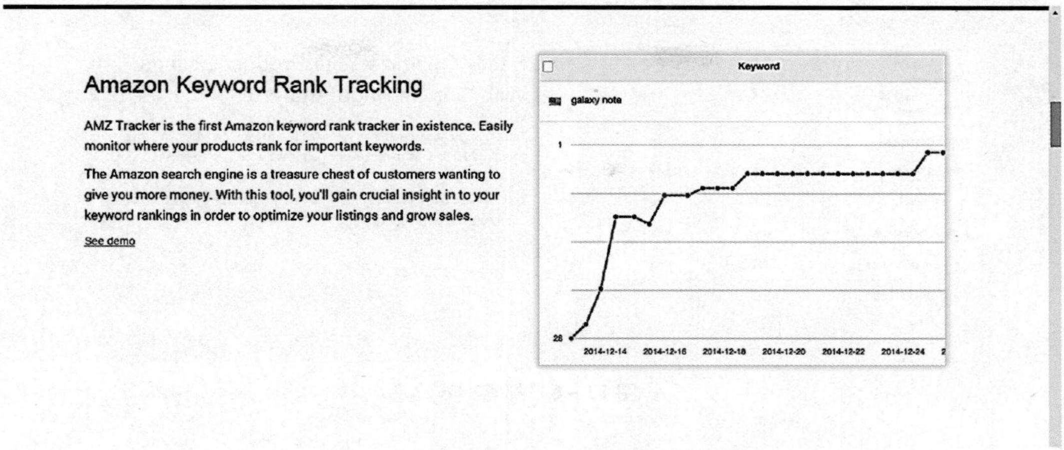


图 13－3　抓客（3）

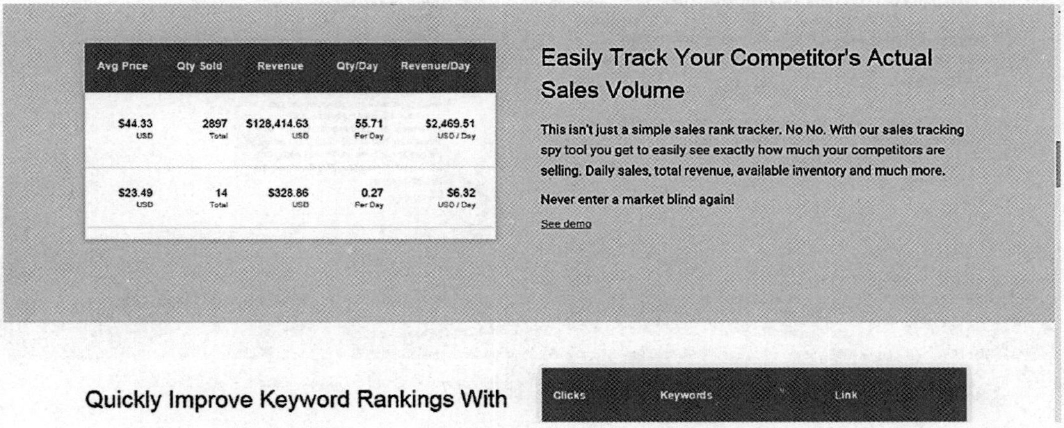


图 13－4　抓客（4）

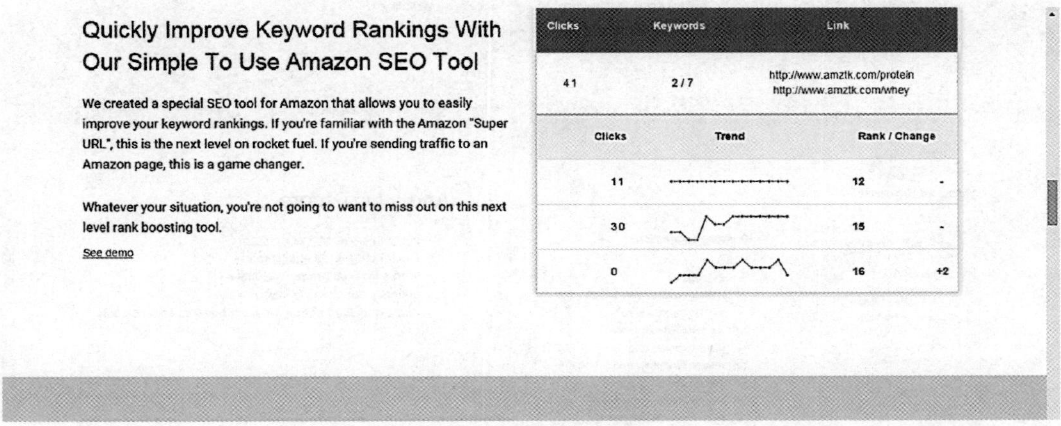


图 13－5　抓客（5）

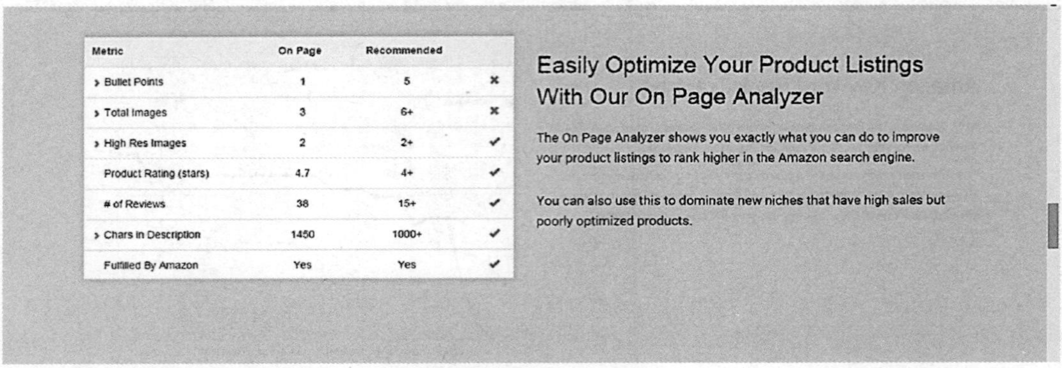


图 13－6　抓客（6）

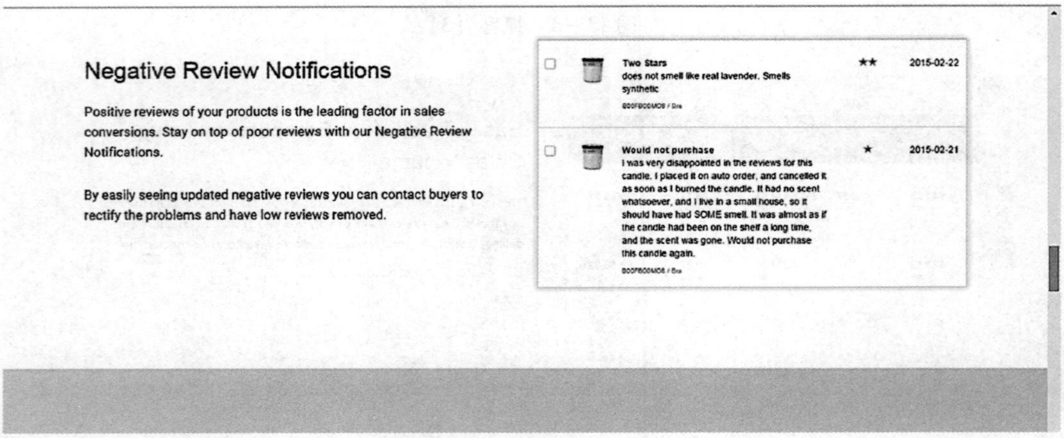


图 13－7　抓客（7）

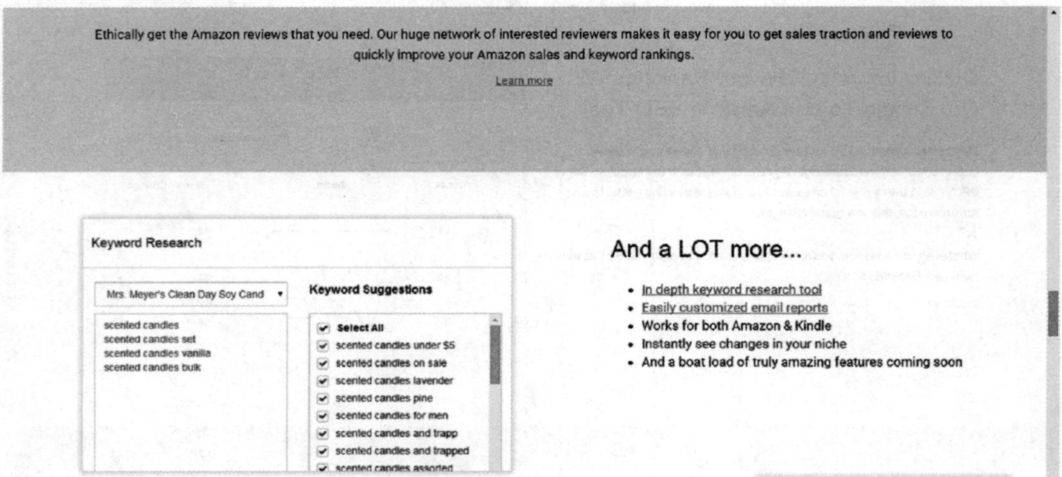


图 13－8　抓客（8）

图 13－9　抓客（9）

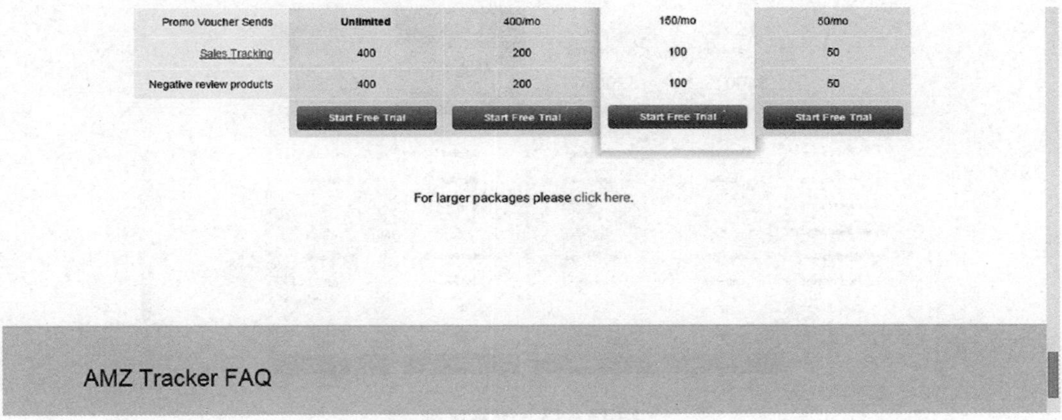


图 13－10　抓客（10）

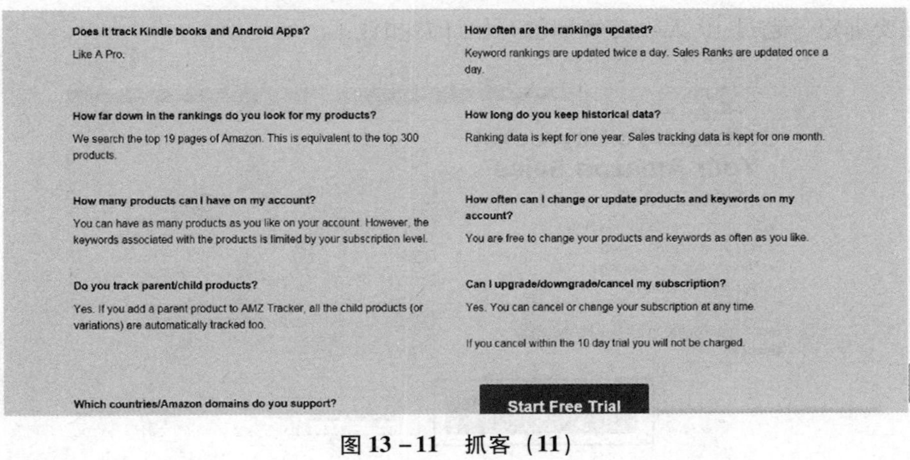


图 13－11　抓客（11）

图 13－12　抓客（12）

Amztracker 可以针对产品进行测评，可以针对关键词进行追踪，可以追踪竞品的销售数据，可以管理中差评。它是很强大的，需要收取费用，目前为止有 4 个价格，分别是每个月 50 美元、100 美元、200 美元和 400 美元，具体的区别如图 13－13 所示。中小卖家通常选择 50～100 美元/月的即可。

| | LEGEND $400 /month | GOD MODE $200 /month | MOST POPULAR PROFESSIONAL $100 /month | BASIC $50 /month |
|---|---|---|---|---|
| Keywords | 3000 | 1500 | 500 | 110 |
| Products | Unlimited | Unlimited | Unlimited | Unlimited |
| Email Reports | Unlimited | Unlimited | Unlimited | Unlimited |
| On Page Analyzer | ✔ | ✔ | ✔ | ✔ |
| Amazon Super URLs | ✔ | ✔ | ✔ | ✔ |
| AMZ Review Club | Unlimited Products | Unlimited Products | Unlimited Products | 1 Product |
| Promo Voucher Sends | Unlimited | 400/mo | 150/mo | 50/mo |
| Sales Tracking | 400 | 200 | 100 | 50 |
| Negative review products | 400 | 200 | 100 | 50 |
| | Start Free Trial | Start Free Trial | Start Free Trial | Start Free Trial |

图 13－13　价格区别

在首页，如图 13－14 所示位置可以先免费试用 10 天，前提是需要有双币的信用卡，且要绑定，超过 10 天没有解绑就开始计费扣钱了。

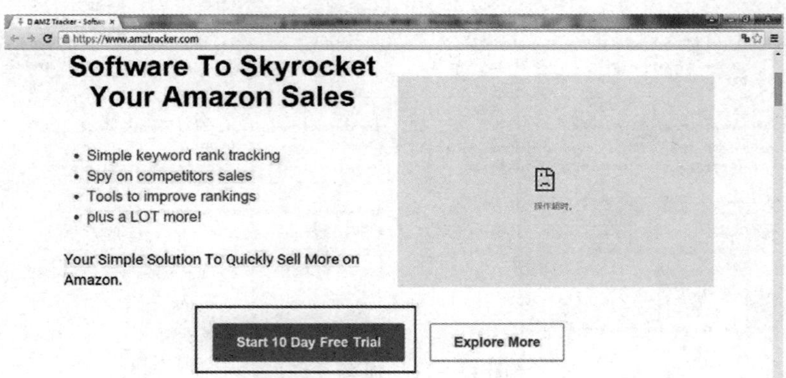


图 13－14　10 天免费试用

现在我们来申请账号，在如图 13 – 15 所示的页面中点击 Sign in 按钮。

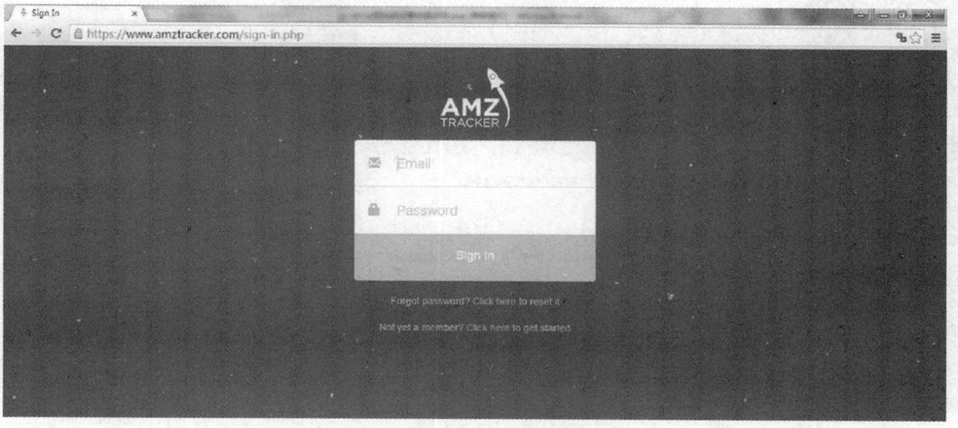


**图 13 – 15　Sign in 页面**

点击 Forgot password? Click here to reset it 链接也就是忘记密码，此时需要填写一个用来注册 Amztracker 的邮箱，如图 13 – 16 所示。

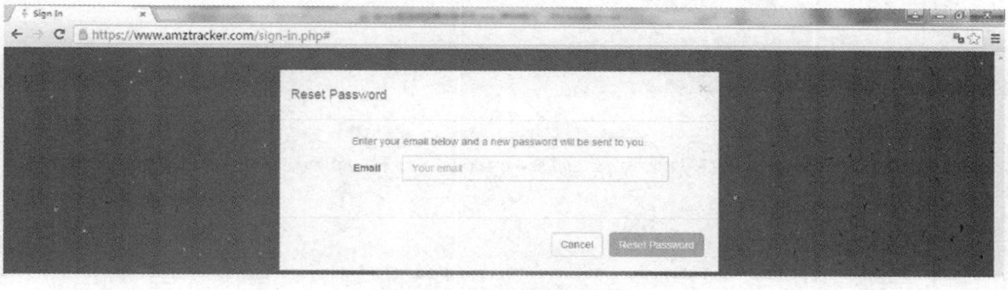


**图 13 – 16　输入邮箱**

填写完毕，点击 Reset Password 按钮找回密码，此时 Amztracker 会给你发一份系统邮件，根据邮件填写找回密码即可成功申请一个账号，如图 13 – 17 所示。

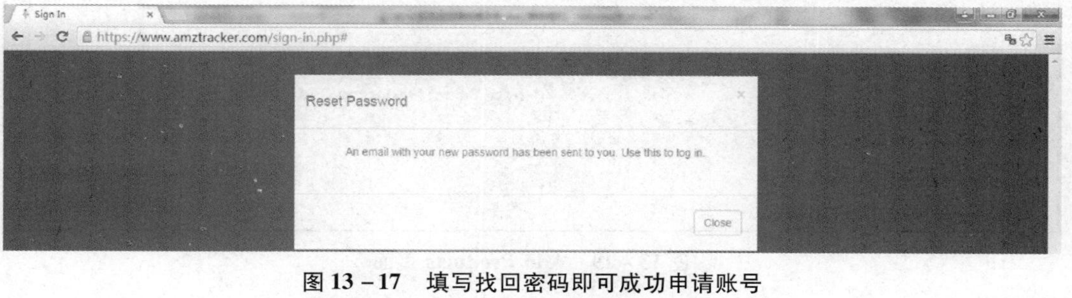


**图 13 – 17　填写找回密码即可成功申请账号**

成功登录后的界面如图 13 – 18 所示。

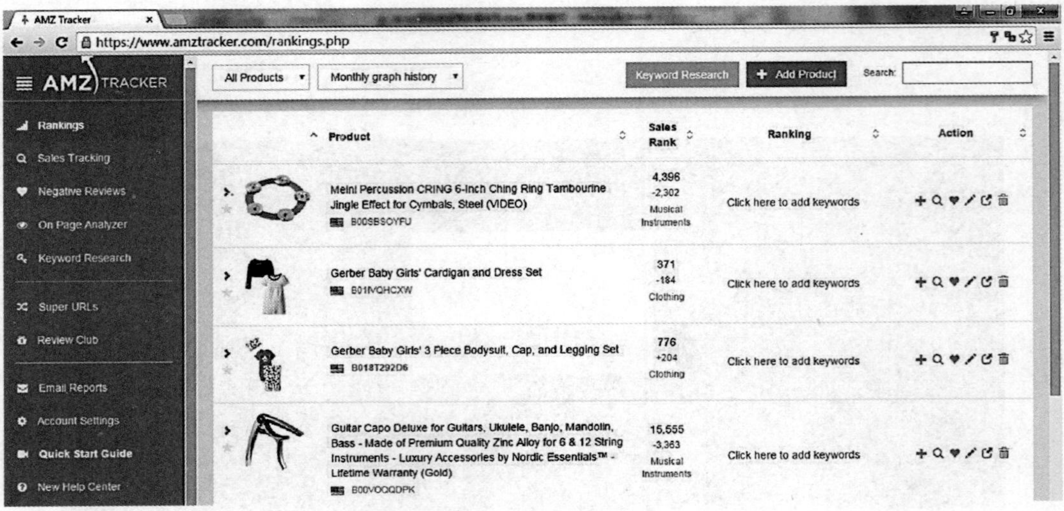


**图 13－18　登录 Amztracker 页面**

笔者的 Rankings 是已经添加了商品的，大家刚申请的账号是没有任何商品的，自己添加需要分析的商品进行分析，点击 Add Products 按钮，弹出如图 13－19 所示的对话框。

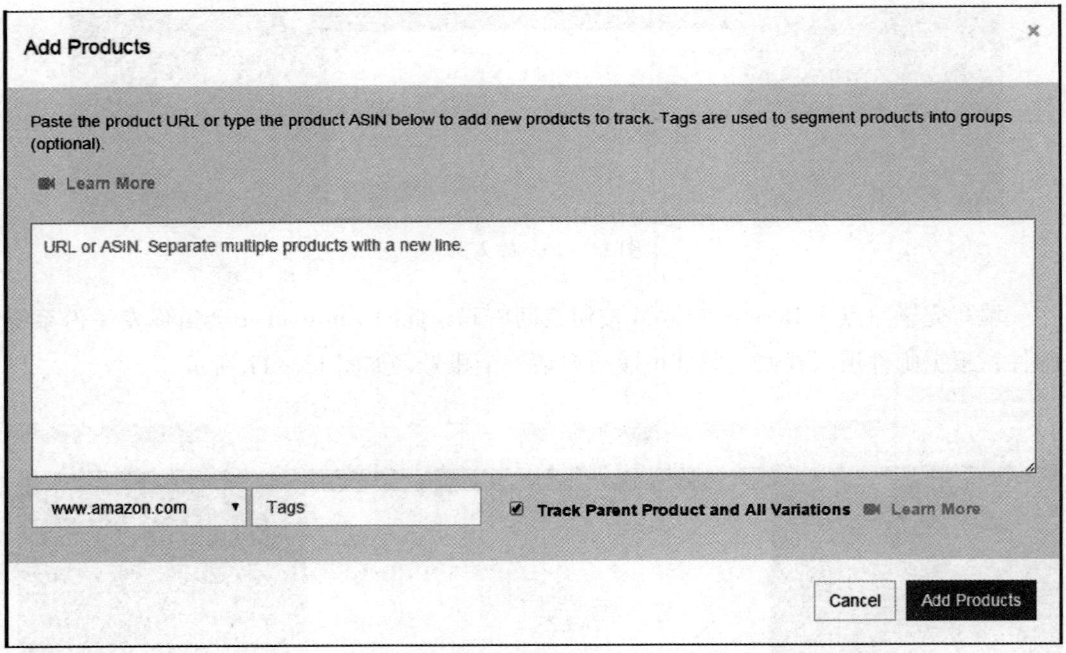


**图 13－19　Add Products 页面**

在这里我们可以输入单个商品的网址，也可以输入商品的 ASIN 码，ASIN 码是亚马逊给予每个商品的编码，每个商品只有一个 ASIN 码且每个商品的 ASIN 码均不同。在对话框的左下角还可以选择对应的国家站点，当前对应的站点是美国站。

Product 是产品，Sales Rank 是销售排名，数值高的是大类目排名，如图 13－18 中第一款产品 4396，－2302 是它的波动值，表示波动的程度。Ranking 表示添加的关键词的排名。Action 是动作，在这里面包含了 6 个按钮，从左到右功能依次是：添加关键词、销量追踪、Review（评价）追踪、编辑产品、打开商品的详情页面和删除。在这个工具里我们不仅可以分析自己的 Listing，还可以看竞争对手的 Listing。

Negative Reviews 是指功能为中差评的抓取，也就是三星以下的评价。我们可以点击人物头像链接，如图 13－20 所示。我们即可看到留差评的人，可以联系其修改中差评，如图 13－21 所示。这个功能虽然在 Listing 页面也可以看到，但是会和大量的评价混合在一起，不是那么容易找到的。

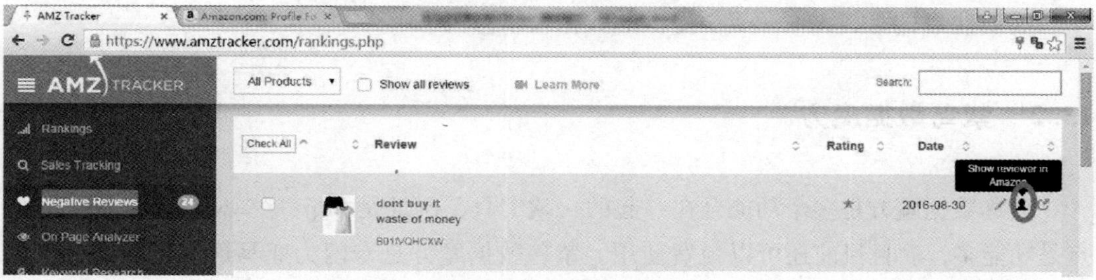


图 13－20　人物头像链接

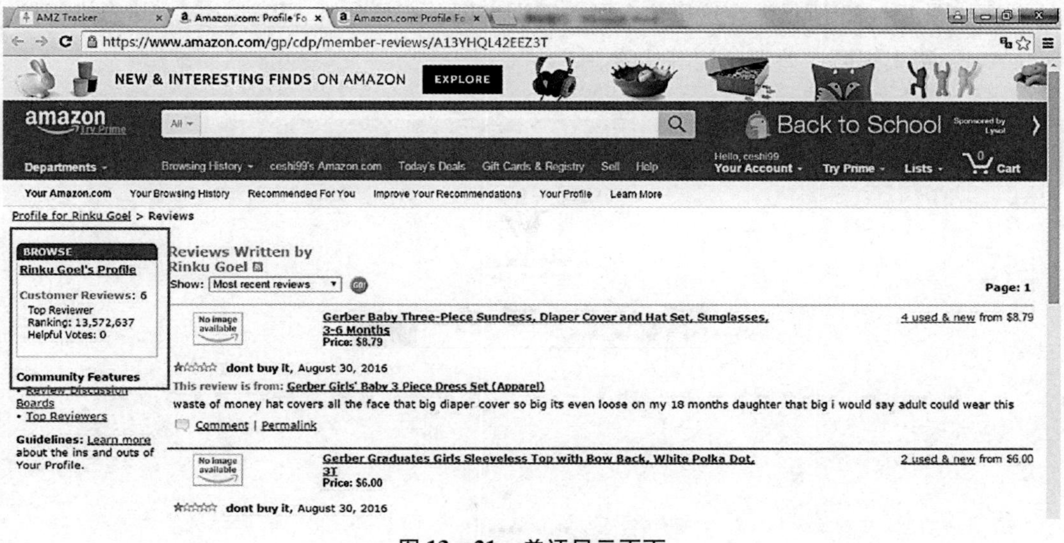


图 13－21　差评显示页面

On Page Analyzer 页面分析器：一个对页面详细分析导出的功能，如图 13－22 所示。

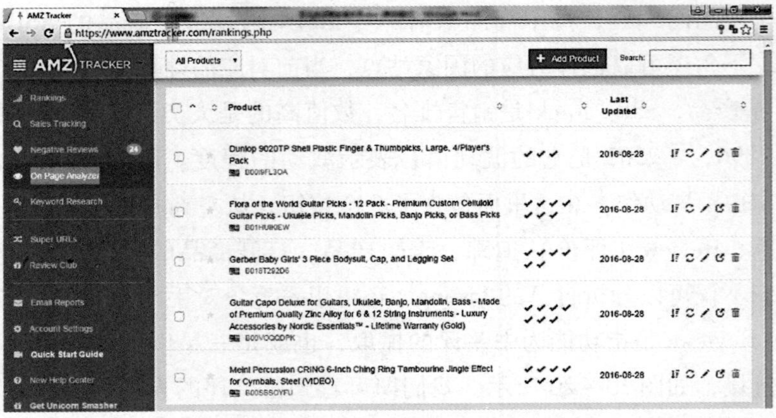

图 13－22　On Page Analyzer 页面

Keyword Research 功能：会为我们推荐很多关键词方便我们使用。

需要注意的是，Amztracker 提供的数据仅供参考。

## 13.2　紫鸟数据魔方

紫鸟数据魔方是多个功能合在一起的一款工具，网址是 http：//www.ziniao.com，优点是功能多，而且目前还可以免费使用。紫鸟数据魔方是专门为亚马逊进行数据分析的工具，主要功能有关键词挖掘、产品分析、ASIN 排名、店铺分析、热卖排行榜、SuperUrl、跟卖提醒、差评监控、成本计算、快递查询、商标查询等。我们不需要下载，打开后的页面如图 13－23 所示。在这里包含了关键词挖掘、产品分析、Reviewers、热卖排行榜、SuperUrl、跟卖提醒、差评监控等功能。

图 13－23　紫鸟数据魔方首页

（1）关键词挖掘功能，可挖掘大量有价值的相关关键词。同样，我们可以选择站点，如图 13－24 所示。我们输入一个关键词，点击“查询”按钮。如在这里输入“pen”这个关键词，如图 13－25 所示。紫鸟工具为我们找到了 29 个关键词，同时还提供了最近一个月谷歌的搜索指数，指数越大搜索量越大。同时也可以点击“下载”按钮，将这些数据导出。高级关键词同样有意义，在这里提供的关键词都是与搜索关键词相匹配的、在亚马逊中使用频率高的关键词，同样也可以将数据下载下来。

图 13－24　关键词挖掘页面

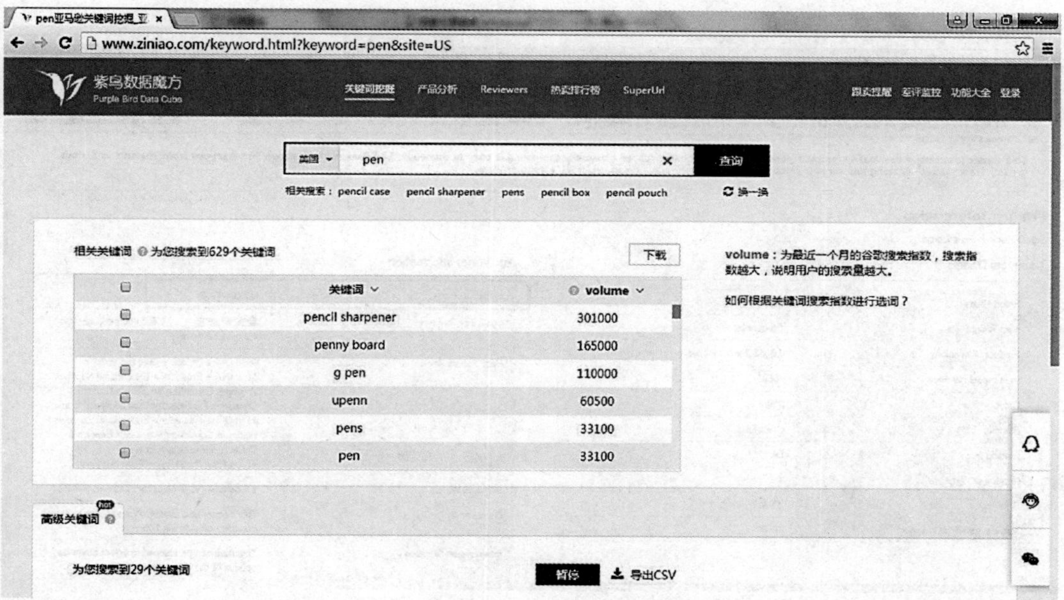


图 13－25　pen 关键词

（2）产品分析，如图 13－26 所示。进入产品分析后我们需要输入 ASIN 码才能进行产品的分析。打开一款商品，如图 13－27 所示。框线内即为 ASIN 码。复制 ASIN 码，分析该产品，进入如图 13－28 所示的页面。在这里可以显示亚马逊 Listing 页面上一些无法显示的数据，如产品的上线时间等。还包含了 Listing 的优化建议以及前 10 名卖家的价格及名字。

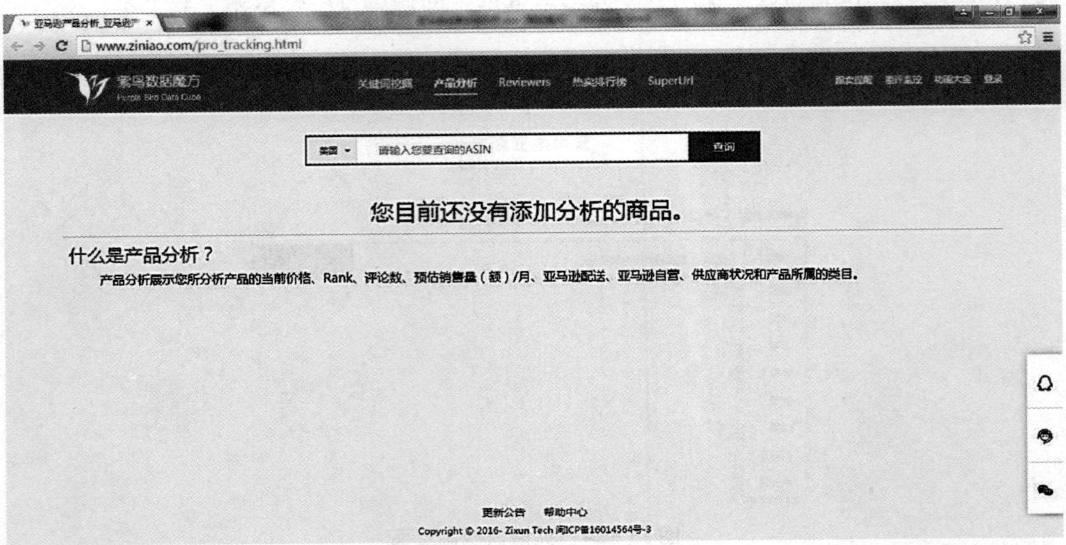


图 13－26　产品分析页面

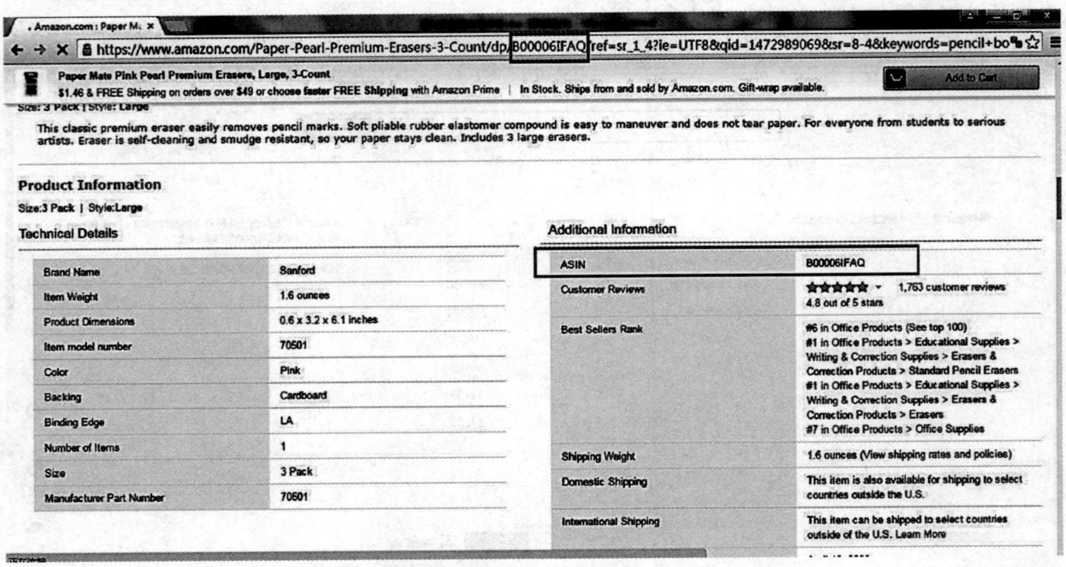


图 13－27　商品 ASIN 码

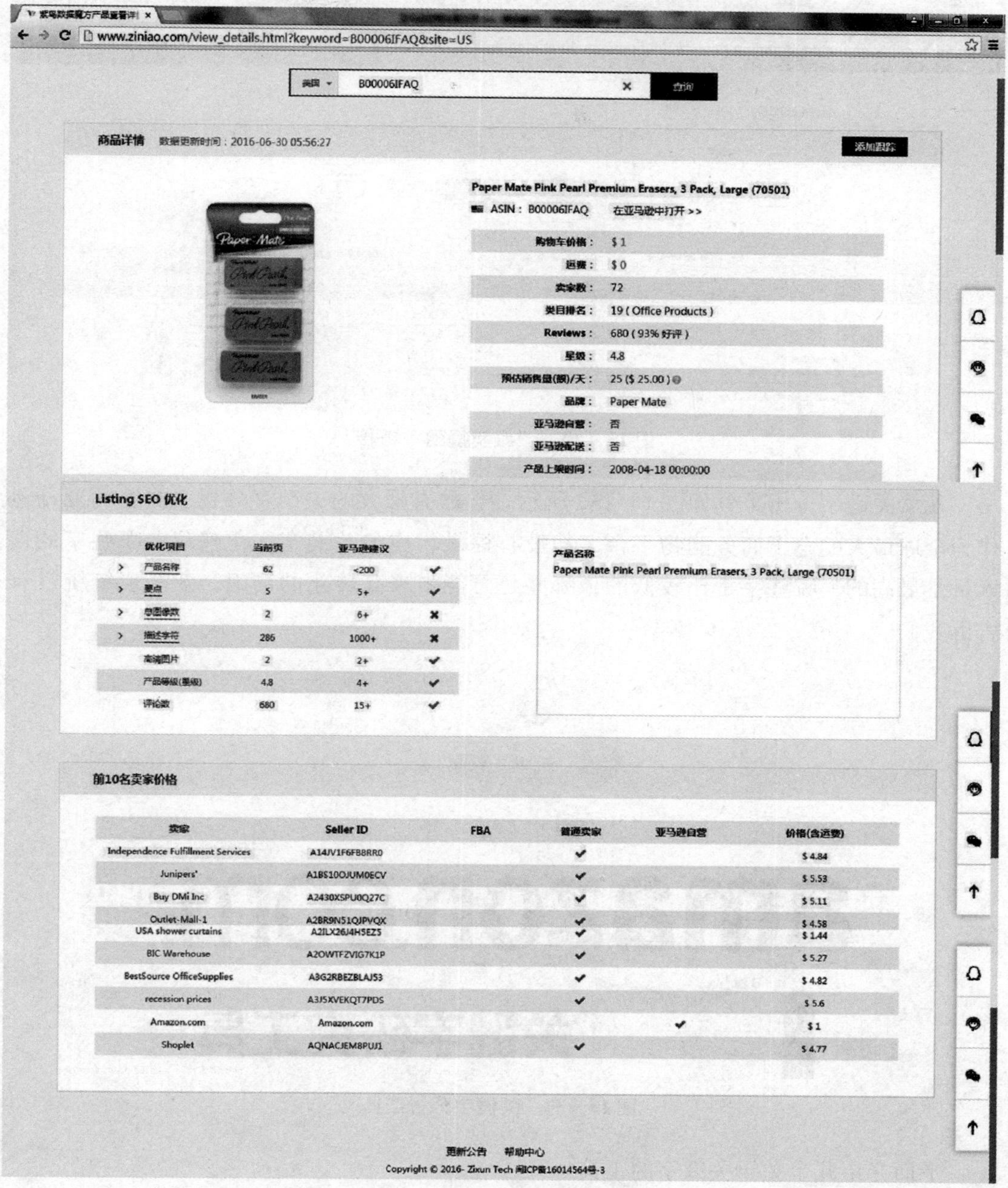


图 13－28　产品详细情况

（3）跟卖提醒就是这些添加我们需要的产品后，即可监控我们要关注的产品情况。在如图 13－29 所示的页面中点击“跟卖提醒”链接。

图 13－29　“跟卖提醒”链接

几个关键字分析工具如图 13－30 所示。谷歌有强大的关键字分析工具，而亚马逊作为全球最大的电子商务购物平台，却没有提供相应的关键字优化建议，哪些字的搜索量是最高的，哪些字是比较低的，哪些是可能带来高转化的词组，亚马逊统统没有告诉我们。

图 13－30　关键字分析工具

下面介绍几个关于关键字的工具：

（1）谷歌关键字规划师：登录谷歌账号，在“工具”栏里找到“关键字规划师”选项，如图 13－31 所示。点击“搜索新的关键字提示和广告组提示”链接，打开如图 13－32 所示的页面。在“产品或服务”的文本框中输入要搜索的产品或服务，如输入“精华液”，搜索结果如图 13－33 所示。其中，也可以批量查询关键字，也可以修改搜索条件，批量查询关键字提示。

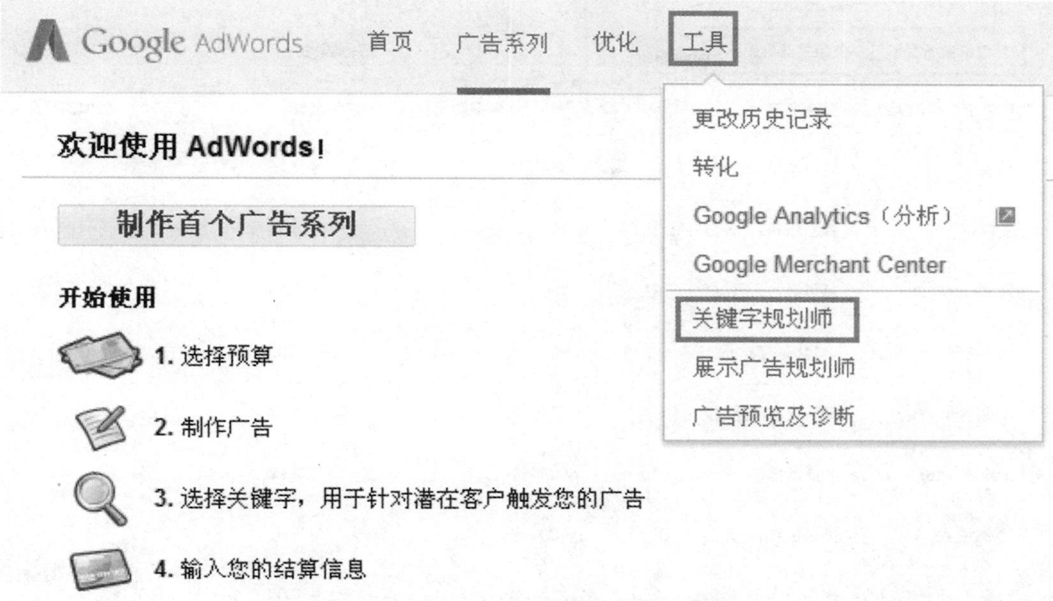


图 13－31　“关键字规划师”选项

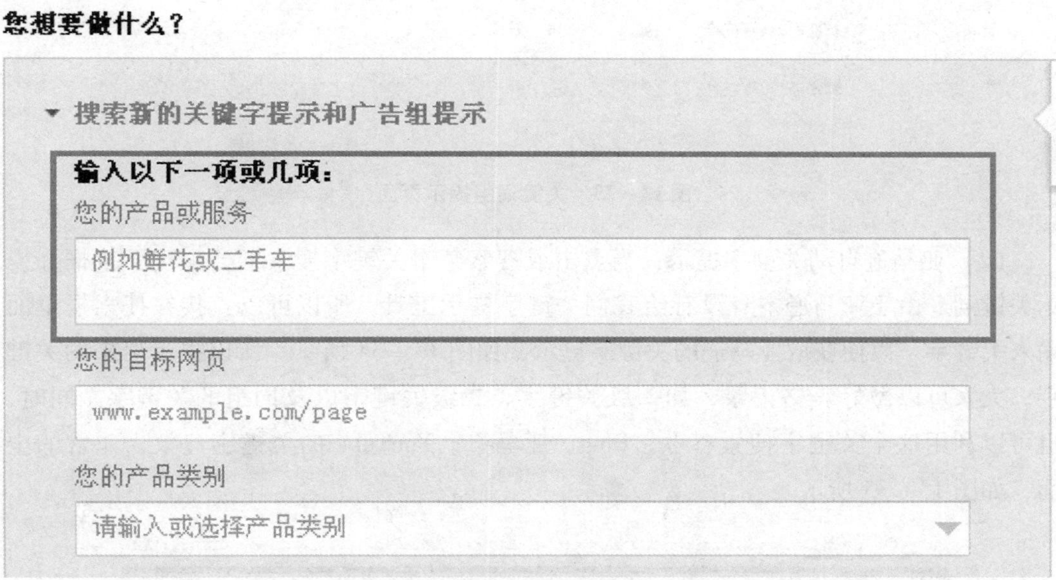


图 13－32　输入产品或服务页面

特别要说明的一点是，谷歌关键字虽然强大，但是它毕竟和亚马逊不一样。亚马逊是一个购物平台，用户在上面搜索关键字是非常有针对性的，也就是购买的意愿非常的强。而谷歌是把所有的关键字罗列在一起，它并没有跟你说哪些是特别针对购物平台所罗列出来的优质流量。所以谷歌上面给的关键字，不能都作为亚马逊的优化参考建议。

广告组参考提示 | 关键字参考提示 | 下载 | 全部添加（11个）

| 广告组（按相关性） | 关键字 | 平均每月搜索量 | 竞争程度 | 建议的出价 | 广告展示次数份额 | 添加到草案 |
|---|---|---|---|---|---|---|
| 精华 液 (28) | 雅诗兰黛精华液，... | 370 | 中 | ￥ 1.26 | 0% | » |
| 美白 液 (9) | 美白精华液，美白... | 260 | 低 | ￥ 3.59 | 0% | » |
| 用 的 精华 (9) | 精华液怎么用，精... | 190 | 低 | ￥ 1.18 | 0% | » |
| 如下关键字：美... | 美容网，護膚品，... | 980 | 低 | ￥ 10.93 | 0% | » |
| 使用 精华 (7) | 精华液的使用，精... | 120 | 低 | ￥ 1.38 | 0% | » |
| 护肤 品 (16) | 护肤品排行，保湿... | 500 | 中 | ￥ 2.58 | 0% | » |
| 品 美白 (9) | 美白护肤品，美白... | 500 | 低 | ￥ 5.08 | 0% | » |
| 精华 素 (5) | 美白精华素，精华... | 210 | 低 | ￥ 0.07 | 0% | » |
| 抗 衰老 (5) | 抗衰老护肤品，抗... | 170 | 低 | ￥ 15.03 | 0% | » |
| 护肤 (8) | 护肤网，美容护肤... | 100 | 低 | ￥ 0.58 | 0% | » |
| 如下关键字：去... | 精华液，小黑瓶怎... | 460 | 中 | ￥ 5.97 | 0% | » |

第 1 - 11 个广告组，共 11 个

**图 13 – 33　关键词组提示页面**

（2）亚马逊自动关键字提示：当点击或搜索某个关键字搜索框会出现下拉框并提示关键词。由于亚马逊本身没有给我们关键字提示工具，所以可以直接在搜索框里面输入关键字，以便获取亚马逊的关键字提示，如图 13 – 34 所示。所以提示出来的关键字，大家可以做好表格记录，如一级关键字、二级关键字以及词组的关键字。同时，也可以利用这个关键字搜索谷歌、Bing、亚马逊、YouTube 的关键字建议，非常的全面，如图 13 – 35 所示。

**图 13 – 34　获取关键字的提示**

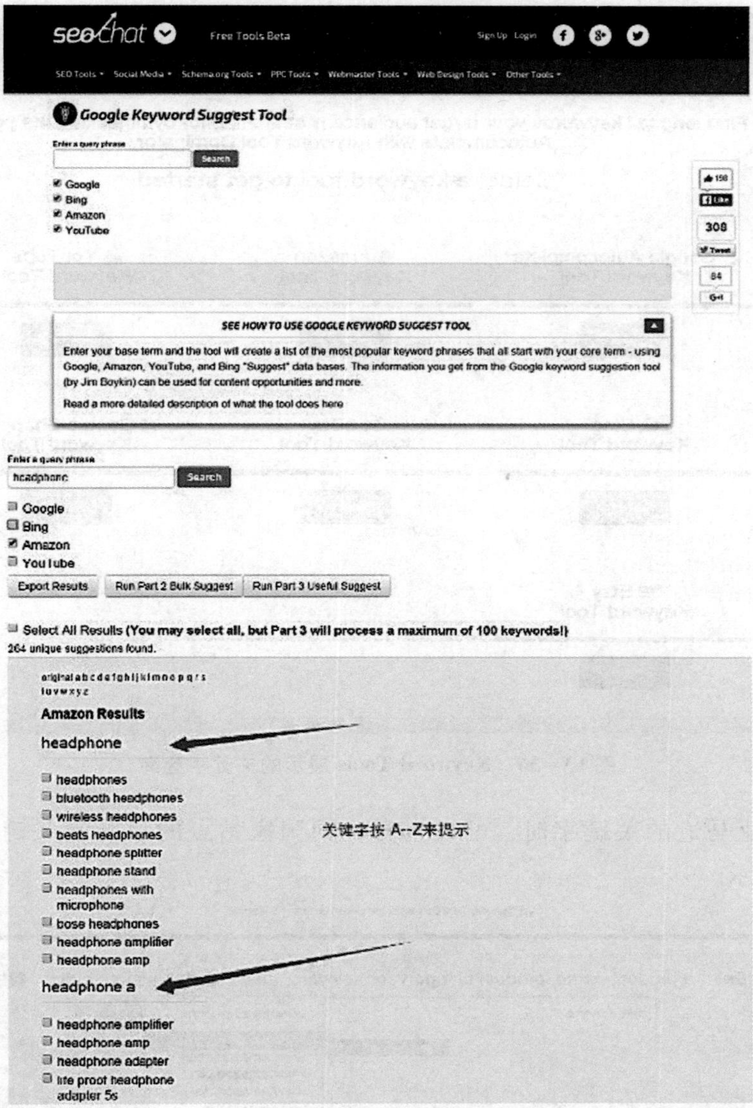


图 13－35　关键字搜索

这里要注意以下几点：

①查询的关键字/词组字符不能超过 10 个。

②在查询框中我们注意到有 Run Part 2 Bulk suggestion，这个选项它是基于亚马逊自动给的关键字词组提示。

③而 Run Part 3 Bulk suggestion 选项是基于搜索引擎谷歌关键字给出的提示，是通过调用 SEMRush 接口来获取关键字的。

Keyword Tool Dominator：在 Keyword Tool Dominator 中可以选择包括 Amazon，Google Keyword Tool，YouTube，Bing，eBay，Etsy 的关键字查询，如图 13－36 所示。

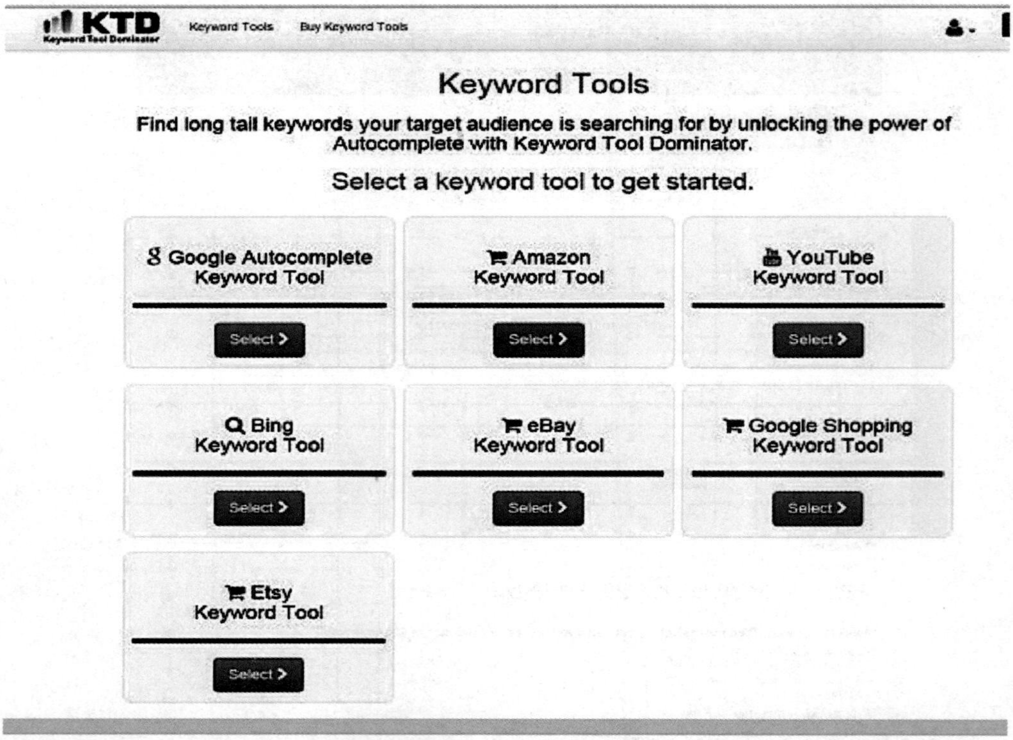


图 13 – 36　Keyword Tools 展示的关键字查询

当查询亚马逊的关键字时，可以查看不同国家站点的亚马逊关键字建议，如图 13 – 37 所示。

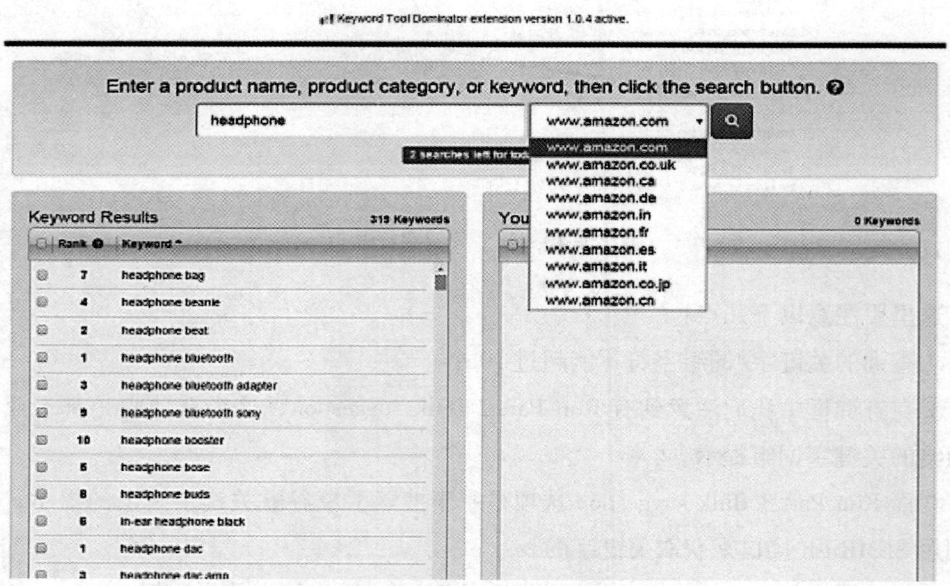


图 13 – 37　不同国家站点亚马逊关键字建议

不过这个工具一天有三次免费查询的机会，也可以付费，费用很低，以亚马逊关键字查询工具为例，只要花 16 美元，就能够终身享用。工具中所罗列的关键字 1 ~ 10 代表关键字受欢迎程度。其实这个工具也是基于亚马逊购物平台所给出的建议，1 代表这个关键字是最受欢迎的，2 是其次，依次排列……

（3）app. scientificseller：这个关键字工具也是亚马逊关键字查询工具，可以不用注册直接用。

这个关键字工具的唯一缺点就是，输入一个关键字，不知道什么时候停止搜索，总是在转，所以建议大家不要一直等，搜索差不多了就可以停止了，大家看到右边的 Stuff Words，只要看到不想出现的关键字，就可以点击“关闭”按钮，如图 13 – 38 所示。

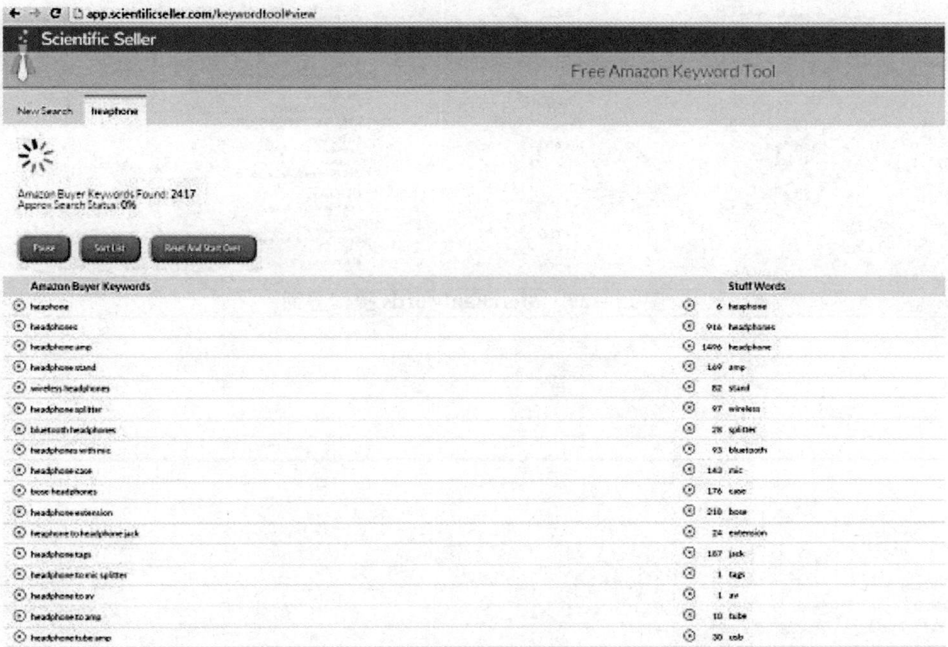


**图 13 – 38　app. scientificseller 搜索界面**

（4）Merchantwords：在所有工具里面，这个工具能直接查看关键字在具体类目里面的表现情况，如图 13 – 39 所示。

这款工具有付费形式，这款工具平常可以用来参考。特别要说明的是，上面的几个工具，是要相互配合来使用的，关键字是要通过筛选出来的，要结合上面几个关键字工具所列的方法，筛选后形成表格。平时可以多去查看竞争对手用了哪些关键字，特别是类似国外的 Yahoo Anwser（类似国内的百度知道）这样的问答型网站，查看消费者一般对一个产品的评论会用到哪些关键字来描述，同类产品的亚马逊广告，他们都用了哪些关键字。这些都是值得搜集和研究的。

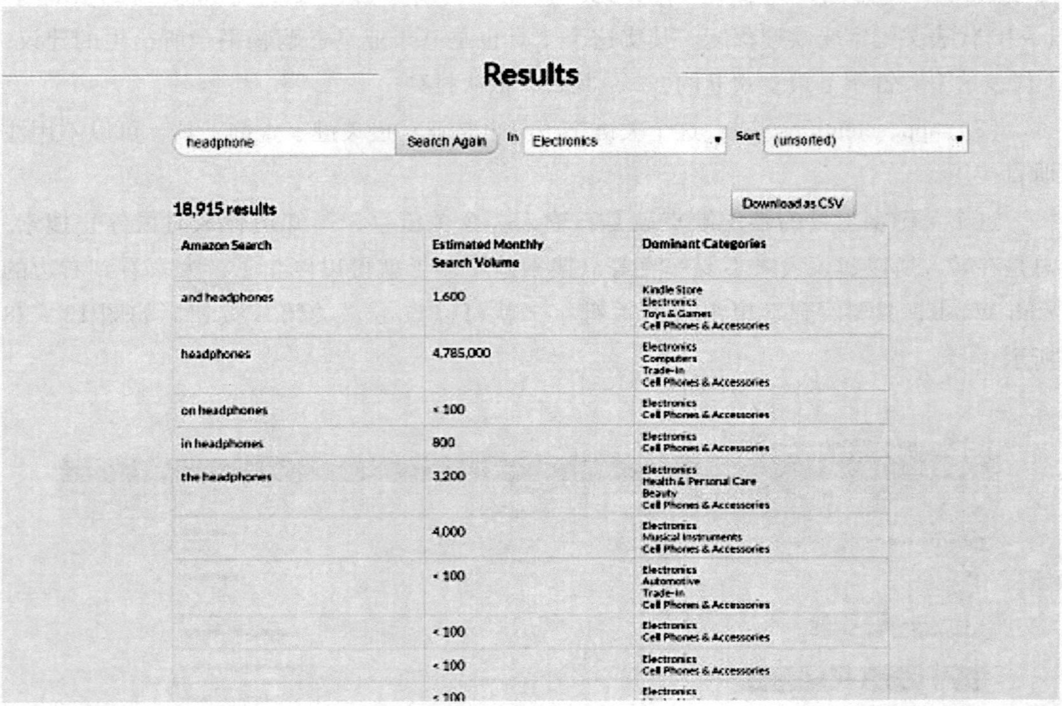


**图 13－39　Merchantwords 搜索界面**

# 14 亚马逊运营技巧

## 14.1 如何抢占 Buy Box（黄金购物车）

黄金购物车如图 14－1 所示。

图 14－1 黄金购物车

看似一个普普通通的添加到购物车的功能，但是就因为位置不同、大小不同，通过黄金购物车购买的买家在所有购买者中占有比率达到 85%，说明黄金购物车具有很重要的作用。

提高抢到黄金购物车的因素：

（1）配送方式，选择亚马逊 FBA 配送，这将提高抢到黄金购物车的机会。

（2）商品的价格，价格要比占有黄金购物车的人略低，没必要设置很低，就增加了机会。

（3）销量和转化率对抢到黄金购物车的概率也是会增加的，黄金购物车的目的就是为了让卖家之间互相竞争，从而产生优秀卖家并得到黄金购物车。

（4）全球开店的卖家会很容易获得黄金购物车，这一点在之前笔者已讲过，但是不是说没有被别人抢走的可能。

以上几点便是抢到黄金购物车的重要因素，肯定还有其他因素，但那些远不及这几点重要，所以做好了这几点就大大提高了成功率。

## 14.2 订单处理技巧

在这里我们把要诊断的数据分为两部分，这两部分都是不可缺少的。

1. 基础诊断数据

这部分不需要通过后台查看和分析，比较容易。

（1）图片。要诊断的图片和竞争对手做对比，要诊断的图片放在平台搜索结果中做评估，看要诊断的图片是否比竞争对手更好，是否能够在平台搜索结果中脱颖而出吸引买家眼球等）。

（2）标题。标题中是否表达语句通顺这一点很重要，是否有错别字，是否包含关键词，是否在语句中突出了产品的特点和重点内容，等等。

（3）Bullet Point。这里一定要看是否准确表达了产品的内容，并且五行内容一定要写满，是否有不恰当的表述和模棱两可的表述，另外，因为五行特性位置的特殊性，还要看每个描述点的长短，是否让描述内容读起来一目了然、清清楚楚等。

（4）产品描述。产品描述既是对产品的表达，也是对品牌的诠释，所以，在产品描述中，既要注意整体表述准确、有吸引力，同时也要注意格式的完美，在这里除了对产品的描述外，还可以写更多的关于品牌的故事，这点和国内的电商网站不同。

（5）价格。价格是销售中最敏感的要素，这就要求诊断中同时做的一项工作就是把现有 Listing 所售价格和平台同款类似款产品价格做对比，价格要做到有竞争优势。

（6）类目选择。店铺诊断中，对于 Listing 类目选择也同样是一个重要要素，虽然产品发布中有大类目小类目之分，但如果一个卖家不小心发布错类目，这就另当别论了。

2. 后台运营诊断数据

当然，所谓后台运营数据只需将卖家账号后台相关数据记录下来分析即可，买家访问次数、订单商品数量转化率、已订购商品销售额、平均每单销售额、退款率、负面反馈率、过去 30 天缺货天数这些数据指标是有必要分析的。

上述这些数据指标的查看时间区间建议为 1 个月和 1 年。

通过查看分析这些后台数据，我们可以找到运营中更深入的问题，当然由于每个行业不同，加之行业也在变化（比如每个行业的不同季节转化率），具体的指标数据也会不同，所以没有一个统一的标准，在此卖家可先了解行业数据后再进行判断，此部分不再过多赘述。

## 14.3 关于 Seller Rating（卖家评分）

亚马逊卖家在登录账户后台主页后，左边都会有一个 Selling Rating 的数值，现在详细介绍这个数值的计算方法和它是由哪些因素来决定的。首先进入后台点击 Performance 按钮，选择 Customer Satisfaction（客户满意度）选项，然后点击选中 Seller Rating 就可以进入其详细页面。

我们可以看到 Seller Rating 的数值被 Fair（一般）/Good（良好）/ Very Good（好）/ Excellent（优秀）分为四段，分别是 0.00 ~ 84.49（Fair），84.50 ~ 96.49（Good），96.50 ~ 98.49（Very Good），98.50 ~ 100（Excellent）。

Selling Rating 数值的计算方法是：最近 365 天内所有订单的得失分数总和加起来 / 最近 365 天内所有订单 = 平均数值，这个得出来的“平均数值”其实就是我们所说的 Selling Rating，再看下这个数值在对应的哪个段内，从而在某种程度上反映你的账户表现。

Selling Rating 扣分和加分的情况如下：

（1）确认发货前擅自取消客户订单，扣 100 分。

（2）卖家原因引发的 A – to – Z Guarantee Claim，扣 500 分。

（3）1 ~ 2 星 Negative Feedback，扣 500 分。

（4）客户的开卡行发起的 Service Chargeback claim，扣 500 分。

（5）Expired order 过期订单一般为超过发货期 30 天还没发货的订单，扣 500 分。

（6）如果一个订单自始至终都没有任何问题，那么这个订单就是 Perfect order（完美订单），加 100 分。

（7）订单赢得加分：订单没有任何问题并且有有效的跟踪信息，然后在 3 个工作日内成功投递，符合最快承诺到达时间并没有任何退款和与买家的沟通让步，这样的订单就会奖励 10 分（这种订单多见于 FBA 订单）。

# 附录1 亚马逊常见问题解答

1. FBA 的仓储费用怎么收?

答：仓储费是按月扣的，每个月 7—15 日会将一个月的仓储费扣除。

2. 如果说已发货到 FBA 仓库了，货在途中或在 FBA 仓库里这两种情况之下，还可以修改 Listing 的 Title 或者其他的属性吗？会不会对 FBA 入仓或卖掉产品出货时造成什么影响?

答：在 Listing 没有问题的情况下，是可以进行修改的，并且也不会对入仓和出货有影响；不过亚马逊有一个 Listing 管控的政策，意思是 Listing 上架一段时间之后就不能轻易地进行修改，当在后台修改不成功时，可以联系亚马逊的客服进行操作。

3. 如果账户被关闭，里面的货款以及 FBA 的产品能移出来吗?

答：一般是可以的（除非你的产品是一些违规禁售或其他严重违规的商品）。货款一般在清偿完所有的费用之后，剩余的货款会在 3 个月内退回到你的账户；如果还能登录账号，FBA 里边的产品可以通过移除订单功能移除到海外仓，然后再寄回国内。

4. FBA 退款，卖家能知道退款原因吗?

答：后台中不会显示具体的原因，如果了解原因，一方面可以用订单号开 Case 联系卖家支持，但是亚马逊也只能回复大概的原因，比如：Customer Damaged，如果不能再售了，可以要求亚马逊方将图片发过来，看一下产品的损坏情况；另一方面可以联系买家，询问一下退货原因。

5. FBA 的库存有时候显示的多，有时候显示的少是什么原因呢?

答：这个多是否超过了实际产品数量，库存数量有异样，一般有以下几种情况：①产品被买家下单，但是最终买家取消了订单（这种情况有，但不会反复出现）；②亚马逊进行了移仓，将产品重新分配仓库，这种情况也会出现产品数量的异动；③系统问题，产品上架时产品数量没错，后期出现数量异动，可能是亚马逊后台的原因，如果经常出现这种情况，建议及时联系亚马逊，询问具体的原因。

6. US—FBA 货物每箱限重是多少？如果超重了怎么办?

答：美国站。在一个包裹中，如果包含了多件货物，不允许超过 50 英镑；如果一件货物超过 50 英镑，需要单独配送且需注明缘由，在顶部和边上注明 Team Lift。

英国站。单个纸箱的重量不能超过 15kg，如果超过 15kg 就必须打印 Heavy Package

（超重标签）贴在外箱上。

7. Listing 删除了，FBA 库存怎么办？

答：可以重新上传，尽量把需要的资料填完整。若不想继续销售产品，上传后在后台创建移除订单或者销毁，将 FBA 的库存处理掉。

8. 因为亚马逊发 FBA 少发了一个货，客户给了差评可以删除吗？

答：只要是发 FBA 的产品，因为亚马逊的原因造成的差评，一般都可以删除，你可以点击“卖家支持”联系亚马逊，说明原因让其移除差评。申请移除 Review 的时候还要看买家的评论内容，如果内容跟产品本身无关，也可以通过举报的方式让亚马逊移除。

9. FBA 的货被下架了，想转到 eBay 上卖，怎么操作，能提供美国境内有效的跟踪单号吗？

答：如果亚马逊仓库里的货还处于可处理状态，可以将产品放到 eBay 上销售，出单之后，通过创建多渠道配送对产品进行配送，配送的时候亚马逊会提供跟踪单号，这个跟踪单号就可以填到自己的 eBay 账号里边了。

10. FBA 的货被退回了仓库，想处理掉怎么办？

答：首先要确定产品是否可以重新打包销售，若能打包就继续销售；如果产品破损不能再次销售，可以选择申请销毁或者通过创建移除订单移到海外仓，而后寄回国内。

11. 一个产品做 FBA，不管数量多少，标签都是一样的吗？还有打印机一定要用专门打印标签的打印机吗？

答：同一个 SKU 的产品标签都是一样的。打印商品贴标建议：①可使用激光打印机和 A4 不干胶纸。②可使用条码打印机，条码格式设置为 128B 制式。③不能使用喷墨打印机，其容易产生污点，导致图片模糊，使标签难以辨认或扫描。

12. 发 FBA 产品被分到 3 个仓，前 2 个不想发货可以删除么？

答：可以删除，这样做是为了避免首程昂贵的物流费用，亚马逊是按发货量进行仓库分配的，所以不建议您经常如此，否则，亚马逊会发警告邮件。

13. 本来 FBA 库存有 20 个，现在预留了 12 个，这是什么意思？

答：预留数量类似于 Pending 状态的订单，一个原因可能是买家付款了但亚马逊那边还未进行处理；另一个原因可能是买家购买的多个货件存于亚马逊的不同仓库，其在进行中转调仓操作。

14. 产品包装上能有二维码？

答：在单个产品的外包装上不可以有 FBA 标签以外的其他标签，所以不建议加上二维码，一方面影响亚马逊扫描入仓，另一方面国外用微信的人也少，增加二维码并没有实质用处。

15. 不同 Listing 的 FBA，如果要一起发货，是不是只能申请合仓？

答：这个是不需要合仓的，把想发货的 Listing 都转为 FBA 发货，然后一起选中，进行补发货就可以了，如果到时候不想同一个 SKU 分仓，可以在后台进行合仓设置。

16. 到了 FBA 仓的货没办法再做跟卖？

答：是的，如果要跟卖发 FBA，最好一开始跟卖时就选择发 FBA，接着再发货到亚马逊仓库；如果现在货已经在亚马逊了，若想跟卖，可以联系亚马逊，看其是否可以帮助重新贴标上架。

17. eBay 出了几个单，但是供应商这边出了点问题，亚马逊 FBA 仓库还有一些库存，可以给 eBay 的订单发货吗？

答：可以的，只需使用亚马逊的创建多渠道配送的功能即可。

18. 我们 FBA 的某一款货，突然订单量很大，导致缺货发生，补货又要时间，怎么办？

答：一旦断货，那产品就处于不可售状态，这样买家就搜不到产品了，现在最有效的方法是，可以跟卖自己 FBA 的 Listing 提供从国内发货的选择，使 Listing 处于可售的状态，并且尽快安排发货，货一旦到仓，就及时发货。

19. 亚马逊 FBA 库存有限制吗？数量是多少呢？

答：是有限制的，一旦超过了亚马逊的阈值，可以联系客服进行扩容。数量一般为 500、800、1000、2000。

20. FBA 库存缺货，目前已经显示 Inactive 状态，已经收到这个产品的买家还可以给我留评价吗？

答：Feedback 是自订单产生起 90 日内都可以留，不会显示在产品的 Detail Page 里面，只会显示在本人的账户之内。FBA 不管有没有库存，只要出过单，以前的那些单就有可能会产生 Feedback。

21. 客户的产品十几天还没到，给亚马逊发邮件，亚马逊的答复是，物流有问题，建议我们退款给客户。产品是走 FBA 的，这样的情况下，亚马逊会赔偿吗？

答：一般 FBA 的订单，退款、退货都是亚马逊直接处理，不会让卖家来操作退款。您可以联系客服，咨询具体操作流程，询问一下退款率等相关指标是否会受到影响。一般情况下，亚马逊赔偿的是破损产品，否则是不会赔偿的。

22. 发 FBA 后生成的产品标签，怎么区分，一一对应地贴在产品上吗？

答：产品标签上的条码是产品的 FNSKU，与产品是一一对应的，只要把所需要的的标签打印出来，一一贴在产品上就可以了。

23. 还没有提交的 FBA 发货计划可以删掉吗？

答：可以，根据情况删除即可。

24. 发 FBA 过去，亚马逊那边签收已经 2 个星期了，但是一直就只有几个入库，大多数的货一直在 Reserved，请问这是什么情况呢？

答：旺季期间整个亚马逊的入仓上架速度都会慢很多，所以要及早安排补发货。关于产品入仓上架出现的问题，最好直接去联系亚马逊客服，让那边及早安排产品上架。

25. 现在要发 FBA，可是不知道要怎么预估要发货量？有没有一个计算方式呢？

答：首先要看自己的产品是什么，有没有提前做好市场容量估算，以及自身的情况预算，对于初期发货数量，要具体问题具体分析，不能一概而论，所以没有一个所有产品都能适用的公式。

26. 我有一个产品是跟卖的，想发 FBA 可以吗？要发自建的 Listing，跟卖的发 FBA 的有弊端吗，二者又有什么区别吗？

答：发 FBA 本身并没有什么坏处，主要是看跟卖的产品安不安全，如果不涉及侵权和违规，那发 FBA 是可以的，也比较建议发 FBA，因为可以减少工作量。

27. 在发 FBA 时填错了包装尺寸，应该怎么修改呢？

答：如果已完成流程，是不能更改的，填错了也没关系，产品到仓后亚马逊还会重新测量，如果实在不放心，可以把这个发货计划删掉，重新创建即可。

28. 美国站个人专业卖家新账号发 FBA 做跟卖（跟卖没有牌子的产品），如何有效控制风险？

答：只要保证跟卖的产品跟对方是一模一样的，包含赠品，并且不侵权违规，不卖假冒伪劣和质量有问题的产品，基本上就能把风险降到最低了。

29. FBA 的订单，客户说想要退货，发邮件给我了，该怎么办？

答：让顾客联系亚马逊的客服进行退货即可。

30. FBA 退货率有点高，这个会影响绩效和排名吗？

答：退货率过高肯定会影响卖家的整体绩效，对排名和曝光都会有一定的影响。

31. FBA 订单被退货，FBA 费用如订单处理费会退回来吗？

答：订单被退回后，佣金会退百分之八十给卖家，寄送 FBA 的费用是需要收取的，买家寄回来的费用卖家不需要支付。

32. 发 FBA 后，这个产品的价格是不是要修改？亚马逊会以我的价格为准还是另外自己再加价钱呢？

答：产品的定价都是卖家自己来定，所以自己要做好产品的成本核算，然后确定自己产品的价格，因为发 FBA 之后，成本就提高了，相应产品的销售价格也该提高。亚马逊不会给买家定价，只会收买家的运费，但是运费跟卖家也没什么关系。

33. 发 FBA 对箱子的包装有要求吗？是不是必须很平整才行，今天用纸箱装了一箱货，纸箱有点小导致箱子有不闭合之处。这样发到亚马逊仓库去，会不会有可能被拒收啊？

答：只要外箱条码没有破损，一般是不会拒收的。卖家在发货的时候尽量要把不闭合的位置用胶布封死，以免中途产品泄露出来，并且保护好外箱标签，避免亚马逊无法扫描入库。

34. 如何处理 FBA 中 Unfulfillable 的产品？

答：可以让亚马逊销毁，也可以创建移除订单将产品移除到海外仓，然后寄回国内。

35. 能不能让亚马逊帮贴标签呢？

答：可以，进到后台页面，在“设置—亚马逊物流—选亚马逊贴标签服务”进行设置，但是这是要收费的（可通过后台帮助查看），这样间接会增加产品成本，所以没有特殊情况，还是建议自己贴标。

36. 如果想让写手去免费买 FBA 产品，对方又不是 Prime 会员，如何给客户免运费？

答：FBA 的订单运费是由亚马逊设置的，我们卖家无法设置免邮，也无法更改运费，FBA 产品的运费跟我们没有关系。

37. FBA 会拒收产品吗？

答：关于了解亚马逊的禁售商品，可以到亚马逊卖家帮助查看相关内容。

38. 不小心把 FBA 的 Listing 删了，应该怎么恢复？

答：这个需要使用批量表，在批量表里把该填的信息全部填好后，重新上传即可。

39. 我的一个 Listing 要转 FBA，如果我转换的过程中停止不转 FBA 了，可不可以直接 Delete Plan？这样对以后的 FBA 有影响吗？

答：直接在库存里边转为国内发货即可，对以后基本没有什么影响。

40. FBA 订单退货的话，需要扣费吗？

答：亚马逊上的 FBA 订单如果客户要求退货，一般的品类卖家无须再付额外的费用（FBA 工作人员免费上门取退货件），但是也不排除有些类目是需要收取一些费用的。

41. 评分不变，没有警告邮件，购物车消失，出现这种情况有哪些原因？

答：如果不是全球开店账号，一开始什么产品都是没有购物车的。某些产品，你持续出单一段时间，就会有购物车。或者发 FBA，也会有购物车；如果是全球开店账号，让账户经理申请开通类目销售权限，一般就有购物车；如果是之前有过购物车而之后消失的，就要考虑以下几个原因：后台指标超标的问题，去设置里看看是不是变成了个人卖家……

42. 请教下，差评监控怎么做的？是人工还是软件？或哪款软件比较好，需要欧美都监控？

答：可采用 Amz tracker 里的中差评监控功能，3 星以下的 Review 是需要及时地联系解决的。

43. 在日本注册商标要什么流程，个人与律师办理有什么不同，日本有代理店吗？

答：商标这个事情最近日本也正在查，找律师办理会快一点，个人申请要等很久的，日本有代理点，每个代理的价格不同与国内相差不大。

44. 为什么亚马逊账户会关联？

答：同一个卖家只能在亚马逊上注册一个卖家账户，不能经营或维护多个卖家账户。所有卖家的后台操作亚马逊都可以检测到，如果亚马逊的程序算法认为某几个账户都是同一个人来操作，那么这几个账号就会被亚马逊认定为相互关联，这个一般是系统自动检测的。

亚马逊为了注重卖家购物体验，防止卖家重复铺货销售相同的产品。亚马逊的规则偏向于相同的产品只在平台上出现一次，跟卖其实也是基于这个理念，为了保证卖家间的公平竞争和为顾客提供最优质商品的理念，亚马逊的页面不强调店铺的概念，而是以商品为主。即“重商品而轻店铺”，同样一个商品详情页面内可能会有多个卖家。

45. 账户关联有什么后果？

答：如果是同站点关联，亚马逊发现你的产品有交叉销售同样产品的话，亚马逊会要求你强制删除其中的一个账户所有的Listing，如果你不删除亚马逊有则可能把你两个账户全部关闭。

亚马逊有一条规定：关闭一个账户的理由是现有账户关联到一个被关闭的账户上。

46. 不同的站点会关联吗？

答：会存在关联，但如果其中一个站点出了问题，另一个账号跟着出问题的情况不多（因为亚马逊本来就支持卖家到各个站点开店把产品销售到各个区域）。很多客户有过相关的经验都说没问题，之前笔者操作美国站和英国站点用的是同一根网线，同一台电脑，英国站因为侵权被封，美国站还是可以正常运营，曾经有过两个站点一起被移除销售权限的案例，所以还是要谨慎，自己判定。

47. 关联只针对卖家账户与买家账户之间吗？

答：不是，卖家账户和买家账户之间也存在关联，之前在国外的一些网站上看到过一个案例，因为登录操作了信用卡是黑卡的亚马逊买家账户，而导致同个网络环境下的卖家账户销售权限被移除。

48. Amazon 账号被封主要有哪些原因？

答：（1）亚马逊关联。

为了避免账号关联，在操作新账号时，保证IP路由器、网卡、系统是全新的。多账号操作时，不要使用相同的税号信息和收款账号，否则会封闭其中一个账号。如若办公地址发生变更，请及时联系亚马逊客服说明情况。

（2）跟卖侵权。

跟卖产品之前，一定要了解清楚对方产品是否注册了商标和外观专利，尤其是标志了Logo的产品，千万不要想当然，到相关商标网站查清楚了再去跟卖。一收到警告，必须马上下架跟卖的Listing，最好给对方卖家写封邮件以示道歉。一旦跟卖有商标的产品，被对方卖家控诉侵权，就会直接封号。

（3）好评太少，差评过多。

评价少，好评就更少。外国人似乎都没有留评价的习惯，更何况是好评。差评过多会移除销售权，甚至封号。如果是少数差评和A-to-Z，确实解决不了，不影响ODR超标的情况下建议不要太纠结，毕竟适当有一些中差评反而显得更真实。

（4）产品缺乏相关认证。

某些产品需要取得相关认证方可在某些国家销售，如产品授权认证、安全认证等。在欧洲站点，电子产品、玩具、医疗设备等需要取得CE（Conformite Europeenne）认证。政策违规是累计的，很难被撤销。

（5）产品与图片不符。

为了提升转化率，我们不断优化产品详情，但要注意，在跟卖的时候，切记不要夸大其词，根据实际情况撰写产品描述，上传的图片必须与发货的产品一致，否则遭来退货和差评会导致封号。

49. 可以用无线网卡连接的网络登录亚马逊吗？手机可以登录亚马逊操作吗？

答：（1）笔记本（未登录过亚马逊账号的电脑）+无线网卡是可以操作登录亚马逊账号的，无线网卡的网络IP不会和其他人的相同。

（2）不建议用手机登录亚马逊账号，因为手机很容易在不注意的时候，Wifi连接其他网络，影响整体的使用。

建议：如果可能，注册新账号时，直接换主机（不用换显示器）、换路由器、换猫、换网线，还有账号信息不能与之前的相同或相似。

50. 用个人身份已经注册了Amazon账号，然后又用中国香港公司再注册Amazon账号，有什么影响吗？

答：两份资料的法人不一样就可以。

51. 同一个电脑可以登录两个Amazon邮箱回复邮件吗？（两个邮箱分别对应两个Amazon账号）

答：不可以，会关联的。

52. 注册亚马逊账号的区别？

答：注册开通亚马逊店铺的方式有两种：

（1）个人注册：用自己的VISA或MasterCard的信用卡直接开通各个站点。

（2）全球开店：全球开店是亚马逊官方针对中国卖家的开店方式，这种方式开店要预先审核（其实就是筛选优质卖家和产品），具备相应的资质，亚马逊官方就会给一个注册链接，通过这个注册链接注册亚马逊卖家账户，注册过程中要用一张带VISA或MasterCard的信用卡验证绑定。这个账号只是一个站点的（如美国或者英国），不是全球的。

53. 使用美国公司注册的Amazon账号，如果不使用VPN和VPS，可以在中国操作吗？怎么操作才能确保安全？

答：可以在国内操作，但是要非常小心。要发邮件和Amazon说我们是国外公司在中国的采购中心加运营，说清楚为什么在美国注册的公司要在中国登录操作。

54. 全球开店流程是怎样的？

答：流程如下：

（1）预审：通过www. amazon. cn提交预审信息。通过率为50%。

（2）初审：提交独立的B2C网站及产品信息表格（50SKU）。通过率为20%。

（3）复审：预审和初审都是由亚马逊中国团队审核，复审是由美国和英国团队审核。通过率为80%。

（4）账号注册：复审通过之后，客户经理会向你的邮箱发送一个注册邀请链接，邀请链接的有效期是24小时。有效期内没完成注册必须打回重审。通过率为90%。

（5）线上培训：账号注册成功后，还不能销售产品。亚马逊会邀请你参加在线培训，学习如何上传产品。

（6）上传产品：将提交审核的产品信息上传到亚马逊后台，并等待上线经理审核。

（7）上线审核：上线经理对卖家上传的产品资料做最后审核，审核通过之后，才会开放销售权限。审核不符合要求会被要求修改，只有三次修改机会，通过率为70%。

（8）上线销售：通过上线审核之后，上线经理会帮卖家开启销售权限，账号即可正常销售。整个审核过程全部完成。

55. 个人卖家销售计划和专业卖家销售计划如何转换？

答：Individual卖家销售计划和Pro卖家销售计划转换步骤：Setting-Account Info-Selling Plan-Modify Plan-Swith Your Selling Plan。

56. 全球开店的优劣势是什么？

答：优势：账号安全性高，封店率<9%（官方统计数据），有客户经理，官方培训支持，特色卖家账户。

劣势：

（1）比较难申请。全球开店计划意在筛选优质卖家入驻亚马逊平台，所以对卖家的资质审核比较严格，不是想入驻就可以入驻的。

Note：卖家自己申请全球开店通过率5%不到，一旦卖家自己申请全球开店没有通过，那么用于申请全球开店的那个公司不能再次用于全球开店的申请。

（2）周期比较长。全球开店账号的注册周期一般在一个多月左右。美国站会比较快，注册周期一般为一个星期。

一个月是指代理注册的平均周期，卖家自己申请的话至少都是在三个月以上。

（3）监管非常严。经营全球开店账号，必须严格遵守亚马逊的平台规则，产品图片、标题格式等都必须严格按照要求执行，否则会被警告。

57. 如果使用无线网卡注册了个人卖家账号，但不成功，能否再使用这个无线网卡继续注册其他账号？

答：不可以，会关联的。

58. 亚马逊为什么要求分类审核？

答：（1）对于某些品类，为确保买家在此平台上能有好的购物体验，亚马逊只允许具有一定实力、遵守规则的优质卖家（通过分类审核来筛选）出售这些类产品，最大化满足客户需求，提供给客户更好的服务。

（2）分类审核在某些品类被要求是因为，在需要分类审核品类中的这些产品最能反映出消费者对于安全、产品质量、品牌和进出口限制这些问题。

59. 怎么知道哪些类目需要做分类审核？

答：（1）品牌名（Brand Name）位置不同：需要分类审核类目的产品，产品的Brand Name显示在产品标题上方；若该产品所在品类不需要分类审核，那么产品的Brand Name会显示在标题下方并且前面还有一个。

（2）在亚马逊前台首页搜索同类产品看是否能够跟卖：若搜索出来的同类产品的详细页面没有Sell on Amazon或Sell Yours这样的跟卖按钮，就说明这些产品所在的分类也是需要通过分类审核才能销售的。

（3）直接查看亚马逊后台资料：http：//www. amazon. com/gp/help/cu. . . ml/？nodeId = 14113001。

（4）参考美国站分类审核的类目：http：//www. 66at. com/amazonfenlei/107. html。

（5）分类审核入口：后台主页选择Help功能搜索Approval选项，在页面中点击Categories and Products Requiring Approval选项，再选择类目。

60. 哪些类目需要通过分类审核才能在Amazon上销售？

答：（1）Automotive Parts　汽车零部件。

（2）Clothing，Accessories & Luggage　服饰，饰品，行李箱。

（3）Collectible Books　收藏书籍。

（4）Industrial & Scientific　工业类产品，科学类产品。

（5）Jewelry　珠宝类　（现在这个类别已经允许新卖家入驻了，于2014年11月1日开放）。

（6）Motorcycle & ATV　摩托车，ATV车。

（7）Sexual Wellness　性健康用品。

（8）Shoes，Handbags & Sunglasses　鞋类，手提包，太阳镜。

（9）Sports Collectibles　体育用品。

（10）Toys & Games（Holiday season only）　玩具和游戏（假期内需要审核）。

（11）Watches　手表。

61. 分类审核需提供什么资料？

答：全球开店注册时只需要提供：

（1）5张款不同产品的图片在第三方平台的链接，图片要求：JPEG格式，白底（RGB255×255×255），像素大于1001×1001，图片没有任何水印。

（2）具有可以结算购物车的B2C网站。

62. 是不是分类审核之后就只能销售分类审核中通过的产品类别？

答：不是的，任何时候都可以销售非分类审核的产品。

63. 新注册的个人专业卖家账号可以申请分类审核吗？

答：新注册的个人卖家账号，没有注册国外商标和品牌也可以申请分类审核。第一次提交的资料不通过，还可以继续提交申请资料。

64. 一般提交资料后多久分类审核才能够通过？

答：要看申请的类目，初审一般需要1～2个星期，初审通过之后，还需要提交UPC码、产品信息才能通过最终审核。一般初审加复审一个月左右才能通过最终审核。

65. 在卖家账户里为什么要输入信用卡信息？

答：信用卡信息是用来验证的，它有助于验证资金进入到银行账户（我们不是把钱转到信用卡）。如果在你的账户里有任何未支付的费用或其他欠款金额，亚马逊会从信用卡中直接扣除。所以信用卡信息必须是有效的。

66. 使用同一个人的不同信用卡能注册第二个亚马逊账号吗？

答：可以的，但是注册的时候要用不一样的资料（如路由器、电话、电脑主机、地址账单、收款账户等）。

67. 之前被封账户绑定的WF，能绑定别的被封账户去收款吗？

答：可以使用，二者皆为被关闭的账户，收款完成便不再使用，无须再占用新的收款卡。

68. 我什么时候才能得到买家的付款？

答：当你确认发货，我们就把钱存到你相关的账户上。每14天亚马逊会给结算一次资金。

69. 为什么银行账户里的最终支付金额和亚马逊账户里显示的不一样？

答：可能是在要求一个支付的时候，另外一笔交易刚好支付到你的市场支付账户里。在账户“目前余额”里显示的金额就是所有订单的交易额。

70. 怎么关闭账户?

答:如果想关闭账户,卖家支持可以帮助你。记住可以用上架商品列表里的功能来暂停你的产品列表,或者是把所有产品移除。另外,如果亚马逊账户既是卖家账户又是买家账户的话,可以保留买的部分。

关闭账户前要做到以下几点:

(1)在网站上取消所有产品列表。

(2)跟买家解决所有交易,包括涉及的退款。

(3)在你账户里要留有余额。

(4)Pro Merchants 应该把销售计划转移给个人,这样才不会被再次扣费。

当你完成这些步骤后,在联系卖家支持表格里,在“账户设置”下,点击 Cancel or downgrade service 链接给我们发送个信息(请用你想关掉的卖家账户邮箱地址)。如果你只想关闭卖家权限部分,请在信息中注明。

71. 如何取得正规 UPC 码?

答:大部分品类的产品,亚马逊都要求提供产品的 UPC/EAN/GTIN 代码。可通过正规网站购买或者申请亚马逊品牌备案,然后填写 GCID 码也可以。

72. 账户是在国外申请的,想在中国登录使用,请问会被审核吗?

答:可以使用翻墙软件解决这个问题。

73. 注册亚马逊美国站用哪个银行卡比较好?

答:VISA 或者 Master 信用卡。

74. 亚马逊的店铺费用 39.99 美元是从信用卡里面扣还是账号里面扣?

答:有销售额的情况下,会从账号里面扣。没有销售额或者销售额不够的情况下,会从信用卡里面扣。

75. 亚马逊平台中好标题是如何设置的?

答:(1)字母拼写注意事项:

a. 每个单词的首字母必须大写(除了 a,an,and,or,for,on,the 之类的词),不要全部单词都是大写,不要包含类似!、$、?等这种符号。

b. 不能有特殊字符,不能有中文输入法状态下输入的标点符号;商品标题不能有商标符号;如有数字描述请用阿拉伯数字不要使用文字,例如:要写 2 不要写 Two。商品名称不能有自己的 SKU 号码或者其他编码。

c. 如包含批量销售,请在商品名称后面添加(pack of X)。

d. 不能过长,不能有重复关键字或者不同单词描述同一个意思的关键字。

e. 如果有多个用途只写一种用途或兼容信息,其他请在 Bullet Points 或者 Description 里填写。例如,某电池适用于某电脑的各种机型,不能写超过 2 款机型。

（2）Brand Name 是必填项，并且要将 Brand Name 显示在标题的最前面，大小写要保持一致，电子类无品牌商品要注明无品牌。

a. 例如：［Brand］ + ［Product name］ -MYBRAND Cell Phone Case for iPhone5 Black

b. 例如：［Brand］ + ［Product name］ -Generic Cell Phone Case for iPhone5 Black

（3）不能有公司、促销、物流、运费或其他任何与商品本身无关的信息，例如：

a. Free Shipping，2 days express delivery

b. Best Seller，Hot Item，Latest design，New Fashion，Fashion 2013

c. Your Company Name，Money – back Satisfaction Guarantee

d. Customizable please email me your idea or design

e. Please go to my website or amazon store for more colors and more designs

f. Please tell me your size.

76. 优秀的标题是什么样的？

答：优秀的标题范例：

Aakerrr® Rugged Dual Layer Case for iPhone 6 with Kickstand (Snow White，Pack of 3)

相比之下这个标题就写得比较得体。

（1）标题首字母大写（介词连词全部小写）。

（2）标题一开头就写上了该产品的品牌（如果有品牌的话，当然如果品牌没正式生效也可以虚拟一个），给客户一种信任感。

（3）标题的主题部分简洁清晰地表达了“我要销售什么？”iPhone 6 的××保护壳，这个保护壳还有一个支架，“with Kickstand”这个产品小特点也传递给了客户；最后部分是颜色的说明，这个手机壳的颜色是 Snow White。

这个标题是比较优秀的，它达到了我们前面提到的一个好标题应该有的效果“好的标题需要包含产品相关信息的同时能让客户不用再看其他任何产品信息就可以产生购买行为”，客户看到以后可以很清楚地知道如果我下单，我将得到 3 个 Aakerrr® 品牌的，带有支架功能的，适用于 iPhone 6 的，耐用双层的，雪白色的手机壳。

77. 如何选择产品的最佳产品类目？

答：（1）如果你是 Add A Product 上传，就去一个个类目里找，选择一个最适合的类目去上传，不要把产品放到毫不相关的类目里面，这样可能会引发后期亚马逊的警告。

（2）可以通过批量上传的模板来上传，这样选择类目的时候用 BTG 表格或者 Product Classifier。

（3）上传到一个类目以后不确定是不是最合适的类目，可以开一个 Case 问问亚马逊客服，要他们帮忙把这个产品放到最适合的类目去也行。

78. 亚马逊平台对产品图片的要求有什么？

答：（1）产品主图：

a. 主图的背景必须是纯白色（亚马逊搜索和产品详情界面也是纯白的，纯白的RGB值是255，255，255）。

b. 主图不能是绘图或者插图而且不能包含实际不在订单内的配件及道具。

c. 主图不能带Logo和水印（产品本身的Logo是允许的）。

d. 主图中的产品最好是占据图片85%左右的空间。

e. 产品必须在图片中清晰可见，如果有模特，那么模特不能是坐姿，最好站立，如果要使用模特就用真人模特，不能使用服装店里的那种模型模特，不能包含裸体信息。

（2）产品辅图：

a. 辅图应该对产品做一个不同侧面的展示，产品使用的展示，或对在主图中没凸显的产品特性做补充，亚马逊产品Listing中卖家可以最多添加8张辅图。

b. 辅图最好也和主图一样是纯白的背景，但这不做强制要求，不是纯白的问题也不大。

c. 辅图不能带Logo和水印（产品本身的Logo是允许的）。

（3）图片尺寸：

a. 图片的长边不能低于500像素或高于2100像素，建议图片大于1000像素×1000像素以便进行缩放（缩放可以更好地展示图片，提升销量）。

b. 图片的长度或者宽度任意一边大于1000像素时，该图片就可以有Zoom function图片放大功能（Zoom function被亚马逊证实过对产品销量提高有一定的帮助）。

c. 图片的最短边如果小于500像素，上传时会被亚马逊系统直接拒绝。

（4）图片格式：

JPEG、TIFF、GIF这些格式的图片可以上传到亚马逊上，推荐JPEG格式的图片，这种格式的图片上传时速度更快。

79. 关键产品特性怎么填写？有什么用？

答：关键产品特性（Key Product Features），其实就是商品的主要卖点，卖家搜索产品，打开产品页面后，首先看到标题、图片和卖点。所以我们要把产品的卖点简短描述出来，吸引买家购买。至少要填写一个，并且首字母要大写。

80. 白金关键词Platinum Keywords和搜索关键词Search Terms有什么区别？

答：白金关键词Platinum Keywords只有白金卖家才可以用，国内的一般卖家可以忽视这个选项不用填。Search Terms就类似于其他平台的关键词。

81. 搜索关键词Search Terms怎么填写？

答：（1）可以参考Amazon搜索框的下拉词，或者Google关键词，不断地调整自己的商品关键词。要在Search Terms里面写单词，而不是长段的词语，词与词之间要有标点符号作分隔。不要为了搜索排名靠前而故意添加与自己产品没有关系的单词或者品牌。

（2）英文的拼写一定要准确无误。

（3）商品名称的单词要按照一定的规则来排列。比如大号毛绒泰迪熊，而不是泰迪毛绒大号熊。

尽量不要频繁地使用买家不明白的缩写，请使用最常见的产品缩写，如果生产厂家提供给产品说明上有这个缩写，那么这个缩写就比较适合，可以借鉴使用。

不断地做实验，如果想要了解一个产品的相关关键词是否有用，最好的方式就是以买家身份在亚马逊首页搜索这个关键词，然后搜索其他的关键词来让搜索结果缩小。

82. 为什么有些新卖家，价格不是最低，好评率也不高，但是很容易抢到 BuyBox，请问这是怎么做到的？

答：亚马逊与淘宝网一样，对新卖家有一定的扶持。

83. Pending Orders 的产生原因有哪些？

答：Pending Orders 意为挂单，也称待处理订单。

Pending Orders 的主要原因：

（1）亚马逊暂时还未能获取到买家支付这笔订单金额的银行卡授权，这一点上，可能不同的银行处理时效稍有不同。

（2）对于某些 FBA 的订单，如客户已经满足了 35 美元包邮的条件，但这些订单分别是在不同的卖家店铺购买，这时候的 PendingOrders 有可能是亚马逊在等待客户把所有购买产品集合到一起的过程。

（3）针对于 FBA 订单，客户在一个订单中购买了多件产品，如果其中一个或两个产品缺货，即使是亚马逊选择分开派送这个有库存和没库存的产品，这个订单的状态还是 Pending，不过这种情况发生的概率非常小。

84. 如何处理 Pending Orders？

答：（1）不要对 Pending Orders 发货，即便是买家主动联系您也不要。

（2）当出现 Pending Orders 的时候，该订单在管理订单页面是呈灰色的。卖家不能对 Pending Orders 进行确认发货或者取消订单的操作。Pending Orders 不会显示在您的订单报表（Orders Report）和您的未发货订单报表（Unshipped Orders Report）中。

（3）Pending Orders 要等它转入到 Unshipped 状态才能进行发货操作，发货操作尽量在您后台上传产品时候设置的 Handing Time 的时间段内，超出了就是发货延迟，如果超出了 30 天都不发货，即使 30 天后最终发货了，亚马逊也不会把这笔订单的钱退给您。

85. 如何预估某个产品的销量？

答：后台有数据统计，需要时可以导出来。或者在 Manage Order 里面搜索该产品的 ASIN 或者 SKU，时间区域选择好，系统会自动把这个产品出过的所有订单都筛选出来。然后根据每天的销售趋势来预估。

86. 可以单独对一些产品设置免运费吗?

答：暂时不能对单独产品设置免运费，可以通过做促销的方式给满足促销条件的顾客进行产品的免邮发送。

87. 虚假发货被警告了，应如何应对?

答：平台对于虚拟发货这一行为查得非常严格，一两个的话可以找其他平台的来填写，最好能尽快把单号修改成真实的，这个可能会产生不能准时妥投，或者延长发货期，否则店铺会很危险的。

88. 网上查询物流已经签收，但是客户反映没收到货应该怎么处理?

答：让客户自己打电话给邮局询问，客户如果投诉或给差评，就把相关证据准备好联系卖家支持审查。

89. FBA（亚马逊物流）收费项目有哪些?

答：(1) 每处理一个订单的费用（仅限非媒介产品)。(2) 装箱费用。(3) 称重费用。(4) 其他费用。很多卖家反映丢失包裹和购买保险的费用足够支付 FBA 的费用了。(5) 仓储费用。按每种商品所占的体积来收费。

90. 新账号被 Review，Review 期间怎么办？收到邮件如下方所示：

Hello,

We are conducting a review of your Amazon. com selling account. During the review, a rolling reserve will be applied to funds in your seller account.

The reserve will be equivalent to your gross sales amount for the preceding 14 days. Based on your order volume, the amount of the reserve may change daily.

We will notify you by e – mail when our account review is complete.

Thank you for selling on Amazon. com.

Best regards,

Merchant Approval Team

答：审核期间，订单在 Unshipped 需要继续处理发货。有的审核订单是可以继续的，你可以正常处理。有的就全部转换为 Pending，无法处理。也有的会账号冻结，暂时不能销售。

审核主要是因为亚马逊需要核实账户是否涉及出售违规侵权产品，是否存在欺诈行为。加速审核的办法可以联系买家留评价，然后申诉并提供账户之前出过的部分订单以及对应的订单号，以及查询网址，亚马逊工作人员会去核实这些订单是否发出以及客户签收状态。大部分没问题，会恢复销售权。一般是一个月左右恢复销售权。

91. 怎样批量上传发货单号?

答：在 Upload Order Related Files 下载表格，按照表格格式填写。

92. 如何成为 Buy Box 卖家？

答：成为 Buy Box 卖家需要满足以下条件。

（1）卖家需要拥有一个专业卖家账户。

（2）拥有一个比较高的卖家评级，送货评级，以及订单错误率低于1%。

（3）商品需要是新的状态。如果是翻新或者二手商品，Buy Box 有另外一套标准。

（4）商品必须要有库存。如果现有满足要求的卖家没有库存了，那么 Buy Box 会自动转到第二位卖家。

93. 哪些变量会影响到 Buy Box？

答：（1）影响力较大的变量：

①配送：亚马逊将通过自身配送（FBA）商品，准时送达，以及存货数据评分满分。运用 FBA 将大大增加卖家获得 Buy Box 概率。

②落地价格：是卖家将产品运送给亚马逊时收取的价格（包含运费以及税）。卖家的评级越高，收取亚马逊的价格更高，同时还可保留 Buy Box 的位置。

③卖家评级：是卖家提供给买家的总体体验。一个完美完成的订单将奖励给卖家100分。若有一些另加的服务，亚马逊将奖励给卖家一些分数。配送时间晚只能得到0分。订单取消会扣除100分。差评会扣除500分。卖家总分是一个卖家在过去一年的交易平均分。越是近期的评分被赋予的比重越重。

④运送时间：运送时间可以说是非常重要的因素，准时的送达对于能否获得 Buy Box 非常重要。亚马逊的运送时间分为：0～2天，3～7天，8～13天，以及14天。

（2）中等影响力的变量：

①订单缺陷率：简称 ODR，由差评率、A－Z 投诉保证率以及信用卡服务拒付率三个因素组成。分数分为两个部分，短期和长期（可详见后台）。不论长期还是短期，如果订单错误率大于1%，将大大降低卖家成为 Buy Box 卖家的机会。

②评价分数：买家评分，新的评分影响更大。

③运送历史：运送相关分数包括准时送达、迟到送达以及追踪订单的比率。这些比率分为7天、30天以及90天，在此范围内进行计算。

④买家反馈时间：是否能快速回复买家也影响到 Buy Box。在24小时之内回复90%以上的买家问题，才有机会进入 Buy Box。

（3）影响力较低的变量：

①买家评价个数。

②存货深度以及销售数量。

③取消以及退款比率：取消率超过2.5%会影响赢取 Buy Box。

94. 如何赢得 Buy Box 黄金铺位？

答：（1）先将重点放在影响力较大的变量上。

（2）保持店铺绩效的各个指标在 Amazon 的范围内，尽可能超越指标。

（3）选择性的调整价格，扩大该产品的销量。

95. Feedback 和 Review 有什么区别？会保留多久？

答：Feedback：直接决定账号的表现，差评会导致扣分。客户下单了才能给 Feedback，且只针对服务或者物流。相关信息保留一年。可将其理解为对店铺的评价。

Review：只是针对产品的评价，客户有无下单，都可以给 Review。其信息会一直保留在 Listing 上。

96. 移除的差评是否会扣 Seller Rating 分？计入 ODR 吗？对产品有影响吗？

答：不会扣分，也不会计入 ODR。差评对产品本身是有影响的，但如果亚马逊移除了差评就对产品没有影响。

97. 为什么有些商品显示在两个分类里面？可以设置吗？

答：这不是两个分类，只是一个大类下面的子类目。自己是设置不了的。

98. 自己创建的 Listing。被别人跟卖后，把产品的标题修改了。怎么做才能修改回来且不被别人改掉 Listing？

答：Listing 是谁的销量高谁就有修改权，现在看看能不能拿到修改权，但更重要的是必须要先注册品牌，然后拿回执到亚马逊平台备案，一有修改权就改成自己的品牌，这样别人就不好跟卖和修改了。

99. 我们主动退款，会被扣分吗？对于差评，客户删除后，还会扣分吗？

答：A to Z 只有客户自己主动取消，才不扣分。删除差评后不会扣分，每一个 A to Z，亚马逊会保存一年左右。

100. Amazon 可以截图买家好评图片像淘宝一样加进产品 Listing 图片组吗？

答：不可以，放在 Listing 的图片最好是自己的图片，亚马逊对图片格式要求是很严格的，这个对产品的优化有一定的作用。

101. 买家什么时候可以开 A to Z 索赔？

答：当满足以下三个条件时，买家即可以提交申请：

（1）可以通过“我的账户”中“联系卖家”按钮与卖家取得联系。

（2）卖家已超过 2 个工作日的时间未给予回复。

（3）买家的请求满足亚马逊商城交易保障索赔的情形。

102. 什么情况下可以开启 A to Z 索赔？

答：（1）未收到购买的商品，超过最晚送达日期 3 天后至付款成功后的 30 天内可以提交索赔申请。

（2）如果收到的商品损坏与缺陷，或者描述存在重大差异，在退换货期限内已经联系卖家处理但未能解决的。

（3）卖家同意退款，收到商品后未按照协议规定办理退款（如果拒绝退回产品给卖家，或者没有退货跟踪号，索赔一般不会成功）。

（4）不满意卖家的产品质量或者服务。

103. A to Z 索赔的时限有多久？

答：（1）体育用品，在预计配送日期3天后，或者下单30天内，以先到为准。

（2）最晚预计交货日期后90天内可以提出索赔。

（3）如果您收到的产品是损坏的，有缺陷的，或与描述不相符的，必须在14天内联系卖家，收到退货信息后，必须在收到商品之日起30天内寄回卖家。

104. A to Z 索赔如何处理？

答：每个A to Z 索赔，亚马逊会向您发送电子邮件告诉细节，并请求响应，给一个机会去申诉。

A to Z 生成后亚马逊都会提示卖家必须在规定时间内回复，否则，亚马逊会直接退款给买家。

105. 客户取消订单后还可以留差评吗？

答：可以留差评的。

106. 亚马逊（Amazon）产品搜索排名规则是怎样的？

答：影响亚马逊产品搜索排名和类目排名的关键指标：

销量、好评率及绩效指标，三者综合成绩越高，搜索排名越靠前。

（1）销量：直接影响到亚马逊的销售扣点，销量越高排名越靠前。

（2）好评率：亚马逊注重产品的用户口碑，而且有自己的星级评价。

（3）绩效：这个包括很多方面，如买家反馈、退款率、订单缺陷率等。

（4）类目相关性：这个直接影响类目排名，亚马逊每个商品类目下都有很多属性可供选择，所以我们要在新产品上架时，填好商品属性，如材质等；亚马逊上传商品时可以设置节点（产品的细分类目），所以选好产品所在分类节点很重要。

（5）搜索相关性：标题中含有关键词或者填写搜索关键词。

（6）搜索关键词：要充分利用商品的5个搜索关键词、款式关键词、材质关键词等，这些对搜索排名很有帮助。

与排名相关亚马逊网站的两套主要的评价体系：

①买家反馈：这个是给卖家看的，对应后台绩效中的买家“反馈”，买家只有在购买此商品后才能对该商品的卖家进行反馈评级，评分越高评论数越多，所以，买家的级别也就越高。反馈对于整个店铺而言至关重要，可以直接影响店铺在搜索中的整体个排名。

②商品评论：这个是给买家看的，呈现在产品详情页，这个有关人气排名，评论越多，评论质量越好越利于搜索排名。如果说商品评论影响一个商品，那么反馈将影响整个店铺。

亚马逊其他排名：相关度排名（所包含的关键词及属性与搜索关键词越匹配展现概率越大）；折扣（折扣力度越大，排名靠前的机会越大）；最（高）低价排名（这个就不解释了，顾名思义）。

107. Selling Rating 是怎样计算扣分和加分的？

答：（1）确认发货前擅自取消客户订单，扣 100 分。

（2）卖家原因引发的 A – to – Z Guarantee Claim，扣 500 分。

（3）1 ~ 2 星 Negative Feedback，扣 500 分。

（4）客户的开卡行发起的 Service Chargeback claim，扣 500 分。

（5）Expired Order 过期订单一般为超过发货期 30 天还没发货的订单，扣 500 分。

（6）如果一个订单自始至终都没有任何问题，那么这个订单就是 Perfect Order（完美订单），加 100 分。

（7）订单赢得加分：订单没有任何问题并且有有效的跟踪信息，在 3 个工作日内成功投递，符合承诺最快的到达时间，没有任何退款现象，与买家沟通进行让步，这样的订单就会奖励 10 分（这种订单多见于 FBA 订单，所以很多做 FBA 的一般都是 100 分）。

108. 一定要 24 小时回复邮件问题吗？

答：是的，所有邮件必须 24 小时之内回复，包括法定节假日和周六日。如果超过了 24 小时，可以先把邮件标记为不需要回复，然后再从订单里联系买家。

109. 什么是 Sponsored Products？

答：Sponsored Products（推广产品）是一种能为卖家的 Listings 吸引更多流量的广告形式。它是通过自设广告预算和竞价，按照关键词的点击量进行收费（即按 Cost Per Click 收费）的推广方式。

110. 如何能取得美国税号？

答：最普遍的方式就是通过成立美国公司。个人也可以申请美国税号，但是手续复杂，申请时间长，还要以个人名义报税。

111. 亚马逊的收款能够直接打到中国国内账户上吗？

答：不可以，只能先入账到美国的银行账户里，然后再转到中国账号上。亚马逊也接受英国或其他一些欧洲国家的银行账户。

112. 国外的银行卡能够在中国使用吗？

答：可以，也可以在网上直接转账。如 P 卡、WF 卡等。

113. 如何知道收到订单了呢？

答：通常亚马逊会用电邮的方式通知卖家，并附上买家的信息。

114. 亚马逊的收费如何呢？

答：亚马逊会依所卖物品的种类，每笔销售订单，收取 15% ~ 25% 的手续费，再加上结算费。一般来说，“个人卖家”收取每月限制销售 40 笔以内，成交每笔加收

0.99美元的费用；“专业卖家”不限制销售数，每月收39.99美元的费用（美国站），如果使用亚马逊的FBA仓库还有FBA的费用。

115. 收到订单后，如何将货物运抵美国客户？

答：可以直接单独从中国运货。如果订单多，也可以通过亚马逊流通中心。

116. 如何收到货款呢？

答：在确定货物运出后，亚马逊会将货款注入亚马逊为每位卖家设立的账户，每14天会将款项汇入卖家自己登记的银行账户。

117. 如何处理客户退货？

答：可以通过卖家后台处理，如果物流为FBA，则由FBA来处理退货退款问题。

# 附录 2　各国促销网站

使用方法：以下为各国的促销活动网站，各位 Seller 可通过网站上的联系方式如 E-mail 与网站官方联系参加活动促销。

## 美国

1. https：//www. groupon. com/
2. http：//www. retailmenot. com/
3. http：//www. zulily. com/
4. http：//www. coupons. com/
5. http：//www. shopathome. com/
6. http：//www. slickdeals. net/
7. http：//www. livingsocial. com/
8. http：//www. woot. com/
9. http：//www. ebates. com/
10. http：//www. fatwallet. com/
11. http：//www. gilt. com/
12. http：//www. dealspl. us/
13. http：//www. bradsdeals. com/
14. http：//www. savings. com/
15. http：//www. dealcatcher. com/
16. http：//puddingbuy. com
17. http：//kinja. com
18. http：//techbargains. com

## 英国

1. http：//www. hotukdeals. com/

2. https：//www. vouchercodes. co. uk/

3. https：//www. myvouchercodes. co. uk/

4. http：//www. honglingjin. co. uk/

5. http：//www. studentmoneysaver. co. uk/

6. http：//mightydeals. co. uk/

7. https：//ashleighmoneysaver. co. uk/

8. http：//www. discountvouchers. co. uk/

9. http：//www. wowcher. co. uk/deals

10. http：//www. kgbdeals. co. uk/

## 德国

1. http：//www. mydealz. de

2. http：//www. dealabs. com

3. http：//www. deal－fuchs. net

4. http：//grosseangebote. de

5. http：//scontodeal. de

6. http：//www. gutscheine. de

7. http：//www. 9deals. de

8. http：//www. nightdeal. com

9. http：//www. dealzeit. ch

## 加拿大

http：//redflagdeals. com

## 法国

http：//www. dealabs. com

## 日本

1. http：//racoupon. rakuten. co. jp/

2. http：//ponpare. jp/

3. http：//kakaku. com/

## 西班牙

1. http：//es. groupalia. com/
2. http：//es. letsbonus. com
3. http：//tringa. com

## 波兰

1. http：//gruper. pl
2. http：//www. godealla. pl

## 丹麦

1. http：//www. downtown. dk/
2. http：//www. sweetdeal. dk

## 比利时

http：//www. outspot. be

## 土耳其

1. http：//www. yakala. co
2. http：//www. grupanya. com

## 荷兰

http：//www. ibood. com